刘珣 崔永华 总主编

国际汉语教师标准丛书

A Series on Standards for Teachers of Chinese to Speakers of Other Languages

汉语基本知识
（语法篇）

Basics of Chinese Language (Grammar)

施春宏 著

北京语言大学出版社
BEIJING LANGUAGE AND CULTURE
UNIVERSITY PRESS

© 2011 北京语言大学出版社，社图号 11226

图书在版编目（CIP）数据

汉语基本知识．语法篇 ／ 施春宏著．—北京：北京语言大学出版社，2011.11（2024.1重印）
（国际汉语教师标准丛书／刘珣，崔永华主编）
ISBN 978-7-5619-3180-6

Ⅰ.①汉… Ⅱ.①施… Ⅲ.①汉语－语法－对外汉语教学－教材 Ⅳ.① H195.4

中国版本图书馆 CIP 数据核字（2011）第 229667 号

汉语基本知识（语法篇）
HANYU JIBEN ZHISHI (YUFA PIAN)

排版制作：	北京创艺涵文化发展有限公司
责任印制：	郏　天

出版发行：	北京语言大学出版社
社　　址：	北京市海淀区学院路 15 号，100083
网　　址：	www.blcup.com
电子信箱：	service@blcup.com
电　　话：	编辑部　8610-82303647/3592/3395
	国内发行　8610-82303650/3591/3648
	海外发行　8610-82303365/3080/3668
	北语书店　8610-82303653
	网购咨询　8610-82303908
印　　刷：	北京鑫丰华彩印有限公司

版　次：	2011 年 11 月第 1 版	印　次：	2024 年 1 月第 8 次印刷
开　本：	787 毫米 × 1092 毫米　1/16	印　张：	18.25
字　数：	335 千字		
定　价：	55.00 元		

PRINTED IN CHINA

凡有印装质量问题，本社负责调换．售后QQ号1367565611，电话010-82303590

目 录

总　序 / I
编写说明 / III
对应《国际汉语教师标准》之模块及标准原文 / VIII

第一章　语法概说 / 1
　　第一节　语法的内涵 / 1
　　第二节　语法单位 / 3
　　思考与练习一 / 8

第二章　词法系统 / 9
　　第一节　语素的类型 / 9
　　第二节　词的类型 / 15
　　第三节　合成词的构造 / 19
　　第四节　简称 / 25
　　思考与练习二 / 27

第三章　句子成分 / 28
　　第一节　句子成分的内涵 / 28
　　第二节　句子的一般成分 / 29
　　第三节　句子的特殊成分 / 35
　　思考与练习三 / 37

第四章　词类系统（上）——实词 / 38
　　第一节　词类的内涵及其划分依据 / 38
　　第二节　名词 / 44
　　第三节　动词 / 49
　　第四节　形容词 / 57

第五节 数词 /63

第六节 量词 /68

第七节 代词 /74

第八节 拟声词 /79

思考与练习四 /80

第五章 词类系统（下）——虚词 /82

第一节 副词 /82

第二节 介词 /92

第三节 连词 /97

第四节 助词 /103

第五节 语气词 /110

第六节 叹词 /116

第七节 虚词的辨析和使用 /117

第八节 词的兼类和活用 /119

思考与练习五 /122

第六章 短语系统 /126

第一节 短语的内涵 /126

第二节 基本短语结构类型 /127

第三节 特殊短语结构类型 /140

第四节 短语的功能类型 /143

第五节 层次分析法 /145

第六节 句子成分分析法 /149

第七节 多义短语 /152

思考与练习六 /154

第七章 句子系统（上）——单句 /157
第一节 句型——句子的结构类型 /157
第二节 句类——句子的功能类型 /163
第三节 句式——句子的特征类型 /168
思考与练习七 /193

第八章 句子系统（下）——复句 /195
第一节 复句及其关联方式 /195
第二节 复句的类型 /198
第三节 复句中关联词语的使用 /206
第四节 多重复句和紧缩句 /209
思考与练习八 /212

第九章 常见语法偏误 /214
思考与练习九 /225

第十章 现代汉语语法的特点 /228
思考与练习十 /238

主要参考文献 /239

附录 /243
附录1：术语和概念检索 /243
附录2：分析或辨析过的词语和格式检索 /253
附录3：思考与练习参考答案 /258

总 序

为提高国际汉语教师——在国内外从事汉语作为第二语言教学的教师——的专业素质和教学水平,培养、培训这一领域更多的人才,以满足世界各地日益增长的汉语学习需求,孔子学院总部/国家汉办组织研制了《国际汉语教师标准》(以下简称《标准》)。

《标准》总结了国内外汉语教学的实践,借鉴了国内外外语教学,包括TESOL等国际第二语言教学和教师研究的新成果和相关标准,体现了国际汉语教学的特点,为建立一套完善、科学、规范的教师标准体系和国际汉语教师的培养、培训、能力评价和资格认证提供了依据。

《标准》分五个模块、十项标准,描述了从事国际汉语教学工作的教师应具备的知识、能力和素质。模块一"语言基本知识与技能"由标准一"汉语知识与技能"和标准二"外语知识与技能"构成;模块二"文化与交际"由标准三"中国文化"和标准四"中外文化比较与跨文化交际"构成;模块三"第二语言习得与学习策略"由标准五"第二语言习得与学习策略"构成;模块四"教学方法"由标准六"汉语教学法"、标准七"测试与评估"、标准八"汉语教学课程、大纲、教材与辅助材料"和标准九"现代教育技术及运用"构成;模块五"教师综合素质"由标准十"教师综合素质"构成。

《标准》以概括的语言,对上述知识、技能、能力进行了简要的描述。为帮助相关人士了解《标准》的内涵,我们编写了这套辅导丛书。本丛书可以帮助读者进一步理解《标准》的内容,学习相关知识、技能,也可作为汉语教师培训、辅导、自学的教材以及参加汉语教师资格考试的备考参考。

本丛书拟分为十二个分册,各分册名称与《标准》的对应关系如下:

(1)《汉语基本知识》,包括语音篇、词汇篇、语法篇、汉字篇四个分册,内容是标准一中的"汉语知识",包括汉语语音、词汇、语法、汉字四个方面;

（2）《中国文化常识》，内容是标准三"中国文化"中的中国传统文化；

（3）《中外文化比较与跨文化交际》，内容是标准四"中外文化比较与跨文化交际"；

（4）《汉语语言习得与学习策略》，内容是标准五"第二语言习得与学习策略"；

（5）《汉语要素教学方法》，内容是标准六"汉语教学法"中的语言要素教学方法，包括语音、词汇、语法、汉字的教学方法；

（6）《汉语技能培养方法》，内容是标准六"汉语教学法"中的语言技能培养方法，包括听力、口语、阅读、写作能力的培养方法；

（7）《汉语课程与教学理论》，内容包括标准七"测试与评估"和标准八"汉语教学课程、大纲、教材与辅助材料"；

（8）《现代教育技术与汉语教学》，内容是标准九"现代教育技术及运用"；

（9）《汉语教师发展》，内容是标准十"教师综合素质"。

本丛书由北京语言大学人文社会科学学部人文学院和北京语言大学出版社合作组织编写，华学诚教授和戚德祥教授做了大量的组织和指导工作。丛书的编写者都是多年从事对外汉语教学和汉语教师培训的具有丰富教学经验的专家，其中有些专家还曾参与《标准》的研制和相关题库的建设工作。尽管如此，由于对《标准》个别内容的理解可能有差异，又由于受到学识的局限，本丛书肯定存在不足之处，诚恳欢迎读者给予指正，以便再版时更正。

刘珣　崔永华

编写说明

　　本书是遵从《国际汉语教师标准》而编写的现代汉语语法教程,对现代汉语语法知识的基本内容作了简明系统的介绍,目的是帮助国际汉语教师和准教师理解并掌握现代汉语语法的基本知识,提高分析汉语语法现象乃至语言现象的能力,为更好地从事汉语教学工作打好基础。本书也可作为国际汉语教师资格考试、国际汉语教育和语言学相关专业硕士生招生考试的参考用书。

　　基于我们对面向国际汉语教师的语言学教材编写原则的认识和分析,本书在编写过程中有三个方面的追求:一是语法知识的适用性,系统介绍国际汉语教师需要掌握的语法基础知识;二是语法知识的可操作性,尽可能将语法知识的描写和说明化为可操作的手段;三是语法观念上的启发性,力求在描写和解释语法现象的过程中体现出大的分析原则和策略,使读者不仅在知识上举一反三,而且在观念上能够烛幽发微。

　　本书在内容的选择上首先以《国际汉语教学通用课程大纲(修订版)》(孔子学院总部/国家汉办编制,北京语言大学出版社,2014年)为重要的参照对象,对其中包括的所有语法项目都作了说明。然而,该大纲毕竟只是教学大纲,是对汉语学习者所应具备的语法知识结构的描述,作为教师,仅仅掌握这样的语法知识显然是远远不够的。为此,本书系统梳理了国际汉语教学界/对外汉语教学界通行的几种语法大纲和相关教材中的知识点和概念、术语系统,同时借助对汉语中介语语料库中各种偏误现象的分析,并结合笔者数年来的教学与研究经验,对相关内容作了进一步整合和拓展,从而确立了本书的基本构架。我们力求使本书更加适应国际汉语教学的态势,更加适合国际汉语教师的培养目标和培训工作。本书的基本内容已经在多年的教学实践中多次使用,反复调整,可以说具有相当高的适用性和实用性。

　　本书不但追求准确地描写汉语语法知识,而且注重对具体问题的解释,对使用条件的说明和相关现象的阐发。因此,本书特别注重有关结论的推导、术语概念的阐发和特定条件的说明。从可操作性角度考虑，本书特别注重揭示语言现象背后蕴涵的规则。如对教学中的老大难问题之一的"把"字句，我们对它的内部语义结构关系作了程序性分析，读者依此就可以比较便捷地掌握"把"字句的结构特征和使用要求，从而教会学生如何理解"把"字句的形义关系，如何构造出合适的"把"字句。又如名词性谓语句，学生常将它看做是省略了"是"或"有"的句子，然而这种所谓"省略"的情况在汉语中很常见，而且有的带"是"或"有"的句子并不能省略"是"或"有"（如"这是一张桌子""我有一套巴尔扎克著作的中译本"）。我们便对这类句式的语义特征和使用条件作了具体说明，并启发读者面对特殊现象时如何处理现象和条件之间的关系。再如本书对词语辨析（尤其是虚词意义和用法的辨析）花了不少的篇幅，试图在求同察异中强化语境的说明和辨析思路的介绍。像"不"和"没/没有"的差别，我们尝试从语义特点和语用功能等方面对其句法特征作了较为系统的解释。"教"，必然讲究可操作性；"师"，必然有可以师法并能让人高效师法的地方。一本语法教材不可能解决所有的语法问题，也许在介绍基本知识的同时提供一种分析问题、解决问题的思路更为重要。从可操作性角度阐发汉语特殊语言现象背后之理，是本书特别关注的地方。

　　本书力求将基础性和前沿性相结合。为此，本书适当引入了语言研究、语言教学研究中的一些最新观念和方法以及最新研究成果。尤其是对汉语教学和习得中的老大难问题，我们更是特别关注最近的研究进展。如关于"了"（包括动态助词"了"和语气词"了"）、"把"字句、被动句（包括"被"字句、受事主语句等）、"是……的"句、方位表达和介词的关系、汉语语法系统的特点等，学界都有了新的可资借鉴的认识，本书都作了适度的吸收和化用。尤其值得提出的是，本书在说明汉语特殊现象时，常常将语言类型学、认知语言学、功能语言学、韵律语言学、比较语言学、应用语言学甚至形式语言学的新认识和新成果融入其中。当然，无论是系统介绍语法基础知识，还是积极吸收前沿性观点，我们都不以理论化阐述为目标，而是追求语法知识和语法规则的可操作性和启发性。经过多年的教学实践，我们认为这种做法是必需的，也是可行的。如何将本体研究的成果转化为教学资源，如何在基础知识的介绍过程中将教学与研究的最新理念、方法和成果渗透进来，是我们编写过程中反复思考的问题。基于此，为了便于读者培养一定的理论直觉能力和分析能力，我们会将有的内容编写得稍微详尽一些，这并非要求读者马上掌握，而主要是试图提供一种分析问题的策略，启发读者拓宽思路、深化认识。我们的意图并非凸显理论，而是采取问题主义的策略，介绍时力求深入浅出，避免增加新的负担。我们希望读者由此而更能体味语言结构的内在规律，感知语言系统的自然之质，享受语言教学的艺术之美。

本书中的大部分例句都来自真实语料，既包括汉语语料库中的用例，也包括汉语中介语语料库中的用例，还有笔者平时收集到的用例。当然，有时为了表述的方便，便在个别字句上作了调整。我们特别注意语料的品位和样本价值。

本书为每节编写了思考和练习题。思考题是开放性的，意在启发读者进一步探讨和分析；练习题则注重通过规则操作来强化所学的语法知识，书末附有参考答案。

为了方便读者，本书还编制了一个详细的索引"术语和概念检索"，这在一定程度上起到语法学术语词典的作用。理解和掌握基本术语是学习一门系统知识的基础。为了使读者能够有效地掌握基本的术语系统，同时又能为读者有效地阅读相关的语言学论著和教材提供帮助，本书将术语系统分为主从两个层级来处理，凡是基本的术语都用黑体标示出来，通行教材中可见的同实异名术语，便用"也叫"引出。用"也叫"引出的术语也有用黑体标示的，说明它虽然是异名，却也很基本。

需要说明的是，本书在编写过程中吸收了很多前辈和时贤的观点，由于体例所限，未能在正文中注明。这里谨致无限的歉意和谢意。学者们的原创性观点虽未能在书中一一注明，但他们的学术思想和学术成果将会得到更加广泛的传播。

这里还有必要说一下本书的编写过程。2008年初，刘珣教授和崔永华教授约我参加本书的编写工作。当时，我正在为我编著的《作为第二语言的汉语概说》(北京大学出版社，2009年1月出版)做最后的校改工作。我在编写该书的过程中有一些编写理念上的新追求。几年的编写经历，使我对如何编写面向第二语言教学的汉语语言学教材有了一些新的感悟和体会。因此，我欣然接受了这项新任务。编写计划和提纲设计完成后不久，我就因入选"哈佛大学博士后项目"而到国外访学。访学期间，除了完成既定的研究计划外，反倒比在国内有了更多的时间来思考、撰写这本书稿的内容。可以说，这次编写便有了另一层感受，使我对很多问题有了更新的思考。当然，由于基本知识系统和概念理解上的一致性，本书没有必要去刻意强调它跟《作为第二语言的汉语概说》相关部分的区别。但毫无疑问，适用对象的不同，必然会导致两本书在内容的选择、重点难点的安排、表述的角度和方式上都会有所不同。有些认识也有调整。本书同时加入了我在教学研究中新的感悟、认识，有很多来自于教学过程中的师生互动。

最后我还要特别表达一下我的感激之情。

本书初稿编写完成后，两位主编提出了详细的审读意见。本书历时三年有余，四易其稿，是与主编的辛苦指导分不开的。这里谨向两位资深对外汉语教学专家和前辈表达我崇高的敬意和无限的谢意。

感谢北京语言大学对外汉语研究中心，它为我的学术研究和教材编写提供了优越的环境。感谢北京语言大学的同事对我的每问必答。感谢中国传媒大学于根元教授、北京大学袁毓林教授和陆俭明教授、香港中文大学冯胜利教授对我学术研究的严格教导。感谢北京语言大学赵金铭教授在我编写《作为第二语言的汉语概说》时的热情指导，没有该书的编写实践，就没有本书的出版。感谢我的研究生白鸽、蔡淑美、付翠、傅建煌、黄理秋、李艳、李昱、刘文秀、薛小芳、杨圳、张春华，他们每个人都仔细地通读了书稿，提出了很多极富价值的意见和建议。他们大多已经毕业，有的甚至在海外求学、工作，仍然时时关心这部书稿的编写进程。我还要借此感谢我的孩子施今语，她特别乐意当我的语感顾问。我将这本书作为一份礼物送给她，祝她快快乐乐地长大。感谢我的妻子高勤丽十数年来给予我的无限支持。感谢我的父母的养育之恩和岳父母的关爱之情。

最后还要特别感谢本书责任编辑王轩为本书出版所付出的辛勤劳动。

尽管编者在写作过程中可谓尽心尽力，但错漏之处自然难免。敬请读者朋友不吝赐教。我的通信地址：北京市海淀区学院路15号北京语言大学语言科学院（100083），电子信箱：shichunhongblcu@163.com。

谨此预谢！

施春宏

模块一：语言基本知识与技能

标准一：汉语知识与技能

教师应掌握汉语语音、词汇、语法与汉字基本知识，并具备良好的汉语听、说、读、写技能。

标准1.1　教师应掌握汉语基本知识

标准1.2　教师应具备良好的汉语听力理解能力

标准1.3　教师应具备良好的汉语口头表达能力

标准1.4　教师应具备良好的汉语阅读理解能力

标准1.5　教师应具备良好的汉语书面表达能力

ptio
第一章
语法概说

第一节 语法的内涵

一、语法的定义

简单地说，**语法**是指语言中组词造句的规则。

"语"是语言，"法"是规则。虽然语音中也有结构规则，也可以看做语法的一部分，但一般语言教学中并不将语音规则纳入语法讲解的范围。另外，语言交际中更常见的是比句子更大的单位，它由若干句子组成，当然也有结构规则。由于这种如何组句成段的规则更多地属于篇章关注的范围，因此本书便根据语言教学中的一般认识，将语法理解成组词造句的规则。

从这个定义可以看出，语法包括两个方面：

（一）组词的规则，即词的构成及其变化的规则。它是由比词小的单位(语素)构造成词的规则，一般叫**词法**。汉语的词法基本上都是造词法，即由构词单位(语素)通过某些结构方式组合成词的规则，如"民"和"主"、"石"和"子"可以分别构成"民主"和"石子"这两个词。对形态比较丰富的语言来说，还有词形变化规则。如英语形容词 modern（现代的），后加词缀-ize 变成动词 modernize（使现代化），后再加词缀-ation 变成名词 modernization(现代化)，其后再后加词缀-al 又变成形容词 modernizational (现代化的)。又如蒙古语中名词[pu]("枪")有七个格，主格形式不变，其他格通过词缀变化来表示，所有格是[pukin]、客体格是[put]等。相对于俄语、德语、蒙古语，英语的形态还算比较少的，而汉语一般认为没有严格意义上的形态标志和形态变化。

（二）造句的规则，即短语(词组)、句子的构成及其变化的规则。它是由词逐层构成的，一般叫**句法**，也叫**造句法**。

两者合起来，语法就是词、短语(词组)、句子的构成及其变化的规则。

二、语法的内涵

由于汉语基本上没有词形变化，因此在非汉语背景的学生习得汉语的过程中，有些人便产生汉语没有语法的印象，这是不合适的。没有语法就无法交际，凡交际皆有规则。汉语有其特定的词法和句法系统。对此，一定要有所认识。

一定时期语言交际中的词语是有一个大概的数量的。2005年出版的《现代汉语词典》第5版收词约65000个，基本上反映了目前现代汉语词汇的面貌。这些词，如果从构造上来看，是存在着内部差异的。如"美好、美德、美容、美化、美展"这五个词，它们内部的结构并不一样，"美好"中的"美"和"好"是并列的，"美德"中的"美"是修饰"德"的，"美容"中的"美"是支配"容"的（意思是使容貌美丽），"美化"中的"化"是附加在"美"上的（意思是使……美观或美好），"美展"则是从"美术（作品）"和"展览"各自抽取一个成分后组成的。词的构造过程中体现的规则就是词法。

与词的数量相对有限相比，语言交际中的句子则是数不胜数的。这些句子都是由一个一个的词构成的。当然，这些词不是杂乱地排列在一起的，它们必须按照一定的规则组织起来才能形成合格的句子，表达一定的意思。归纳起来，造句的规则主要有下面两类：

一是组合的规则，也就是词语排列的规则。例如"他、小说、看、完、了"这五个词可以组成"他看完了小说"和"小说他看完了"，但不能组成"他看了完小说""小说看完了他"等。这里面就包含了词语排列过程中的规则。另外，"他看完了小说"和"小说他看完了"两句话中的规则有相同的地方也有不同的地方。如果再加进一个词"把"，则只可以构成"他把小说看完了"，而不能构成别的句子了。这个带"把"的句子体现了一个新的组合规则。由此可见，不同的组合可以形成不同类型的短语和句子。

二是替换的规则，也就是聚合成类的规则。例如"他看完了小说"中的"小说"可以用"电影、《红楼梦》、展览"等来替换，"看"可以用"写、卖、谈"等来替换。但两组词语之间不能互相替换，如用"谈"替换"小说"形成的"他看完了谈"便不成话。能不能替换就包含了一种规则，能够相互替换的词语往往具有类上的共同点，因此可以归为一类。由此可见，不同的替换关系可以形成词语的不同类别。

就组词的规则而言，实际也主要是这样的两类。如前面例子中的"美"就跟"好、德、容、化、展"组合成词，还可以与"甘、健、审、赞"组成"甘美、健美、审美、赞美"，这是组合规则。同样，"美好"中的"美"可以被"安、良、完、友"替换而构造出"安好、良好、完好、友好"等词，"好"则可以被"丽、满、妙、艳"替换而构造出"美丽、美满、美妙、美艳"等词，这是替换的规则，能够相互替换的形成一个类。只不过，我们在学习词语的时候，往往是将每个词语作为一个整体来学习，有时不太考虑它们内部的结构规则。然而，借助词语内在结构的分析，通常能使我们更加清楚地认识词的意义和用法。

说到底，语法主要就是组合和替换的规则。从这里可以看出，语法所要关心的就是词、短语和句子由哪些成分组成，这些成分之间存在怎样的关系。其实，考察任何一个系统，一般都需要从两个方面来认识。一方面是考察这个系统中有哪些构成成分，另一方面是这些成分之间的关系怎样。成分和关系是任何系统的基本要素。分析语法，实际就是分析成分之间的关系，发现其中的规律，建立相关的规则。

相对而言，汉语中的词法相对简单，而句法远比词法复杂。本书除了第二章介绍词法方面的知识外，其他内容都是介绍句法方面的知识。一般来说，如果不是特别说明的话，语法指的就是句法。

第二节　语法单位

语法既然是指组词的规则和造句的规则，那么它就必然包括大大小小的语法单位。大的单位可以分析出若干小的单位，小的单位包含在大的单位之中。一些小的单位之间必须具有某种联系、按照一定的规则才能组成大的单位。

任何词和短语、句子都是语言结构单位，虽然它们在语言系统中处于不同的层次，但都既有声音又有意义，是声音和意义的结合体。这样，我们就可以说，**语法单位**是对语言结构进行分析所得到的各种音义结合体。

关于语法单位，我们首先需要关心的是语法单位到底可以分成几个层级，不同层级的语法单位之间存在着怎样的关系。

一、语法单位的层级

我们先来分析一下下面这个语言表达：

  人是有思想的动物。

这里有一个表示陈述语气的语调(书面上用句号表示)，其余部分能够表达一个完整的意思，我们可以将这个大的结构看做一个语法单位，这就是句子。以此为基础，接下来可以用停顿的方式来进一步切分"人是有思想的动物"的内部结构，找出这个句子中所包含的下一层次的语法单位。大体而言，能否停顿、停顿的长短往往意味着关系的远近。这样，我们首先切分出"人／是有思想的动物"，从而得到了两个成分。这两个成分的内部结构并不相同，其中"人"内部不能再切分了，而"是有思想的动物"还可以切分。接着可以用同样的方法逐层切分，就会得到这样一些大大小小的成分："是／有思想的动物""有思想的／动物""有思想／的""有／思想"。在所得到的各个成分之中，"人、是、有、思想、的、动物"是词；而"是有思想的动物、有思想的动物、有思想的、有思想"都是由词直接构成或由词一层一层地构成的，这就是短语。上面这个句子除掉语调后形成的"人是有思想的动物"也是一个短语。另外，"人、是、有、的"这些词都只是由一个音义结合体构成，内部没有结构了；而"思想、动物"这些词都由两个音义结合体构成，内部还有结构，因此还可以切分成"思／想""动／物"，至此内部不再有结构了。这种内部不再有结构的音义结合体，就叫语素(或称词素)。"素"，指元素，最小的构成成分，"语素"就是语法中最小的构成成分。除了语法中的语素，语音里有音素，语义里有义素，分别指语音、语义中最小的构成成分。

下面我们就按照从小到大的构造过程依次介绍这几个层级的语法单位。

（一）语素

语素是语言中最小的音义结合体，也叫**词素**。语素既是最小的词汇单位，也是最小的语法单位。

例如"笔"，它的语音形式是 bǐ，意义是"写字画图的用具"，而且它的内部不能再切分了，所以是一个语素(同时也可以成为一个词)。"笔架"，它的语音形式是 bǐjià，意义是"用来搁笔或插笔的架子"，它的语音形式由两个音节构成，意义也由"笔"和"架"两部分构成，因此它不是一个语素，而是由"笔"和"架"两个音义结合体构成的词，即"笔架"包含两个语素。又如"芙蓉"，它的语音形式是 fúróng，是一种植物名称，虽然它的语音形式可以切分成两个音节，但它的意义并不跟"芙"和"蓉"相关，两个音节整体表示一个意义，因此是最小的音义结合体，这样，"芙蓉"就是一个语素(同时也可以成为一个词)。所以我们不能单纯地根据音节或汉字的多少来判断语素的数量，像"枇杷、迪斯科、歇斯底里、马达加斯加"这样的词也只能看做由一个语素构成。

从这里可以看出，语素是最小的构词单位。有的语素可以直接构成词，如"笔、芙蓉"和上面句子中的"人、是、有、的"；有的语素结合以后构成词，如"笔架"这个词由"笔"和"架"这两个语素构成，上面句子中的"思"和"想"组合成"思想"，"动"和"物"组合成"动物"。可见，语素是构词的备用单位。

语素不但可以构成词，还可以构成语法作用跟词相当的固定短语。如"笔下生风"就是由"笔、下、生、风"四个语素构成。当然，当构成词或短语的语素超过两个时，它们的内部也就有可能出现组合的先后层次。如"笔下生风"中的四个语素，"笔"和"下"组合成"笔下"，"生"和"风"组合成"生风"，然后"笔下"和"生风"再组合成"笔下生风"这个成语。从这里可以看出，认清语言单位内部的层次是我们正确分析结构、准确把握语义的基础。

(二) 词

词是最小的能够独立运用的语言单位。

跟语素一样，词既是词汇单位，也是语法单位。词是由一个或几个语素构成的，如"人是有思想的动物"中的"人、是、有、的"和"思想、动物"。

词与词组合后形成短语(词组)。例如"创造未来"便是由"创造"和"未来"两个词构成的一个短语。又如"飞机／起飞""我／的""在／教室""攀登／喜马拉雅山"。

有时一个词加上语调也可以单独成句。例如：

① 谁？

② 我。

③ 前进！

因此，词是构成短语和句子的备用单位。

所谓"独立运用"，实际包括两个方面的含义：一个是"单说"，即能够单独成句，如上面提到的"思想、动物、人、谁、我、前进、是、有"以及"伟大、一"等；另一个是"单用"，它既包括"单说"，还包括虽不能单说但能单独起某种语法作用，如"一棵树、很高兴、关于这个问题、理想和现实、我的电脑、他来了吗"中的"棵、很、关于、和、的、了、吗"之类的词。能单说的当然能单用，但能单用的不一定能单说。

（三）短语（词组）

短语是由两个或两个以上的词按照一定的规则构成的语法单位。短语也叫**词组**，有时也叫**结构、句法结构**。

短语是造句的备用单位，大多数短语加上语调以后可以成为句子。例如：

① 飞机起飞。
② 哪儿集合？
③ 快点儿跑！

短语是由词构成的，但不是任何两个以上的词连在一起就是短语。例如，"十分流畅、凝视天空、读报"是短语，而"流畅十分、天空凝视、阅读报"就不是短语。可见，短语内部的构造是有规则的，有的是结构规则的制约，如"十分流畅——*流畅十分"；有的是词义能否搭配的问题，如"经济繁荣——*经济繁华"；有的则是受到音节数量的限制，如"读报——*阅读报"（前面加 * 的表示该表达不能说）。语法主要考虑结构规则制约，但有时也考虑词义搭配、音节限制的问题。

如果短语由三个或三个以上的词构成的话，内部就有了层次差别。"创造"和"未来"先构成一个短语"创造未来"，"创造未来"可以和"理想"构成一个更大的短语"理想创造未来"。

（四）句子

句子是具有特定语调的、能够表达一个相对完整意思的语言单位。

句子是由短语或词构成的，它带上特定的语调，前后都有较长的语音停顿。一个短语带上语调后可以成为一个句子，即便是一个词，带上一定的语调后也可以成为一个句子。语言交际是用句子来进行的，因此，句子是语言的使用单位。

跟短语一样，句子中词与词的组合也是有规则的。一般讲语法都以句子的结构规则及其类型为重点。通常都是从结构和功能两方面来给句子进行分类，进而讨论每类句子的构造特点。从结构上看，句子可以划分出单句和复句、主谓句和非主谓句等类别，这就是句型；从功能上看，句子可以划分为陈述句、疑问句、祈使句、感叹句等类别，这就是句类。关于句型和句类，我们将在第七章重点介绍。

上面将语法单位分成语素、词、短语、句子四种，实际上还有比句子更大的语法单位，这就是句群。**句群**是由表达一个中心意思的几个句子构成的语法单位。句群也叫**语段、句组**，是最大的语法单位。例如：

① 有人说幸福是抽象的，那是因为他没有得到真正的幸福。而且，他所谓的幸福是对个人而言。

② 亚特兰大的交通非常糟糕，比休斯顿还糟。因此司机想试着开到人行道上，以便让我们及时到达。结果轮胎就出了问题，撞到了马路牙子上。

例①是由两个句子构成的句群，前一个句子里面还有两个小句，即分句；例②是由三个句子构成的句群，每个句子里面还有两个小句。由此可见，句群的特征包括：由一组句子构成；各个句子共同表达一个中心意思；句子之间相互衔接和连贯（可以通过关联词语来连接，也可以不用）。句群的组合规则也是语法研究的范围，属于篇章语法。因此，从词法到句法到篇章语法，构成了语法的三个层级。

由于本书主要关注句子结构的语法，而对属于篇章研究范围的句群暂不讨论，因此这里讨论的最大语法单位就是句子。

二、汉语四种语法单位之间的关系

除句群外，语素、词、短语和句子这四种语法单位可以分为三级。第一级是语素，它是构词单位，是最小一级的语法单位。第二级是词和短语，它们是造句单位，词又是构造短语的单位，所以词是最小的造句单位。第三级是句子，它是表述单位，有特定的语调，表达一个相对完整的意思。可见，从表达的角度着眼，语素、词、短语是备用单位，而句子是使用单位。这四种语法单位之间的关系可以图示如下：

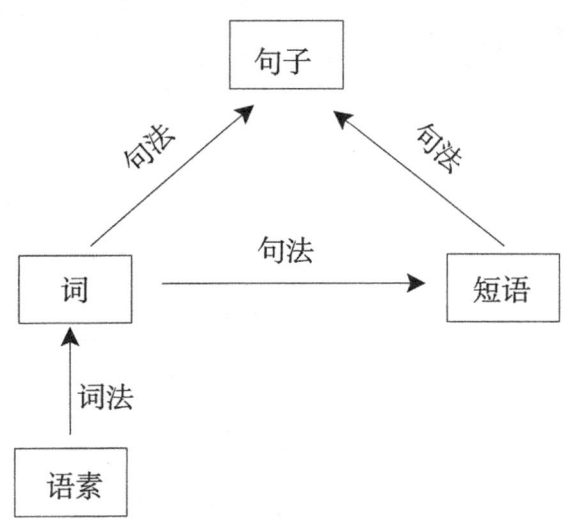

（其中的箭头表示上下级单位之间的构造关系）

从上面对语素、词、短语(词组)之间关系的分析来看，词是语素和短语之间的一级语法单位。在词的定义中，用"能否独立运用"来区分词和语素，用是不是"最小的"来区分词和短语。

　　由语素到词，由词到短语，由短语或词到句子，层层构造，其中有很强的规则性。语法分析就是发现、描写和解释其中的规则。不同语言的构造规则有相同之处，也有不同之处。因此，汉语的构造规则有自己的特点。关于汉语语法的特点，我们将在讲完现代汉语语法的基本内容之后作一个归纳。

　　下面几章根据语法单位之间由低到高的构造层次来介绍现代汉语语法的基本内容。

思考与练习一

一、举例说明什么是语法。

二、语法单位有哪几级？举例说明。

三、在语法的各级单位中，哪些是备用单位？哪些是使用单位？举例说明。

四、举例说明现代汉语各级语法单位之间的关系。

五、将下面这句话用你的母语翻译出来，并分析出它的各级语法单位，再比较它跟汉语在词语排列的顺序上有没有什么不同。

　　　　没有得到球星签名的那个女孩十分伤心地走出了球场。

第二章 词法系统

词法分析的对象是词的构造成分及其关系。词是由语素构造而成的。有的词是由一个语素构成的，由于语素是最小的音义结合体，这时词的内部就没有结构了。然而，在现代汉语词汇系统中，大多数词都是由两个或两个以上语素构成的，自然就有了内部结构。对词的构造，可以从词的语音形式和结构方式两方面来认识。根据构成音节的多少，词可以分为单音节词和复音节词；根据构成语素的多少，词可以分成单纯词和合成词。

由于了解语素的类型及其作用会对分析词的构造起到关键性的作用，下面便先介绍语素的类型，然后说明词语的类型及构造方式。

第一节 语素的类型

语素可以从不同的角度进行分类。根据一个语素所包含的音节数量的多少，可以分为单音节语素、双音节语素和多音节语素。根据一个语素成词、组词能力的大小，可以分为自由语素、半自由语素和不自由语素。根据语素意义在词义中的作用，可以分为词根语素和词缀语素，简称词根和词缀。

一、单音节语素、双音节语素和多音节语素

单音节语素是由一个音节表示的语素。汉语中大部分语素是单音节语素。例如：

书 学 美 五 颗 他
在 化 再 既 了 唉

双音节语素是由两个音节表示的语素。双音节语素主要有两种来源，一种是从古代汉语继承下来的，一种是用音译的办法产生的。例如：

慷慨　仿佛　霹雳　马虎　哆嗦　妯娌

　　鹧鸪　螳螂　蜻蜓　牡丹　玫瑰　芙蓉

　　的士　咖啡　幽默　扑克　安培　沙发

　　嘀嗒　噗哧　扑通　茫茫　皑皑　（沉）甸甸

多音节语素是由三个或三个以上的音节表示的语素。例如：

　　巧克力　尼古丁　奥林匹克　乌鲁木齐　卡萨布兰卡

　　汉语中的语素一直以单音节为主。在现代汉语的语素中，单音节语素仍然占绝大多数。单音节语素具有极强的构词能力，能构造出成千上万个词语。双音节语素和多音节语素（有的教材将两者合起来统称为多音节语素）数量很少，构词能力有限，如"琉璃、鸳鸯、沙发、巧克力、奥林匹克"可以构成"琉璃瓦、鸳鸯侣、沙发床、巧克力豆、奥林匹克村"等；有的根本没有构词能力，如"仿佛、哆嗦、慷慨、惆怅"等。

二、自由语素、半自由语素和不自由语素

　　自由语素是指能独立成词的语素，也叫**成词语素**。自由语素可以单说或单用，单说或单用时就是一个词。大部分自由语素不但能独立成词，还能自由地跟别的语素组合成词，位置可在前也可在后。这些语素的意义都比较实在、具体。例如：

　　书：书本　书籍　书刊　书目　书评　书院
　　　　兵书　辞书　丛书　禁书　天书　证书
　　　　图书馆　教科书　线装书　白面书生

　　走：走道　走动　走访　走廊　走失　走向
　　　　败走　奔走　出走　竞走　逃走　行走
　　　　飞禽走兽　铤而走险　不胫而走

　　美：美感　美观　美好　美化　美丽　美人
　　　　华美　健美　精美　审美　秀美　壮美
　　　　美轮美奂　成人之美　十全十美

　　一小部分自由语素只能独立成词，没有什么构词能力。例如：

　　的　地　得　着　了　过　吧　吗　咦

　　澎湃　刹那　噗哧　慷慨　歇斯底里

　　半自由语素指本身不能独立成词，但是能跟别的语素自由组合成词。半自由语素在词中的位置可前可后。这类语素的意义也比较实在、具体。例如：

民：民房　民间　民警　民情　民众　民主
　　公民　国民　居民　难民　农民　渔民
　　贫民窟　殖民地　国泰民安　治国安民
习：习题　习作　习惯　习性　习用　习俗
　　补习　见习　练习　实习　学习　演习
　　自习课　总复习　习以为常　陈规陋习
伟：伟大　伟绩　伟力　伟人　伟业　伟岸
　　宏伟　魁伟　奇伟　雄伟　丰功伟绩

现代汉语中的大部分半自由语素在古代汉语中都是作为词独立使用的。在现代汉语中，半自由语素在特定的条件下也是可以单用的。"银、鸭、椅、男"都是半自由语素，但在表示列举时可以单用，如"金银铜铁、鸡鸭鹅鱼、桌椅板凳、男女老少"；"氢、氧、叶"一般只用于"氢气、氧气、叶子"等词中，但在专业文献中可以单用，如"氢和氧发生反应""植物由根、茎、叶三部分组成"；"知、觉、言、语"在一些习惯性的表达中可以单用，如"神不知，鬼不觉""你一言，我一语"。当然，这都是一些个别的特殊现象。在教学中需要区别通例（一般的、通常的情况）和个例（个别的、特殊的情况），并发现个例存在的条件，这会有助于我们有效地说明一些特殊现象。我们通常所说的使用习惯往往有一定的使用条件，告诉学生这些习惯用法的使用条件，会有助于提高他们理解和使用语言的能力。

不自由语素不能独立成词，在跟别的语素组合成词时位置往往比较固定，或者只能在前，或者只能在后。只能前加的不自由语素如"老、阿、第、初、可"等，只能后加的不自由语素如"子、头、者、员、性、热"等。例如：

老师　阿姨　第五　初一　可笑
刀子　石头　作者　管理员　积极性　足球热

不自由语素基本上就是一般所说的词缀，在下文中我们再详细说明。注意，说它们是不自由语素，只是指它们做词缀时如此，而不是指它们在所有的词中都是如此。如"老人、老化、苍老、古老"和"热量、热烈、发热、狂热"中的"老"和"热"就并非不自由语素，也不是半自由语素，而是自由语素（即都可以独立成词）。严格说来，它们跟做词缀的"老"和"热"属于不同的语素。可见，确定语素自由与否，是与其意义有关的，在某个义项上是自由的，在另一个义项上有可能是半自由或不自由的。

由于半自由语素和不自由语素都不能独立成词，所以也可以合起来叫做**不成词语素**。

三、词根和词缀

（一）词根

词根是词的核心，是一个词的词汇意义的基本组成部分。如"家园、老师、作者"这三个词中，语素"家、园""师""作"分别是这几个词的词义核心，因此是词根语素。词根语素意义比较实在，构词时的位置比较灵活。例如：

家：家人　家庭　家具，安家　成家　管家
园：园丁　园林　园艺，公园　花园　游园
师：师表　师徒　师承，大师　拳师　拜师
作：作品　作息　作画，创作　劳作　著作

汉语中双音节和双音节以上的词大多是由词根和词根组合而成的。

（二）词缀

词缀是附加在词根上的语素，一般表示附加性的词汇意义，如"老师"的"老"、"作者"的"者"。词缀跟别的语素组合时，出现的位置比较固定。根据词缀在词语中的位置，可以分为前缀、后缀和中缀。前缀、后缀的数量相对较多，中缀只限于有限的几个。

1. 前缀

前缀指只能出现在词根前头的词缀。例如：

老：老师　老鹰　老乡　老大　老百姓
阿：阿姨　阿妹　阿婆　阿毛　阿Q
第：第一　第二　第十一　第一百零八
初：初一　初二　初五　初九　初十
可：可贵　可恨　可怜　可亲　可叹
非：非农　非正式　非赢利　非主流
反：反季节　反粒子　反批评　反民主
多：多渠道　多层次　多视角　多媒体
超：超短波　超时代　超现实　超一流

其中，"老、阿、第、初"是比较典型的前缀（"阿"带有方言色彩）。人们之所以将这些语素看做词缀，是因为它们的意义一般比较虚，甚至已经没有什么具体实在的意义了。如"老师"的"老"，在历史上本指年纪比较大的，但在现代汉语中，这个"老"已经没有具体实在的意义了,即"老师"与年龄大小没有关系了,统指对教师的尊称,泛指传授文化、技术的人或某方面值得学习的人。又如"第、初"在这些词中只是起到标序的作用。而"可、非、反、多、超"等语素的意义虽然已经开始虚化,但是还没有完全达到典型前缀那样的程度。人们常把这种不够典型的前缀称做**类前缀**或**准前缀**。

2. 后缀

后缀指只能出现在词根后头的词缀。例如:

子: 胖子　兔子　瓶子　盘子　日子　被子
儿: 鸟儿　活儿　馅儿　盖儿　画儿　尖儿
头: 木头　石头　来头　听头　奔头　甜头
然: 俨然　忽然　泰然　黯然　毅然　悠悠然
于: 等于　限于　勇于　敢于　在于　有利于
巴: 尾巴　嘴巴　泥巴　哑巴　干巴　眨巴
以: 给以　得以　加以　难以　予以　足以
化: 强化　简化　深化　规范化　自动化　平民化
者: 记者　笔者　患者　先行者　当局者　接受者
员: 海员　船员　雇员　陪审员　运动员　飞行员
家: 画家　作家　音乐家　美食家　批评家　探险家
手: 鼓手　车手　射手　猎手　吉他手　神枪手
性: 硬性　恶性　惰性　普遍性　创造性　两重性
热: 足球热　汉语热　旅游热　买电脑热　言情小说热
风: 浮夸风　吃喝风　摊派风　抢购风　选秀风
度: 透明度　成熟度　自由度　能见度　容忍度
感: 节奏感　责任感　危机感　立体感　自豪感

其中,"子、儿、头、然"是比较典型的后缀。"于、巴、以"比较典型,但构词能力不怎么强。像"化、者、员、家、手、性、热、风、度、感"等语素,它们的意义正在进一步虚化的过程中,但还没有完全达到典型后缀那样的程度。人们常把这种不够典型的后缀称做**类后缀**或**准后缀**。

在新时期里,类词缀(类前缀、类后缀)尤其是类后缀的广泛使用是一个比较突出的语言现象。由类词缀构成的新词以三音节词居多。

3. 中缀

中缀指只能出现在词根语素中间的词缀。例如：

里：糊里糊涂　邋里邋遢　古里古怪　花里胡哨　慌里慌张

　　疙里疙瘩　怪里怪气　傻里傻气　流里流气　土里土气

得／不：吃得消／吃不消　受得了／受不了　来得及／来不及

　　　　对得起／对不起　买得起／买不起

中缀的数量很少，一般就是指这样的几个。人们之所以将"吃得消／吃不消"等词中的"得"和"不"称做中缀，是由于其中的"得"和"不"拿掉后，"吃消、受了、来及、对起、买起"都不能说。

需要注意的是，有时词根和词缀形式上相同（主要指书写时用同一个汉字），需要区别开来。如"帘子"和"莲子"，虽然都有"子"，但是"帘子(liánzi)"中的"子"没有实在意义，念轻声，是后缀；而"莲子(liánzǐ)"中的"子"有实在意义，指种子，念本调，是词根。同类的如：

老：老师　老虎　老婆　　　（前缀）

　　老人　老大娘　老化　　（词根）

儿：花儿　画儿　尖儿　　　（后缀）

　　婴儿　男儿　孤儿　　　（词根）

头：石头　年头　甜头　　　（后缀）

　　白头　点头　两头　　　（词根）

里：糊里糊涂　肮里肮脏　　（中缀）

　　里面　夜里　雪里红　　（词根）

跟形态比较丰富的语言（如俄语、德语、英语、法语等）相比，汉语的词缀不仅数量少，而且构词能力比较弱，往往不能类推。如有"老虎、老鼠、老鹰"，却不能有"老狮、老豹、老兔、老蛇、老猫、老鸡"；有"狮子、豹子、猴子、骡子、兔子、燕子、鸭子、蛾子、蝎子、虱子"，却不能有"虎子、狗子、牛子、羊子、猪子、蛇子、鼠子、鹅子"。因此，学汉语时，由比较典型的词缀（如"老、阿"和"子、儿、头、然"等）构成的词需要一个一个地记。当然，非典型词缀在构词上往往有一定的类推能力，这点比较接近英语等语言中的词缀。不过也得注意，有的非典型词缀即使构词能力比较强，也不能广泛类推，如可以说"小说家、作家、画家、书法家、艺术家、科学家、政治家、美食家"等，但一般不说"医家、建筑家、工程家"，而常说"医师、建筑师、工程师"；善于写诗的人，一般不用"诗家"，而说成"诗人"。

第二节　词的类型

一、单音节词、双音节词和多音节词

前面已经介绍过，根据一个语素所包含的音节数量的多少，可以分为单音节语素、双音节语素和多音节语素。同样，根据每个词所包含的音节数量的多少，也可以把词分为单音节词、双音节词和多音节词。

单音节词就是指由一个音节构成的词，也叫**单音词**。例如：

  天　地　人　马　车　坐

  写　好　红　一　百　啊

双音节词就是指由两个音节构成的词，也叫**双音词**。例如：

  土地　蓝天　反弹　上班　绘画　冰凉　偶尔

  老乡　第五　可恨　作者　垫子　丑化　歌坛

  骆驼　葡萄　坦克　拷贝　克隆　犹豫　吉他

多音节词就是指由三个或三个以上音节构成的词，也叫**多音词**。例如：

  互联网　说明书　人行道　防火墙　短平快　摩托车

  多媒体　反人类　开放性　市场化　吃喝风　学术界

  电子邮件　花花绿绿　加利福尼亚　持久性有机污染物

双音节词和多音节词可以合称为**复音节词**(简称**复音词**)。

对汉语词语系统来说，根据音节数量的多少来给词分类是需要的。在现代汉语的词汇系统中，双音节词占70%以上。双音节是现代汉语词汇系统中词的主要语音形式，新产生的词以双音节为主。具有书面语特征的词汇一般都是双音节的。由类前缀和类后缀构成的词多为三音节词，这些类词缀通常是附加在已有的双音节词上。不过，单音节词虽然数量较少，但是大多使用频率很高。

汉语单、双音节在构词、造句中有特殊的作用，对汉语词汇系统和句法系统的发展都有深刻的影响。如"的话、以防、以免、以期、之上、而立、不过"中的前一个语素本来都是虚词，在汉语词汇系统双音节化趋势作用下，跟后面的实词组合后形成了一些结构非常特殊的词语。又如"阅读报纸"可以说，但"阅读报"不能说，而"读报纸"和"读报"都可以说；"他关严了窗户"可以说，而"他关严实了窗户"一般不说(即便有人偶然说一下，可接受度也比较低)，其根本原因就是单双音节的数

量差异。我们后文介绍汉语句法系统时还将有所涉及，并在第十章"现代汉语语法的特点"中将其作为一个特点来归纳。目前，我们在汉语作为第二语言的教学中尚未对此给予足够的重视。而要想更准确地掌握地道的汉语，必须对单双音节特征在汉语语法系统中的作用规则有比较到位的了解。

二、单纯词和合成词

词是由语素构成的，构成词的语素数量有多有少。如果一个词只由一个语素构成，则它的内部没有结构关系；如果一个词由两个或两个以上的语素构成，那么就可以需要分析它的构成方式。这样，我们可以根据构成词的语素数量的多少，把现代汉语词汇系统中的词分成单纯词和合成词。

（一）单纯词

单纯词就是指由一个语素单独构成的词。根据构成单纯词的音节数量的多少，可以将单纯词分为单音节单纯词、双音节单纯词和多音节单纯词。

1. 单音节单纯词

单音节单纯词是由一个单音节语素构成的词。例如：

  天 说 香 一 位 他 就 把 和 了 吧

2. 双音节单纯词和多音节单纯词

双音节单纯词是由一个双音节语素构成的，多音节单纯词是由一个多音节（三个或三个以上音节）语素构成的词。例如：

  波音 骆驼 克隆 巧克力 阿司匹林 伊斯坦布尔

双音节和多音节单纯词的情况比较复杂，包括联绵词、叠音词、拟声词、音译词等。

（1）联绵词

联绵词是由两个不同音节连缀成一个语素构成的词。有的联绵词两个音节的声母相同(双声，包括两个音节都是零声母的情况)，有的联绵词两个音节的韵母相同或相近(叠韵，不考虑韵头的有无或同异)，也有的联绵词两个音节的声母、韵母都不相同(非双声叠韵)。例如：

  双声：琉璃 琵琶 蜘蛛 崎岖 忐忑 惆怅 拮据

     葡萄 尴尬 伶俐 慷慨 唐突 逶迤 犹豫

叠韵：葫芦　蜻蜓　骆驼　玫瑰　烂漫　迷离　窈窕
　　　逍遥　荒唐　霹雳　蜿蜒　唠叨　郎当　妖娆
其他：蝴蝶　鹧鸪　蝙蝠　蟋蟀　珊瑚　玛瑙　芙蓉
　　　疙瘩　侥幸　马虎　垃圾　囫囵　铿锵　邂逅

还有既是双声又是叠韵的情况，如"辗转(zhǎnzhuǎn)、轳轳(lùlu)、优游(yōuyóu)"。

构成这些联绵词的汉字，很多只是用在特定的词当中，而且常常笔画比较多，然而其中有不少词却是比较常用的词。

(2) 叠音词

叠音词是由两个相同的音节连缀成一个语素构成的词。例如：

皑皑　彬彬　匆匆　赳赳　脉脉　茫茫　袅袅
翩翩　冉冉　瑟瑟　姗姗　悻悻　熊熊　孜孜
淙淙　潺潺　喃喃　嗷嗷　侃侃　咕咕　汩汩
饽饽　狒狒　蝈蝈　蛐蛐　猩猩　姥姥

前两行是模拟情状的，第三行是模拟声音的，两者带有很强的文学描写特征。最后一行是用来指称的。

叠音词不能单用一个音节，如上面这些词中的每一个音节都不能单说，单说后没有意义。像"熊熊"的"熊"单说后指一种动物，跟原词的意思没有关系。

跟联绵词一样，叠音词中的汉字，很多只是用在特定的词当中，而且常常笔画比较多，如"皑(ái)、彬(bīn)、匆(cōng)、赳(jiū)、脉(mò)、茫(máng)、袅(niǎo)、翩(piān)、冉(rǎn)、瑟(sè)、姗(shān)、悻(xìng)、熊(xióng)、孜(zī)、淙(cóng)、潺(chán)、喃(nán)、嗷(áo)、侃(kǎn)、咕(gū)、汩(gǔ)、饽(bō)、狒(fèi)、蝈(guō)、蛐(qū)、猩(xīng)、姥(lǎo)"。然而其中有不少词却是比较常用的词。

(3) 拟声词

拟声词是描摹声音的词，也叫**象声词**。例如：

布谷　知了　啪嗒　叮当　哐当　呜呜　哈哈
叮铃铃　哗啦啦　轰隆轰隆　丁零当啷　叽里咕噜

(4) 音译词

音译词是用相同或相近的语音翻译过来的外来词，也叫**译音词**。例如：

的士　巴士　沙发　咖啡　马克　扑克　安培　雷达

　　拜拜　休克　幽默　模特　蒙太奇　比基尼　法西斯

　　奥林匹克　厄尔尼诺　歇斯底里　布宜诺斯艾利斯

　　单纯词不管音节多少，各个音节本身并不表示什么意义，只有几个音节合起来才表示意义。如"蒙太奇"，虽然其中的每个字所代表的音节"蒙""太""奇"在别的场合都有意义，但这些意义都跟"蒙太奇"的语义没有关系，而只是作为音节形式来对译法语词"montage"，汉语中的"蒙太奇"整体上被看做一个词。

　　注意，双音节或多音节的单纯词，其中的每个音节都是只记音不表义的，但有时提取其中的一个音节后可以跟其他语素结合成词，这个被提取出来的音节实际代表了整个单纯词的语义，在新的词中成为一个语素。这种情况，叫做音节语素化。例如音译词"的士"(taxi，出租车)是两个音节组成的单纯词，后来"的"提取出来后逐渐语素化了，出现于"面的(面包的士)、打的(坐出租车)、的哥(开出租车的青年男子)"等合成词中。同类的如"中印、奥运会、清咖、男模、1千伏"中的"印（印度)、奥（奥林匹克)、咖（咖啡)、模（模特)、伏（伏特)"等。又如联绵词"骆驼"的"驼"提取出来后逐渐语素化了，出现于"驼峰、驼铃、驼毛"等合成词中。同类的如"彩蝶、蛛网、蟾酥、鸳侣、麟角、蚁后"中的"蝶（蝴蝶)、蛛（蜘蛛)、蟾（蟾蜍，chánchú)、鸳（鸳鸯，yuānyāng)、麟（麒麟，qílín)、蚁（蚂蚁)"和"伶牙俐齿、慷他人之慨"中的"伶、俐"和"慷、慨"。音节语素化基本上都发生在音译词和联绵词上。

（二）合成词

合成词是指由两个或两个以上语素组合构成的词。例如：

　　道路　天堂　生存　扩大　优秀　固执

　　既然　无论　艾滋病　隐私权　短平快

　　阿姨　甜头　超音速　多样性　经验主义

　　现代汉语词汇系统中，合成词在数量上占绝大多数。合成词多数是由双音节的两个语素构成的，即多为双音节词；也有三个或三个以上音节和语素构成的。下面介绍词的构造时就是说明合成词的结构规律。

　　单纯词、合成词跟单音节词、复音节词是根据不同标准划分出来的，它们之间的关系如下：

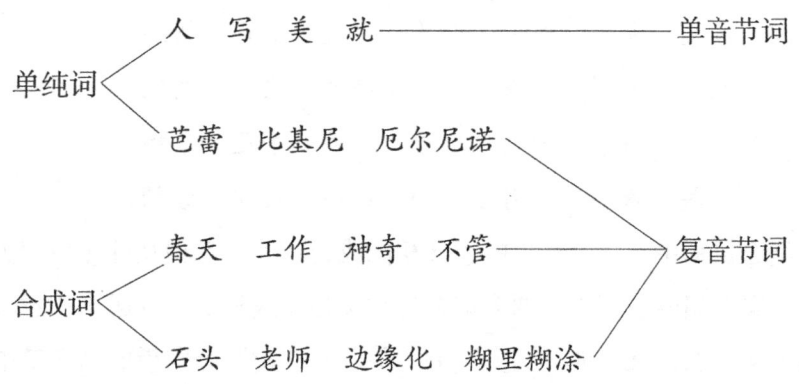

第三节　合成词的构造

一、合成词的构成方式

由于语素的性质有差异，这样由两个或两个以上的语素构成合成词时，这些合成词的内部构成方式便有差异。下面根据合成词中语素的地位和关系，将合成词的构成方式分成复合式、附加式、重叠式三种，这三种构成方式所构造的合成词分别称做复合词、派生词、重叠词。

（一）复合式

复合式是指由两个或两个以上不同的词根组合成词的方式。由复合式构成的词叫复合式合成词，简称**复合词**。复合词一般由两个词根组成，也有由两个以上词根构成的，如"短平快、无轨电车"，不过这种情况不多，所以下面主要以两个词根构成的复合式合成词为例来说明。根据词根和词根之间结构关系的不同，可以将复合式进一步分析为下面几种类型：

1. 联合式

联合式合成词的语素之间不分主次，在意义上相同（或相近）、相反（或相对）、相关。联合式也叫**并列式**。例如：

(1) 语言　道路　思想　妇女　头绪　价值　疾病
　　 伟大　英明　优良　美丽　孤独　寒冷　平稳
　　 饥饿　解放　攻击　战斗　生产　束缚　获取

(2) 方圆　大小　天地　开关　得失　反正　始终
　　买卖　赏罚　往来　轻重　横竖　左右　高低
(3) 骨肉　豺狼　刀枪　口舌　眉目　手足　拳脚
　　笔墨　人马　岁月　江山　山河　尺寸　领袖

第一组合成词中，两个词根的意义相同或相近，两者相互补充说明大体构成合成词的意义；第二组合成词中，两个词根的意义相反或相对，合成词的意义是由两个词根结合后产生的新意义，如"买卖"的"买"和"卖"分别指商品交易中的两个动作过程，而"买卖"的整体义则指生意；第三组合成词中，两个词根的意义相关，合成词的意义也是由两个词根结合后产生的新意义，如"豺狼"本指豺和狼，合成后比喻凶恶残忍的人；"江山"本指河流和山岳，合成后多用来指国家或国家的政权。

还有一些联合式合成词比较特殊，整个合成词的意义并不是两个语素意义的组合或组合后的引申，而是只有一个词根的意义在起作用，另一个词根的意义或者隐含下去，或者只是起到附加、衬托的作用，在构词中只是作为一个衬音成分而存在。例如(下加点的语素，其意义在该词中弱化或消失了)：

妻子̣　人物̣　国家̣　质量̣　窗户̣　狐狸̣
宝贝̣　干̣净　忘̣记　睡觉̣("觉"本指醒)
好歹̣　恩̣怨　兄弟̣(xiōngdi)　动̣静　甘̣苦

"妻子"本义指妻和子女，现在只用来指"妻"，"子"的意义在语义结构中消失了；"干净"本义包括"干"和"净"两个方面，现在只用来指"净"，"干"的意义弱化以至消失了。人们一般称这类词为**偏义复词**或**偏义词**。有时本义和偏义两者在现代汉语系统中都在使用，需要根据语境来判断。如"好歹"，本义指好和歹两个方面(如"不知好歹")，现在也可以只用来指"歹"这一面(如"他要有个好歹，我拿你问罪")。

2. 偏正式

偏正式合成词的前一个语素修饰、限制后一个语素。例如：

(1) 青天　股民　冰点　小说　红旗　美感
　　食物　开水　摇篮　个人　千金　百姓
(2) 网购　席卷　筛选　倾销　回想　流动
　　单干　热爱　远眺　胡闹　顿悟　漫谈
(3) 火红　冰凉　蜡黄　赤贫　淡绿　鲜红
　　喷香　飞快　镇静　绝妙　恰好　最佳

这三组合成词分别属于名词、动词、形容词，此外也有其他类型。关于名词、动词、形容词的内涵，将在第四章"词类系统（上）——实词"中作出说明。

3. 主谓式

主谓式合成词的前一个语素表示被陈述的对象，后一个语素是陈述前一语素的。主谓式也叫**陈述式**。例如：

  眼花 耳鸣 心酸 肉麻 面善 性急 心细
  嘴硬 心疼 手软 年轻 祖传 风流 日出
  目击 自愿 自信 自主 自大 国有 民选

4. 述宾式

述宾式合成词的前一个语素表示动作行为，后一个语素表示动作行为所支配、关涉的对象。述宾式也叫**动宾式、支配式**。例如：

 （1）探亲 出席 留神 注目 站岗 破产 示威
    埋头 开幕 提议 动员 关心 失策 打的
 （2）理事 管家 司令 监工 干事 将军 隔壁
 （3）缺德 失望 卫生 刺眼 悦耳 动人 称心
 （4）依次 照旧 尽量 竭力 顺便 索性 到底

这四组述宾式合成词分别属于动词、名词、形容词、副词，其中以动词居多。从这些类型可以看出，一般不能简单地从两个语素的意义和相互关系推出整个词语的意义和用法。

5. 补充式

补充式合成词的后一语素补充说明前一语素。例如：

 （1）推翻 打倒 煽动 降低 缩小 澄清 尿不湿
    提高 调和 打动 改良 说明 介入 看上
 （2）纸张 花朵 云朵 花束 车辆 船只 诗篇
    人口 人群 布匹 马匹 银两 稿件 事件
    肉片 楼层 路段 草堆 米粒 枪支 书本

第一组合成词中，前一个语素表示动作，后一个语素表示动作的结果或趋向，所以也叫**述补式**或**动补式**。第二组合成词中，前一个语素表示物体、物件，后一个语素是计量物体、物件的单位，所以也叫**量补式**。需要注意的是，第二组的整个词表示集合概念，不能作为个体概念来使用，即不能再受具体数量的修饰，如不能说"一张纸张、两个人口"，应该说成"一张纸、两个人"。结构上与此类似的词中有几个用法比较特殊，如"文件、房间"可以用如"一份文件、一个房间"。

复合式合成词的构造方式，除了上面主要的几类之外，还有一些特殊的构造方式，主要包括**连动式**和**兼语隐含式**。例如：

(1) 扮演　报销　病休　查封　撤换　抽调　割让
　　报考　接管　集训　投靠　代办　提审　剪贴

(2) 逗乐　逗笑　请示　请教　遣返　招降　诱降
　　召见　召集　引见　招集　逼供　劝退　劝进

第一组是连动式，"扮演"是先"扮"后"演"，"抽调"是先"抽"后"调"。第二组是兼语隐含式，"逗乐"是"逗某人"和"某人乐"的合并(即"逗某人乐")，其中的"某人"兼有前后两个成分，隐含不显。

汉语双音节和双音节以上的词中，复合词占绝大多数。

(二) 附加式

附加式是指由词根和词缀组合成词的方式。由词根加上词缀构成的词叫附加式合成词，一般称做**派生词**。前面说过，词缀可以分为前缀、后缀、中缀，这样，附加式就包括下面三种类型：

1. 前加式：词缀＋词根。例如：

　　老虎　阿妹　初十　第一百零八　小王　可观

2. 后加式：词根＋词缀。例如：

　　肚子　苦头　头儿　笔者　作家　写手
　　简化　秀气　突然　泥巴　灵敏度　原则性

3. 中加式：词根＋中缀＋词根。例如：

　　女里女气　神乎其神　灰不溜秋　买得起　受不了

详细内容可以参见上文对词缀的说明。

在后加式中，还有一种比较特殊的情况。例如：

　　白茫茫　黑糊糊　绿油油　圆乎乎　沉甸甸
　　干巴巴　灰溜溜　脏兮兮　湿淋淋　冷冰冰
　　水汪汪　血淋淋　汗津津　毛茸茸　雾蒙蒙
　　喜滋滋　乐颠颠　笑呵呵　闹哄哄　颤巍巍

前一个语素表示某种性质和行为动作，后面两个音节构成的叠音语素也可看做后缀，是叠音词缀。它在程度上补充说明前一个语素性质的加深或动作的状态。前两行的第一个语素独立使用就是形容词，可以受"很、十分、非常、有点儿"等表示程度的词的修饰，如"很白、十分沉、非常干、有点儿脏"；但是带上这些特殊词缀后，这些词本身便有了很高的程度，因此不能再受表示程度的词修饰，如不能说"很白茫茫、十分沉甸甸、非常干巴巴、有点儿脏兮兮"。其他词也是如此。

（三）重叠式

重叠式是指由两个相同的词根相叠成词的方式。由相同语素重叠而成的合成词叫重叠式合成词，简称**重叠词**。重叠和不重叠的意义基本相同，这类词在词典中一般能够查到。

重叠词主要有两种类型：

1. AA 式重叠词

这类重叠词由两个语素重叠而成，成词后的意义跟单个语素的意义基本一样。例如：

(1) 爸爸　妈妈　爷爷　奶奶　爹爹　叔叔　伯伯
　　舅舅　姑姑　婶婶　哥哥　姐姐　弟弟　妹妹
(2) 仅仅　刚刚　常常　单单　偏偏　渐渐　稍稍
　　慢慢　狠狠　悄悄　恰恰　连连　暗暗　白白
(3) 星星　泡泡　圈圈　框框　杠杠　条条　块块

这类重叠式中，第一组是亲属称谓词，第二组是副词，这两类是主要类型；第三组是名词，其中"框框、杠杠、条条、块块"既有字面义，也有比喻义。

这类重叠式合成词中的两个语素常常可以只用一个（上述各词中，"悄悄、微微、频频、暗暗"一般不单用一个语素），意思基本不变。当然用法上会有一些细微的变化，如"妈"和"妈妈"都是口语词，但前者的口语色彩更重；"仅"和"仅仅"相比较，后者的语气一般要稍微重一些。注意，"爷爷、奶奶"单用后意思有变化。

关于重叠词，有两点需要辨析：

重叠词不同于"天天、看看"这样由两个词构成的重叠形式。"天天"指每一天，意思不等于"天"；"看看"指看一下儿、看一看，意思不等于"看"。"天天、看看"增加了新的语法意义，但因不属于词，所以词典中不会收录。而"妈妈"跟"妈"意思相同，"仅仅"跟"仅"意思相同，它们重叠使用主要是受汉语合成词中双音节为主这个大趋势的影响，词典中常常作为一个词来收录。

重叠词跟属于单纯词的叠音词也不同。叠音词是由相同音节连缀成一个语素构成的，不能单用一个音节，如"茫茫、皑皑、侉侉、姥姥、猩猩"不能单说成"茫、皑、侉、姥、猩"。

下面归纳一下重叠词、词重叠、叠音词之间的区别：

例词	几个语素	几个词	重叠的实质
妈妈、仅仅	2	1	语素重叠（重叠词）
天天、看看	2	2	词重叠
茫茫、皑皑	1	1	音节重叠（叠音词）

2. AABB 式重叠词

这类重叠词是由两个语素分别重叠后构成的，原本没有 AB 这样的词。例如：

婆婆妈妈　星星点点　瓶瓶罐罐　形形色色

口口声声　骂骂咧咧　哭哭啼啼　跌跌撞撞

病病歪歪　颤颤巍巍　花花绿绿　密密麻麻

郁郁葱葱　大大咧咧　轰轰烈烈　兢兢业业

这些重叠词中，如果不用重叠形式，"婆妈、星点、瓶罐、形色、口声、骂咧、哭啼、跌撞、病歪、颤巍、花绿、密麻、郁葱、大咧、轰烈、兢业"就不成词。这不同于"工工整整、完完全全"这样的词的重叠形式，因为它们还存在着"工整、完全"这样的相应的非重叠词。

二、合成词的层次

现代汉语合成词中两个语素组成的词（多为双音节词）占绝大多数，但也有的合成词由三个或三个以上的语素构成，除了"短平快"这样的联合式合成词外，其他形式的多语素合成词就形成了多层次的结构形式，各个层次体现特定的结构关系。例如：

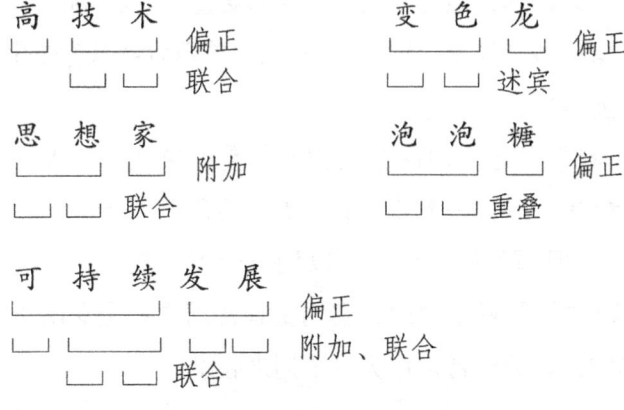

```
老  少  边  穷   地  区
└──┴──┴──┘   └──┘  偏正
└──┘└──┘   └──┘  联合、联合
```

```
多米诺  骨牌   效 应
└────┘ └──┘  └──┘  偏正
└────┘     └──┘  偏正、联合
  └──┘         偏正
```

```
办  公  自  动  化  系  统
└──┴──┴──┴──┴──┘ └──┘  偏正
└──┘ └──┴──┘ └──┘     主谓、联合
     └──┴──┘           述宾、附加
     └──┘              主谓
```

分清合成词的结构层次、认清结构关系，对正确理解词义、运用词语非常重要。我们在分析任何现象时，都要有结构的意识，分清层次、认清关系是正确把握结构的基本途径。

第四节 简称

有的语言成分包含的音节较多，为了称说方便，便对这种较长的形式进行压缩或省略。缩略后的语言单位可以统称为**简称**，也叫**缩略语**、**略语**。

简称的内部构造一般不能简单地根据上面合成词的构造方式来分析。但如果我们将简称跟原词语相对照的话，一般也是能够分析清楚的。简称的方式主要有以下几种：

1. 提取法

从原词语中提取某些成分组合成词。这些被提取的成分大多是语素，但也可以是从复音节单纯词中提取的某个音节。例如：

文化教育→文教	浙江大学→浙大	超级市场→超市
外交部长→外长	驾驶执照→驾照	集中培训→集训
第二外语→二外	物理疗法→理疗	仓库容量→库容
哈尔滨市→哈市	世界博览会→世博会	美利坚合众国→美国
特快专递→快递	大韩民国→韩国	非典型性肺炎→非典

2. 截取法

从全名中截取有代表性的成分。例如：

笔记本电脑→笔记本　　清华大学→清华　　师范学校→师范

居民身份证→身份证　　长途汽车、长途电话→长途

3. 合并法

合并并列成分中相同的成分。例如：

工业商业→工商业　　进口出口→进出口　　出境入境→出入境

文科理科→文理科　　海军陆军空军→海陆空军

4. 标数法

概括原来几个词语的共性或相关性，选取一个代表性的语素，在它的前面加上所含项目的数字。例如：

父亲母亲→双亲　　农业、农村和农民→三农

北岳恒山、西岳华山、中岳嵩山、东岳泰山、南岳衡山→五岳

酸甜苦辣咸→五味　　两只眼睛、两只耳朵、两个鼻孔、一张嘴→七窍

其中，"五味、七窍"之类，原词语中没有相同的语素，便选取一个能概括各个词语共性的语素做代表，然后加上数字构成简称。

有时几个方法也可综合使用构造出简缩形式。例如：

大使馆、领事馆→使领馆　（合并法＋提取法）

电子计算机内存储器→内存（截取法＋提取法）

有的简称只是一种临时的缩略形式，但是有的简称在使用过程中逐渐凝固成一个词，以致不能拆换或插入其他成分，跟语言中的词几乎完全一样了。甚至有些简称词化后，原来的形式是什么已经不怎么为人所知了。例如：

安检　超市　车模　初中　反腐　房贷　语文

高考　公关　股市　化肥　集训　驾照　考研

科研　扩容　男篮　企管　人大　寿险　台商

体彩　条码　网迷　央企　邮展　援建　知青

在新产生的词中，由简称而形成的词非常多。

附带说明的是，现代汉语词汇中还有字母缩略或字母与汉字合用的形式，称做**字母词**。一种是用汉语拼音缩略而成。例如：

Hànyǔ Shuǐpíng Kǎoshì（汉语水平考试）→ HSK

Rénmínbì（人民币）→ RMB

Guójiā Biāozhǔn（国家标准）→ GB

另一种是用外来字母缩略而成，基本上都是直接借自外语的简称。例如：

　　BBS：bulletin board system（电子公告牌系统）

　　CT：computerized tomography（计算机体层摄影）

　　GDP：gross domestic product（国内生产总值）

　　GPS：global positioning system（全球定位系统）

　　SOS：save our souls（国际上曾通用的紧急呼救信号，也用于一般的求救或求助）

　　WTO：World Trade Organization（国际贸易组织）

还有一种是汉字和字母（外语字母、汉语拼音字母）合用的情况。例如：

　　AA 制　　B 超　　e 时代　　T 恤　　X 光　　O 型血

　　IP 地址　　卡拉 OK　　维生素 A　　HSK 考试

思考与练习二

一、指出下列加点的字是词根还是词缀。

1. 阿姨　阿毛　阿 Q　阿斗
2. 初一　初等　初级　最初
3. 健儿　盖儿　幼儿　儿化
4. 老乡　老人　老鹰　老式　老婆　老家
5. 苦头　笔头　肩头　枕头　船头　看头
6. 子孙　儿子　房子　瓜子　帽子　鱼子　棍子　天子

二、指出下列不属于词的语言单位。

　　骑士　骑兵　骑马　骑射　骑手　骑警
　　好人　好处　好话　好心　好运　好笔
　　晾干　提高　阐明　说服　减少　缩小

三、下面这些词中哪些是单纯词？

　　剥削　玲珑　吩咐　伶俐　飞碟　纳闷　纳粹
　　毒气　瓦斯　卑鄙　爷爷　姥姥　偏偏　蝙蝠

四、指出下列复合式合成词的结构类型。

　　头痛　大衣　出席　干事　放哨　说明　扩大　海啸
　　纸张　破除　雪崩　小瞧　电灯　热爱　领袖　大小

第三章
句子成分

第一节　句子成分的内涵

句子是由各种成分构成的，各个成分在句子中的作用不一样。对句子成分的结构和作用的认识会有助于我们正确理解句子，准确使用句子。因此，我们有必要先认识句子的各种成分。

句子成分是根据句子内部组成成分之间的关系和各自的语法作用划分出来的句子结构成分，也叫**句法成分**。

前面说过，有时一个词加上语调后就可以构成一个句子，这是独词句。除了独词句，句子都是由两个或两个以上的词逐层构成的。只要一个句子由两个或两个以上的成分构成，这些成分在构成句子的过程中所充当的角色、发挥的职能就会不同。这种具有不同语法作用的句子构成成分，就是句子成分。分析句子，就是对各种句子成分所起的作用及其关系进行考察。例如：

　　① 人类创造奇迹。

除语调之外，"人类创造奇迹"这句话中，"创造"是动作，"人类"是动作的发出者，"奇迹"是动作的对象。它们在句子中的关系远近和所起的作用并不相同。"人类"是陈述的对象，可以叫做主语，"创造奇迹"是陈述主语"人类"的，可以叫做谓语；"创造"对"奇迹"起支配作用，可以叫做述语，"奇迹"是动作支配的对象，可以叫做宾语。这样就得到了四个句子成分：主语和谓语、述语和宾语，它们是主要的句子成分。这些术语的命名跟它们在句子中所起的作用有关。如相对于动作而言，"主语"似乎处于"主"位，"宾语"似乎处于"客"位（"宾"位）；"谓"和"述"都有陈述的意思，谓语是相对于主语的陈述，述语是谓语内部的构成成分，它跟其他成分一起（如这里的宾语）构成对主语的陈述。

需要注意的是，句子成分是"句子"中的成分，词语只有进入到句子组合之中才能获得某种语法角色，单独的词语是不具有这种角色的。如我们不能说"电脑"是主语，或"电脑"是宾语，而只能说"电脑"可以做主语、可以做宾语，因为它在"电脑很有用"中是主语，在"小王买电脑"中是宾语。另外，由于语调不影响句子的结构分析，所以后面分析句子成分时就不再考虑语调了。

句子成分可以由词来充当，也可以由短语（即词和词的组合）来充当。请看下面加点的句子成分：

② 寒风凛冽的冬天结束了。　　（做主语）
③ 他们经历过辉煌的岁月。　　（做宾语）
④ 这部交响乐极其雄浑悲壮。　（做谓语）
⑤ 阁楼里的杂物清理干净了。　（做谓语）

上面加点的部分都是短语，它们内部还可以进一步划分出更小的成分来。例②主语"寒风凛冽的冬天"中，"寒风凛冽的"修饰"冬天"；例③宾语"辉煌的岁月"中，"辉煌的"修饰"岁月"；例④谓语"极其雄浑悲壮"中，"极其"从程度上修饰"雄浑悲壮"；例⑤谓语"清理干净了"中，"清理"是述语，"干净"是"清理"的结果。"寒风凛冽的"和"辉煌的"作用基本相同，在主语和宾语中起修饰限定作用，可以称做定语（"定"本指限定）；"极其"在谓语中起修饰描写作用，可以称做状语（"状"本指摹状）；"干净"在述语中起补充说明的作用，可以称做补语（"补"本指补充、补足）。

这样，我们就得到了一些基本句子成分：主语和谓语，述语和宾语，以及定语、状语、补语。这些句子成分基本上是按照一分为二的方式分析得来的。

下面将对这些句子成分的内涵作具体说明。至于这些句子成分的具体构造及其语义关系，等到讲完词类以后在说明短语时再进一步展开。

第二节　句子的一般成分

我们在界定各个句子成分时，都是根据两两相对所形成的关系来说明的，因为没有"独立存在"的句子成分。认清这一点很重要。

一、主语和谓语

　　一个独立的句子大多包含主语和谓语两个部分。**主语**表示陈述的对象,能回答"谁""什么"之类的问题;**谓语**表示陈述的内容,能回答"怎么样""是什么"之类的问题。主语和谓语之间的关系是陈述关系。例如:

① 牛顿 ‖ 发现了万有引力。
② 喜马拉雅山的主峰珠穆朗玛峰 ‖ 高达 8844.43 米。
③ 大河两岸 ‖ 栽上了一排排垂杨柳。
④ 维护和修理 ‖ 也是汽车销售的重要一环。
⑤ 孩子 ‖ 刚刚睡着。
⑥ 明天 ‖ 端午节。
⑦ 一斤西红柿 ‖ 三块五毛钱。

　　"‖"的前边是主语,后边是谓语。实际上,主语通常是用来充当话题的,也就是作为谈话的起点,谓语便是对这个话题展开的陈述。

　　主语和谓语是相互配对的成分,在主谓句(即由主语和谓语构成的句子)中,句子主语以外的部分都是谓语。没有主语就无所谓谓语,没有谓语也就无所谓主语。下面的句子就无所谓主语和谓语(属于非主谓句):

⑧ 多么壮观的景象!
⑨ 不准拍照。
⑩ 刮风了。
⑪ 哪儿呀?
⑫ 哼!

　　世界上绝大多数语言都是主语在谓语之前。

二、述语和宾语

　　谓语里面如果还有宾语,就有必要区分出述语和宾语。**述语**是谓语里面起支配、关涉作用的成分,**宾语**是谓语里被支配、被关涉的成分。述语和宾语之间的关系是支配关系或关涉关系。例如:

① 他 ‖ 编写了 | 这个计算机程序。
② 最不可理解的 ‖ 是 | 这个世界是可理解的。

③ 家里‖来了│两个老乡。

④ 人与动物最根本的区别‖在于│人渴望得到别人的认可。

⑤ 这批帐篷‖捐给│地震灾区。

在谓语中,"│"的前边是述语,后边是宾语。

述语和宾语是相互配对的成分。没有述语就无所谓宾语,没有宾语也就无所谓述语。比较下列句子:

⑥ 考试日程‖老师早就安排好了。

⑦ 老师‖早就安排好了│考试日程。

前一句没有宾语,"考试日程"不是宾语,而是全句的主语,充当话题,作为"老师早就安排好了"这一陈述的对象。后一句的"考试日程"是宾语,"早就安排好了"是述语。

注意,主语和宾语之间没有直接的结构关系。如果一个句子是主谓句,并且谓语里有宾语,它的结构关系是这样的:

⑧ 张 教 授 研 究 数 学
　　├─主语─┤　├──谓语──┤
　　　　　　　├述语┤├宾语┤

即使主语和宾语有时在语义上有联系,如"他摔断了双腿""王灵叫来了姐姐""苹果坏了一个",在结构上也没有直接的联系。主语"他""王灵""苹果"跟"摔断了双腿""叫来了姐姐""坏了一个"直接发生关系,而"双腿""姐姐""一个"只跟"摔断了""叫来了""坏了"直接发生关系。这体现了句法关系的层次性。

有的教材中将述语称做"**动语**",因为充当述语的成分主要是动词或作用相当于动词的成分来充当。有的论著甚至直接用动词来指述语,述语和宾语的关系便是动宾关系。

世界上的语言,宾语在动词之后的和宾语在动词之前的几乎各占一半,合起来能占到世界语言总数的90%。像汉语、泰语、英语、法语、西班牙语、葡萄牙语、意大利语等,充当述语的动词在宾语之前;像日语、韩语、德语、荷兰语、土耳其语等,充当述语的动词在宾语之后。

三、中心语和修饰语

当主语、谓语、述语和宾语复杂化而由短语充当时,它们的内部结构就可以进一步划分成两个部分。除了表示并列关系的联合短语(如"更快更高更强")外,其他短语中两个成分之间都存在修饰和被修饰的关系。我们将其中被修饰的成分看做**中心语**,将跟中心语相对应的起修饰作用的成分看做**修饰语**。例如:

① 历史的记忆‖不会消失。　　　　　　　　　(主语中的修饰语)
② 这个定理的发现者‖给出了严格的证明过程。(宾语中的修饰语)
③ 这部作品‖非常激动人心。　　　　　　　　(谓语中述语前的修饰语)
④ 所有的问题‖都搞清楚了。　　　　　　　　(谓语中述语后的修饰语)

画线的成分都是中心语,加点的成分都是跟它相对应的修饰语。

根据修饰语的性质差异,可以将修饰语分为定语、状语和补语。

(一) 定语

定语指名词性成分中起修饰作用的成分,表示"谁(的)""什么样(的)""多少"等意思。一个包含主语和宾语的句子,主语或宾语本身又可以包含定语和中心语。例如:

① (楠木)桌子‖很高档。
② (没有眼泪的)幸福‖是不能让人久久回味的。
③ 楼上‖飘来(轻柔而动人的)歌声。
④ (他的)加入‖给大家带来了(无限的)欢乐。
⑤ (香格里拉的)神秘‖吸引了(无数)游客。
⑥ (数十位)歌唱家‖参加了(那场)演唱会。

"(　)"内的成分都是定语。以例①为例,整个主语"楠木桌子"是名词性成分,也就是说它的作用相当于一个名词,可以用"什么"来代替;这个主语中的中心语是"桌子",它的修饰语"楠木"就是定语。需要说明的是,例④主语中的中心语"加入"虽然是动词,例⑤主语中的中心语"神秘"虽然是形容词,但整个主语"他的加入"和"香格里拉的神秘"的作用都相当于名词性成分,因此这里的修饰语"他的"和"香格里拉的"都是定语。

有的定语必须带"的",尤其是当定语本身就是由复杂成分构成时,如例②的"没有眼泪的",例③的"轻柔而动人的"。这说明,语义上比较复杂,表达时往往采取比较复杂的形式，意义和形式之间有一定的对应性。例④的"他的加入"和例⑤"香格里拉的神秘"这样的表达，不是一般的领属关系，其中的"的"也不能省略。而像例⑥中的两个定语分别由数量结构（"数十位"）、代词加量词（"那场"）构成，反而后面不能加"的"。

另外，在可带"的"也可不带"的"的"定语+中心语"表达中，带不带"的"意思上有时有差别，如"大树、木头桌子、鱼塘守护人员、残疾人"更像一种称谓，接近于词或已经成为一个词；而"大的树、木头的桌子、守护鱼塘的人员、残疾的人"一般不能作为一个称谓，是典型的短语。可见，有时带不带"的"也反映了定语和中心语之间联系的紧密程度，也体现了意义和形式之间有一定的对应性。

汉语的定语都在被修饰的成分之前；而英语等一些语言中定语的位置要复杂一些，有前有后，往往根据定语句法类型或语义类型的不同而有位置差异。

（二）状语

状语指动词性或形容词性成分中起修饰作用的成分，表示"怎么样（地）""哪里""什么时候""多么"等意思，或表示肯定、否定等。谓语里放在中心语前边起修饰作用的成分都是状语。例如：

① 他们‖[立即]出发。
② 唐僧‖[在大雁塔里]翻译佛经。
③ 这个地区的气候‖[极其]恶劣。
④ 救援人员‖[没有]发现走失了的游客。
⑤ 那个推销员‖[整天][城市乡村地]跑。
⑥ 求职者‖[很有把握地]回答了主考官的所有问题。
⑦ 他‖[恭恭敬敬地]敬了一个礼。
⑧ 今天‖[才]立秋。

"[ ]"内的成分都是状语。以例①为例，整个谓语"立即出发"是动词性成分，也就是说它的作用相当于一个动词，可以用"做什么"来代替；这个谓语中的中心语是"出发"，它的修饰语"立即"就是状语。

有的状语必须带"地"，尤其是当状语本身就是由复杂成分构成时，如例⑤的"城市乡村地"，例⑥的"很有把握地"，例⑦的"恭恭敬敬地"。而像例①②④⑧这样的状语后面反而不能加"地"；例③"极其"这样的双音节程度副词后面一般也不加"地"，除非是含有强调的意味，如"极其地恶劣""十分地喜欢她""特别地漂亮"。

需要说明的是，例⑧中的"立秋"虽然是名词，但在这里充当了谓语的中心语，因此前面的"才"做状语。

一般情况下，汉语的状语也都在被修饰的成分之前，而英语等一些语言中状语的位置要复杂一些，如同定语的位置一样，也是有前有后的。

当然，相对于其他句子成分而言，状语的位置要灵活一些。有的状语可以出现在主语的前边，起到修饰全句的作用，但是它跟谓语部分的具体关系仍然非常直接、密切。例如：

⑨ [忽然]电灯灭了。

⑩ [或许]他们已经到达了目的地。

有时状语被移到中心语的后边，可以突出状语所表达的意思，并且往往强化所说的话的感情。此时，状语的前边一定有停顿，书面上一般用逗号标示出来。凡是这样后置的状语，在结构上都可以无条件地还原。例如：

⑪ 他会回来的，[也许]。

→ 他[也许]会回来的。

⑫ 祈祷吧，[为远在他乡流浪的游子]！

→ [为远在他乡流浪的游子]祈祷吧！

（三）补语

补语指谓语里放在做中心语的动词或形容词后边起补充作用的成分（补充也可以看做是一种修饰），表示"怎么样""多久""多少次"等意思。例如：

① 麦子‖干<死>了。

② 他‖把整个程序都设计<好>了。

③ 再难的问题他都能讲得<清楚>。

④ 今年夏天热得<很>。

⑤ 他‖把整个程序都设计得<很好>。

⑥ 他‖把整个程序都设计得<非常周密>。

⑦ 他打扫了一整天，整个房间‖干净得<像国宾馆一样>。

⑧ 这只歌‖唱得<大家热泪盈眶>。

⑨ 他‖高兴得<连声说"谢谢">。

⑩ 这个探险家‖在沙漠中整整走了<半个月>。

⑪ 这首老歌‖爷爷听了<一遍又一遍>。

"< >"内的成分都是补语。以例①为例,谓语是"干死了",其中动词"干"是中心语,"死"是用来补充说明"干"的结果的,做补语。

有的补语必须用"得"引出,尤其是当补语本身由复杂成分构成时,如例⑤的"很好"、例⑥的"非常周密"、例⑦的"像国宾馆一样"、例⑧的"大家热泪盈眶"、例⑨的"连声说'谢谢'",前面都必须有"得"。但补语是表达数量的结构(如例⑩的"半个月"、例⑪的"一遍又一遍")时,前面不用"得"。如果补语是单个词(如例①的"死"、例②的"好"和例③的"清楚"、例④的"很"),一般需要根据补语的语义类型而决定是否用"得",具体内容参见第六章"短语系统"中关于述补短语的说明。

从上面必须用"的""地""得"的情况来看,都是由于修饰成分比较复杂。一般而言,用了"的""地""得"后,从形式上看都增加了修饰成分和中心语的距离,从语义和作用上看,它们的修饰成分相对地得到强调。

汉语的补语是个比较特殊的成分,跟在动词或形容词的后面,作用就是对动词或形容词进行补充说明,但所表达的意思和结构类型相当复杂。有些类型的补语(如例⑧⑨),其作用相当于有的语言(如英语)中的状语,但是大多数类型的补语在其他语言中并不能直接用状语来对应性地表达。对汉语补语的详细分析,参见第六章"短语系统"中介绍述补短语时的分析。

修饰语(包括定语、状语、补语)是相对于中心语而言的,两者也是采取一分为二的方式分析出来的。

我们在前面说过,跟宾语相对的是述语。其实,一般为了方便和系统,将跟补语相对的中心语也叫述语,如"干死了"中的"干"、"写得漂亮"中的"写",因为普通话的宾语和补语都在它的后面。

第三节 句子的特殊成分

句子中除了上面这些一般性成分外,还有一些特殊的成分。主要有独立语和外位语两大类。

一、独立语

独立语指不跟别的成分发生固定的结构关系的一些特殊成分,也叫**独立成分**。它在结构上相对独立,不参与句子结构的组合;位置也比较灵活,既可以位于句首,也可以位于句中，还可以位于句尾。独立语包括插入语、呼答语、感叹语、拟声语等。例如：

① 看来，这场干旱还要持续一段时间。　　　　　　　　　　（插入语）
② 有很多动物，像蛇呀乌龟呀，都需要冬眠。　　　　　　　（插入语）
③ 你该休息一会儿了，孩子！　　　　　　　　　　　　　　（呼答语）
④ 对对对，我说的就是这个意思。　　　　　　　　　　　　（呼答语）
⑤ 这家伙居然不把世界冠军放在眼里，啧啧！　　　　　　　（感叹语）
⑥ 谁知他小小年纪，哎呀呀，字写得这么好！　　　　　　　（感叹语）
⑦ "砰！砰！砰！"他们只听到屋里传来三记枪声。　　　　（拟声语）
⑧ 奶奶听到风吹高粱，哗哗哗啦啦啦，一浪赶着一浪。　　　（拟声语）

独立语的表达是每种语言都有的，而且在表达内容和所起作用上差别不大。

二、外位语

外位语指用于句子之外但句子里面有呼应成分的特殊成分，也叫**提示成分**。也就是说，它位于句首或句尾，在结构上不跟句内任何成分发生关系，但在语义上跟句内的某一个成分指的是同一个对象。例如：

① 那场大火，幸亏消防队员把它扑灭了。
② 吹、拉、弹、唱，他把各种表演技巧都使出来了。
③ 他什么球都玩儿过，足球、篮球、排球，甚至气球。
④ 他们哥俩，一个是篮球运动员，一个是足球运动员。

加点的成分都是外位语，"那场大火"跟"它"同指，"吹、拉、弹、唱"跟"各种表演技巧"同指，"足球、篮球、排球，甚至气球"跟"什么球"同指，"他们哥俩"跟"一个……一个……"同指。

思考与练习三

一、分别指出下列句子中的各个句子成分。

1. 姑娘们的嗓子都唱哑了。
2. 我深深地热爱着我遥远的故乡。
3. 一只轻快的小燕子在屋梁下优雅地飞着。
4. 汉语的方言可以分成七个大区。
5. 我一定要写好这个笔画复杂的字。

二、指出并修改下列句子中的搭配不当之处。

1. 老师今天上午考试了我们汉语口语。
2. 站在台上的是一个美丽的小伙子。
3. 今天天气很美,不过我必须准备考试。
4. 我已经完了所有的作业。
5. 这部电影真有意思,我想再很看几遍。

第四章
词类系统(上)——实词

第一节 词类的内涵及其划分依据

一、词类的内涵

在第二章我们已经从不同的角度对词进行过分类。如根据音节的多少，可以将词分成单音节词、双音节词和多音节词；根据语素的多少，可以将词分成单纯词和合成词，合成词又可以根据语素的性质差异分成复合词、派生词和重叠词。词汇学中还可以从其他标准来给词分类，如可以根据词的来源分成新词和古语词、方言词和外来词等，根据义项的多少分成单义词和多义词，根据词义间的异同关系分成同义词和反义词，等等。这种分类所得到的结果不是通常所说的"词类"。"词类"是专门指从句法(一般直接说成"语法"，下文依此)的角度对词所做的分类。

既然词类是指词的语法分类，划分词类的标准就应该是语法上的标准，而不是语音上的或者词汇上、语义上的标准。也就是说，**词类是主要根据词的语法功能所做的分类**。

我们举个例子来说明。如"突然"和"忽然"，它们的理性义和色彩义基本相同，而且能够出现在相同的语言环境中，如"电灯突然灭了——电灯忽然灭了"，这说明这两个词在用法上有相似性。但是它们在别的组合中就不完全一样了。例如(前加星号"*"表示这个表达不能说)：

① 这件事很突然　　一次突然事件　　这件事来得突然
② *这件事很忽然　　*一次忽然事件　　*这件事来得忽然

可见它们在用法上有很大的不同。如果再进一步用其他词来替换，就会发现"突然"跟"漂亮、勇敢、宽大"之类的词用法比较一致，而"忽然"跟"偶尔、稍微、偏偏"之类的词用法比较一致。也就是说,它们在用法上各自关联的词差别很大。基于这种在组合和替换过程中表现出的差异,我们可以初步判断这两个词属于不同的语法功能类别,即词类。

二、划分词类的依据

既然词类划分的依据主要是词的语法功能,那么我们就必须了解词通常有哪些语法功能,我们又怎样运用这些功能来给各种各样的词分类。

词的语法功能主要包括词的组合能力和造句能力。由于语法功能的差异,可能会带来某些词在形态上的差异。另外,具有相同语法功能的词,在抽象的意义上也有某种共同点。所以这里先对语法功能、形态特征和意义这几个方面的特征作些简单说明,后面在介绍各类词的特点时,就是从这些方面来说明的。

(一) 词的语法功能

词的语法功能是词类的主要特征。这主要包括两个方面的内容:

1. 组合能力

词的组合能力指某类词能跟哪些词组合,不能跟哪些词组合。例如("+"表示能搭配,"−"表示不能搭配):

	利息	利用	利落
一些	+	−	−
正在	−	+	−
很	−	−	+

这里,"一些"表示数量,"正在"表示时间,"很"表示程度。从表中可以看出,"利息、利用、利落"在跟其他类型的成分组合时,差异很大。这样,我们就可以根据它们组合能力上的差异得到三个词的类别。

在分析词的组合能力时,人们会特别关注那些具有特殊作用的词,它们往往对词的用法具有鉴别作用。如用于前加的表程度的"很"和表否定的"不、没(有)",用于后加的"了""着""过"等。这些词就是所谓的**鉴别字**,即鉴别语法功能差异的"字"(这里的"字",其真正含义就是词)。我们在语法分析和语法教学中比较注重"鉴别字"的鉴别价值。

2. 造句能力

词的造句能力指词充当句子成分的能力，包括词在句子中能不能充当句子成分、能充当什么句子成分这两个方面。

句子成分主要指主语、谓语、宾语、定语、状语、补语等。"利息、利用、利落"都可以单独充当其中的某些句子成分，而"的、和、对于、为了"不能单独充当任何句子成分。

即便都能充当句子成分，充当的具体成分也可能有差异。通常情况下，"利息"可以充当主语、宾语(如"利息很高""降低利息")，一般不能单独充当谓语；"利用"和"利落"可以充当谓语或谓语中心(如"充分利用""说话做事都很利落")；"利用"可以带宾语（如"利用有利条件"），"利落"不能。也就是说，这三个词在造句能力上同样也体现了词的不同性质。

这样便可以根据一些词可以跟哪些词组合、不能跟哪些词组合以及它们充当句子成分的情况给词分类。

我们还可以根据词的语法功能来给同一个大类进一步划分出小类来。我们在后面介绍各类词的内部差别时，也主要是从语法功能的角度来考虑的。

只有分好了类，才更有利于说明语法的组合规律和结构特点。

(二) 词的形态特征

词的形态就是指词在构词造句中的变化形式。

在印欧系语言(如德语、俄语、英语、法语、西班牙语等）中，形态变化比较丰富。例如名词有"数"（单数、复数）和"格"（主格、宾格等）等变化，动词有"时"（过去时、现在时、将来时）和"体"（进行体、完成体）等方面的变化，形容词有"级"(普通级、比较级、最高级)的变化，等等。这些变化在词形上就能体现出来。依靠这些变化形式，基本上就能把不同的词类区分开来。然而，汉语缺少印欧语那样的形态变化。如汉语不管名词在语义上是单数还是复数，词形上一般也一样，如"一个学生"和"全班学生"中的"学生"没有变化。又如汉语不管主语是单数还是复数，谓语的形式都没有变化，"那个客人到了"和"客人们到了"，谓语"到了"并没有随主语的单复数不同而不同。

总的来说，没有严格意义上的形态变化是汉语区别于印欧语的一个非常显著的特点(具体说明参见第十章"现代汉语语法的特点")。

当然，这不是说汉语就没有任何词的形态了。汉语的形态主要指能不能重叠，能不能带上"了、着、过、们"这样一些助词。例如"整理"是动词，可以按 ABAB 方式重叠为"整理整理"，能带上"了、着、过"，表示某种语法意义；"清楚"是形容词，可以按 AABB 方式重叠为"清清楚楚"，表示某种语法意义；"学生"是表人的名词，不能重叠，但能带上"们"，表示某种语法意义。由此可见，"整理、清楚、学生"三者性质不同，构形特征也不相同。

正因为汉语没有严格意义上的形态变化，所以我们不能将形态特征作为划分词类的主要特征，而只能当做辅助特征。也就是说，在划分词类的时候，形态特征有一定的作用，但往往不能贯彻到底。如有的动词可以按 ABAB 方式重叠，但不是所有的动词都能这样重叠，动作性比较弱或没有动作性的动词便不能重叠，如"招致、进行、愿意、等于"等。我们不能根据它们不能重叠就不把它们看做动词。又如能加"们"的固然是名词（还有部分代词），但我们并不能因为某些词一般不能带"们"就认为它们不是名词（或代词），如"鲁迅、狮子、三角形、思想"等。

(三) 词的意义

词的意义在这里首先指词汇意义、概念意义。如"利息"指"因存款、放款而得到的本金以外的钱"，"利用"指"使事物或人发挥效能"，"利落"指"（言语、动作）灵活敏捷，不拖泥带水"。我们能不能将概念意义属于同类的词在语法上也归为一类呢？有的时候可以，有的时候则不行。也就是说，表示同类概念的词，语法性质并不一定相同。例如"金、银、铜、铁、锡"都是金属的名称，概念意义相同，可是"金、银"跟"铜、铁、锡"在用法上有明显的不同。以"金"和"铜"的比较为例：

	金	铜
做主语	－（*金是黄的）	＋（铜是黄的）
做宾语	－（*需要金）	＋（需要铜）
受数量词修饰	－（*一块金）	＋（一块铜）

可见，如果从用法上讲，"金、银"跟"铜、铁、锡"不能归为一个词类。倒是"金子、银子"跟"铜、铁、锡"属于同一类（都能做主宾语、受数量词修饰），是名词，而从用法上看"金、银"跟"金子、银子"反而不能归入同一类。又如"战争"和"打仗"，意义基本相同，"战争"就是"打仗"，可是我们可以说"一场战争、正在打仗"，而不能说"正在战争、一场打仗"。我们在前面比较过的"忽然"和"突然"，也是意义基本相同，而用法有很大不同，因而可以归入不同的词类。"特殊"和"格外"的情况跟"忽然"和"突然"相同。

当然，语法功能相同的词，在抽象的意义上往往有共通之处，如"利息"和"人、天空、思想"等这样的词都可以表示人或事物的名称，"利用"和"打、喜欢、绽放、消失"等这样的词都可以表示动作行为、心理活动、变化消失等，"利落"和"美、宽大、雪白"等这样的词都可以表示事物的性质或状态。这种抽象的类别意义，一般看做语法意义。这三组词分别属于后面要分析的名词、动词、形容词。但我们不能反过来说，意义（尤其是词汇意义）上相通，在语法上就属于同一类。

因此，词的意义在划分词类时只能作为参考特征。

综上所述，词类划分的标准只能是词的语法功能，即词的组合能力和充当句子成分的能力。我们只能将词的形态特征作为辅助特征，同时参考词的意义。有时根据词的意义判断汉语的词类似乎比较方便，如我们一眼就能判断"老师、春天""吃、拆迁""美、干净"分别是名词、动词、形容词，似乎并没有依靠词的语法功能。其实，这些词的用法已经为我们所掌握，即我们有了这些词的用法方面的语感，而语感本身就是对词语用法（即语法功能）的一种感知。

三、汉语的主要词类

根据是否可以单独充当句子成分（指"主谓宾定状补"这六大成分），可以将汉语的词划分为两大类：实词和虚词。

实词是指可以单独充当句子成分的词。实词一般有比较实在的词汇意义。例如：

国家　射击　美好　九　根　他　哗啦

实词一般包括名词、动词、形容词、数词、量词、代词、拟声词等七类词。

虚词是指不能单独充当句子成分的词。虚词一般没有实在的词汇意义，只有语法意义（即一个词跟其他的词组合后所形成的关系意义）。例如：

正在　把　因为　的　吗　哎呀

有的虚词可以跟其他词语组合后共同充当句子成分，如"我把故乡比做母亲"中的"把"，跟"故乡"合起来做状语。有的虚词则完全不能跟其他词语组合后充当句子成分，如"人是万物之灵吗？"中的"吗"是用来表示全句的疑问语气的。

虚词一般包括副词、介词、连词、助词、语气词、叹词等六类词。

这里有必要对副词、叹词和拟声词的归类作些说明。副词一般可以充当句子成分，据此应该归入实词；但有很多副词（如"很、才、又、就"）意义很虚，有的只起到关联作用，因此在汉语作为外语教学中一般归入虚词，本书也根据这种惯例来处理。叹词和拟声词这两类词比较特殊，有的教材归入实词，有的教材归入虚词，有的将它们作为实词和虚词之外的特殊类型，主要是处理的角度不同。我们这里根据能否单独充当句子成分这个标准来处理。拟声词虽常单用，但也可以充当句子成分，而且可以充当多个句子成分，所以应归入实词；叹词不跟任何句子成分组合，也就谈不上充当句子成分了，所以归入虚词。

这样我们一共得到十三类词。本章分析汉语实词系统，下一章分析汉语虚词系统。我们在下面介绍各类词的特点时，先简单地说明一下它们的语法意义，然后将介绍的重点放在语法功能及相关类别上，而且特别关注"鉴别字"的鉴别作用。因此，我们主要从这些方面来分析和掌握各个词类的特征：(1) 能跟哪些成分组合，(2) 能充当什么成分，(3) 跟特殊的"鉴别字"（如表示否定的词"不、没(有)"、表示程度的词"很、十分"、表示时态的词"了、着、过"等）的组合情况，(4) 能否重叠，重叠的形式是什么，重叠后的意义是什么。

词类和词性是经常发生混淆的两个概念。**词类**是把一种语言中的所有的词根据语法属性所划分出的类，如我们这里提到的十三个词类。**词性**是具体词语的语法属性，实际也就是某个词在性质上属于上面十三个词类中的哪一类。如"电话"这个词的词性是名词，就是指这个词具有名词所具有的属性，可以归入名词这个类。这样说来，词类是对一种语言中所有的词所作的功能分类，词性是对一种语言中一个个具体的词所作的功能归类。

不同的语言，词类划分的结果不一定完全相同。如汉语用于个体的量词（如"一本书"的"本"），在有的语言中并不存在。虚词的区别就更大，不仅在类别上，位置上的要求也很不一致。如汉语的介词都用在被引介的成分之前，英语、法语、泰语等也如此；而日语的相当于汉语介词的格助词（日语助词中的一类）则都接在所引介的成分之后，韩语、土耳其语等也如此。

其实，即便是同一种语言，不同教材和论著中在词类的类别多少上往往也有些差别，主要是有些类别在甲教材中作为一个独立的类，而在乙教材中则可能是作为大类下面的一个次类。如上面举的"金、银"之类的词，有的将它看做是形容词的一个次类（叫非谓形容词），有的则看做是跟名词、形容词平行的一类词（叫区别词）。本书的词类划分基本依据对外汉语教学界的通行做法和新颁布的《国际汉语教学通用课程大纲》来处理。

第二节　名词

名词是表示人或事物(包括时间、处所、方位)的名称的词。例如：

　　人　爸　学生　朋友　司机　模特　爱因斯坦

　　鸟　海　欧元　地铁　氧气　电脑　知情权

　　早晨　将来　台湾　周边　里面　之前　内部

表示时间、处所、方位的名词，分别称为时间词、处所词、方位词。除这三类名词外，都可看做一般名词。

一、名词的主要语法功能

由于时间词、处所词、方位词跟一般名词的语法特点不尽相同，后面单独说明。这里主要说明一般名词的语法功能。

（一）一般能受数量词语的修饰。例如：

　　① 一个人　　　三只羊　　　十根稻草

　　② 一些书籍　　一点儿思路　　一股热情

第一组用定量的数量词修饰，第二组是用不定量的数量词修饰。也有一些名词通常不能受数量词语修饰，如"牛顿、巴黎、喜马拉雅山"这样的表示特定对象的专有名词，它们自身具有唯一性。

（二）一般不受副词的修饰。例如：

　　＊不朋友　　＊很天花板　　＊忽然故宫

（三）能用在介词后边，组成介词结构。例如：

　　为人民(服务)　　从实际(出发)　　关于教育

当然，能用在介词后面的不一定就是名词，如"对他(负责)、朝哪儿(走)、为了获胜、比十万(还要多)"中的"他、哪儿"是代词，"获胜"是动词，"十万"是数词。

（四）经常做主语、宾语，多数能做定语、能带定语。例如：

　　① <u>沙尘暴</u>来了　　　<u>方法</u>不对头　　　　（做主语）

　　② 理想呼唤<u>现实</u>　　　家里来了<u>客人</u>　　　（做宾语）

　　③ (经济)状况　　　　(朋友)的帮助　　　（做定语）

　　④ 漂亮<u>娃娃</u>　　　　幸福<u>家庭</u>　　　　　（带定语）

（五）有少数名词可以重叠，表示"每一、全部"。单音节名词的重叠式如：

① 家家有本难念的经。
② 三百六十行，行行出状元。
③ 家事国事天下事，事事关心。
④ 我为人人，人人为我。

有一些联合式双音节名词也能重叠。例如：

　　山山水水　世世代代　子子孙孙　是是非非　恩恩怨怨
　　方方面面　字字句句　时时刻刻　角角落落　枝枝节节

二、一般名词的分类

除时间词、处所词、方位词外，根据名词内部语法特征上的差异（尤其是跟不同量词的组合能力），可以将一般名词分成普通名词和专有名词两个大类。

（一）普通名词

普通名词是表示非特定的人或事物名称的词。普通名词的前面一般可以出现量词，但所搭配的量词类别差异很大。例如：

　　人　树　马　电脑　沙子　飞机　街道
　　马匹　布匹　纸张　枪支　船只　车辆
　　醋　水　土　白酒　面粉　粮食　氧气
　　科学　文化　风尚　苦头　规则　积极性

第一行属于个体名词，能用个体量词来搭配，如"一个人、一台电脑"。第二行属于集合名词，不能用个体量词来搭配，能用"些、部分、批"等量词来搭配，如"一些马匹、一部分人口、一批车辆"。第三行属于物质名词，不能用个体量词来搭配，常用表示重量、容量的量词（表示容量的量词通常是由名词借用来的）来搭配，如"一斤醋、两袋面粉、一瓶氧气"。第四行属于抽象名词，一般只能与"种、类、点儿、些"等量词来搭配，如"一种文化、一点儿苦头"；甚至很难有量词可搭配，如"人心、年华"。

（二）专有名词

专有名词是表示独一无二的人和事物名称的词，也叫**专用名词**。前面一般不出现数量词。例如：

　　孔子　西藏　泰山　太阳系　九寨沟　中国人民银行

三、关于名词后面加"们"的问题

汉语名词的单复数没有形态变化，不要将汉语中"名词+们"的情况跟其他语言的复数简单对应起来。汉语名词后面加"们"使用时有许多限制，这里作些简单说明（"们"跟在代词后面的情况也在此一并说明）。

汉语中的"们"有两种用法：

（一）有的指人名词后面可以加上"们"表示群体。这些指人名词往往可以用于称呼人的场合。例如：

　　同志们　兄弟们　伙伴们　战友们　女士们　亲人们

这些指人的普通名词不加"们"时可以是个体，也可以是群体，如"陪朋友游览了八达岭长城"。加了"们"后就不能受具体的数量修饰，如不能说"两位朋友们"。也就是说，加了数量词就不能带"们"，带了"们"就不能加数量词。

非指人的名词一般不能加"们"，如一般不能说"老鼠们、狮子们、松树们、手机们"，但在童话以及其他具有拟人色彩的表达中可以用。

注意，笼统地指称一类人时，即使指的是多数或群体，也不能加"们"。例如不能说"教师们是人类灵魂的工程师"，也不能说"台上就坐的是老师们"。

另外，如果名词前是数量不确定或表示范围的词来限定，那么名词后边可以加"们"（当然，也可以不加），如"全体代表先生们、诸位领导们"和"全校学生们、众位大爷们"。

"们"不但可以加在词上，还可以加在短语上，如"诗人、小说家、戏剧家们"，其中的"们"还是表示群体的概念。

可见，汉语中这种用法的"们"并不像英语的"-s"那样可以简单地当做复数形式使用。英语的普通名词可以前有数词后有复数标记，如"three boys"。但是英语基本没有用于个体的量词。

（二）人称代词后面附加的"们"表示人称的复数，如"我们、你们、他们（她们、它们）"，称做复数人称代词。这类表达的后面可以带上数量成分，如"我们三个人、他们九位"。这里的"们"实际上起的是语素（后缀）的作用。

四、时间词、处所词、方位词

由于表示时间、处所、方位的名词，语法功能跟一般名词不完全相同，这里单独介绍。

（一）时间词(时间名词)：表示时间。能出现在"在、到"等的后面，能用"什么时候"提问。例如：

　　今天　前天　去年　上周　现在　从前　将来
　　早上　傍晚　冬至　周末　夏天　课内　刚才

（二）处所词(处所名词)：表示处所。能出现在"在、到、往"等的后面，能用"哪儿"提问。例如：

　　前方　岸边　旁边　近处　远郊　四周　外屋
　　巴西　台北　非洲　大西洋
　　医院　教务处　宿舍　教室

第一行表示处所，第二行表示地名，第三行表示机构。表示地名、机构的名词具有二重性：既是一般名词又是处所词。如"巴西"作为专有名词时可以说"巴西是南美洲最大的国家"，作为处所名词可以说"来到巴西"。又如"教室"作为表示个体的一般名词可以说"一间教室"，作为处所名词时可以说"在教室"。

（三）方位词（方位名词）：表示方向和相对位置关系。包括单纯方位词和合成方位词。

1. 单纯方位词(简单方位词)：表示方位的单音节词。典型的单纯方位词共有17个：

　　上　下　左　右　前　后
　　东　西　南　北
　　里　外　内　中　间　旁　边

2. 合成方位词：在单纯方位词前边加"以、之"，后边加"边、面、头"，或者把两个单纯方位词并举。例如：

　　以～（上、下、前、后，东、西、南、北，外、内）
　　之～（上、下、前、后，东、西、南、北，里、外、内、中、间）
　　～边（上、下、左、右、前、后，东、西、南、北，里、外、旁）
　　～面（上、下、左、右、前、后，东、西、南、北，里、外）

~头（上、下、前、后，东、西、南、北，里、外）

上下　前后　左右　里外　内外　中间

东西　南北　东南　东北　西南　西北

此外，下面这些词也属于合成方位词：

底下　当中　跟前　面前　头里　开外　以近　以远

其中　背后　内部　外部　南方　北方　东方　西方

这边　那边　这面　那面　这头　那头

(四) 时间词、处所词、方位词的主要语法功能

1. 能够做主语、宾语、定语等，这是它们跟一般名词在用法上相同的地方。例如：

<u>春天</u>来到了　　　<u>北京</u>很大　　　<u>外边</u>很冷　　　（做主语）

又是<u>周末</u>　　　　去<u>图书馆</u>　　　食堂在<u>左边</u>　　　（做宾语）

（<u>目前</u>）的处境　　（<u>食堂</u>）的菜　　（<u>前面</u>）的同学　　（做定语）

2. 一般名词虽然也能用在介词后面，但时间词、处所词、方位词更是常常用在"在、到、向"等介词后面。例如：

在<u>晚上</u>(写作)　　（来）到<u>中国</u>　　向<u>南方</u>(驶去)

3. 时间词、处所词经常修饰动词做状语，而一般名词很少做状语。例如：

这个研究所[最近]在生物技术上取得了重大进展。

[目前]解决这个问题的时机还不成熟。

待会儿大家[门口]集合。

[远处]林里传来了牧人的歌声，既抒情又轻柔。

4. 方位词除了可以单用外，还经常跟在别的词语(主要是名词)后边，组成方位短语(也叫方位词组、方位结构)，表示处所和时间。有的还可以表示数量的界限。例如：

校<u>内</u>　国<u>外</u>　山<u>前</u>　松花江<u>上</u>　赤道<u>以北</u>　华北<u>北部</u>

三千<u>以上</u>　十分钟<u>以内</u>　一万<u>出头</u>　来北京<u>之后</u>

我们可以根据能否加上方位词来表示处所将汉语的名词分为三类：(1)空间名词，多为地名，表示处所，属于处所词，它排斥方位词，如不能说"巴西里、非洲上、北京前"。(2)普通名词，表示实体，用于处所时必须加方位词，如"(在)树上、(在)桌子下、(在)箱子里"。(3) 机构类名词，用于处所时方位词可加可不加，如"(在)邮

局／邮局里、(在)图书馆／图书馆里、(在)教室／教室里"。这类名词兼有两类词的特点，强调处所时可以归入空间名词(表示处所)，强调物体本身时可以归入普通名词(表示实体)，所以它有两种表达形式。

汉语中的这些表达形式的差异，在英语、日语等语言中并不存在，因为这些语言中没有类似于汉语方位词的东西。也就是说，汉语中大多由方位词构成的表达方式，即方位短语"……＋方位词"或由介词和方位词共同构成的短语"介词＋……＋方位词"，在别的语言中常常用介词结构来表达(如英语)或者用格助词、格标记来标示(如日语)。如"院子里有三棵树／有三棵树在院子里"，相应的英语表示便是"There are three trees in the yard"。汉语的"介词＋……＋方位词"像一个结构框子，由介词和方位词合起来共同标示所框定的范围，如"在……上、到……旁边"等。如果介词不出现(此时的介词一般是"在")，就构成方位短语"……＋方位词"。方位短语在句首时，前面一般不用介词，如"大门外有条河、城墙上面站着几个人、六十五岁以上可以免票"。

另外，汉语的单音节方位词基本上不能直接用在指人和动物的名词和人称代词上。如不能说"赵甲上、牛上、他边、我们前"，而需要说成"赵甲身上／赵甲头上、牛身上／牛背上、他身边／他旁边、我们前边／我们前面"之类。

第三节 动词

动词是表示动作、行为、心理活动以及事物的存在、出现、变化、消失等的词。例如：

吃 抓 教 送 跑 飞 雕刻 批评 发现 想 希望
包括 起来 变成 死 塌 是 像 等于 进行 加以

一、动词的主要语法功能

(一) 多数能受副词"不、没有(没)"修饰。例如：

不看 不笑 不研究 不上学 不考虑
没看 没笑 没研究 没上学 没考虑

(二) 经常做谓语或者谓语中心，大部分能带宾语。例如：

① 弟弟‖睡了。

② 考试‖已经结束了。

③ 家里值钱的东西‖都变卖光了。

④ 他‖在互联网上购买他需要的一切。

(三) 有些动词后可以加"了、着、过、起来、下去"，分别表示完成、持续、经历、开始、继续的动态。例如：

看了书　数了钱　坐了快艇　——表示完成

看着书　数着钱　坐着快艇　——表示持续

看过书　数过钱　坐过快艇　——表示经历

做起来　铺起来　修起来　——表示开始

做下去　铺下去　修下去　——表示继续

二、动词的分类

(一) 一般分类

按照动词的语法意义并参考语法功能，传统语法一般将动词分为下面几类：

1. 动作动词(也叫行为动词、动作行为动词)

吃　听　骂　研究　学习　推荐

走　哭　醒　休息　睡觉　结婚

表示动作和行为的动词。有的动作动词可以带动作行为支配的对象做宾语（如第一行），如"吃香蕉、学习汉语"；有的一般不能带对象宾语(如第二行)。

2. 心理动词(也叫心理活动动词)

爱　恨　怕　吓　气　担心　喜欢　了解

讨厌　羡慕　希望　尊重　轻视　相信

反映心理活动的动词。心理动词都能带宾语。动词一般不受程度副词"很、太、十分、非常"等的修饰，但心理动词可以。例如：

很想　太喜欢　十分担心　非常害怕

*很去　*太吃　*十分讨论　*非常睡觉

3. 使令动词(也叫使动词)

　　使　令　请　派　叫(使令义)　求　教(jiào)　让

　　逼　催　劝　邀　要求　请求　命令　迫使

　　这些动词后面带的宾语又是后一动词的主语。如"局长派小王去取材料"中，"小王"是"派"的宾语，同时又是"去取材料"的主语。参见第六章"短语系统"中对兼语短语的说明。

4. 存现动词

　　在　有(存在义)　是(存在义)　存在　发生　发展

　　出现　变化　演变　生长　死亡　消失　增加　减少

　　表示存在、变化、消失义的动词。由它们构成的句子属于存现句。参见第七章"句子系统(上)——单句"中对存现句的说明。

5. 趋向动词

　　来　去　上　下　进　出　回　过　开　起

　　上来　下去　过来　过去　起来　回来　回去

6. 能愿动词(也叫助动词)

　　能　可能　能够　会　可以　应　该

　　应该　应当　要　愿　愿意　肯　敢

7. 判断动词(也叫判断词)

　　是

8. 关系动词

　　有(具有义)　没　没有　无

　　姓　叫(称谓义)　当做　成为　等于　大于　小于

　　属于　像　好像　如　如同　仿佛　比

关系动词一般要带宾语；有的必须带宾语，如上面第二行和第三行("像、比"除外)中的词。

9. 形式动词

　　进行　从事　作(从事义)　施加　给予

　　加以　给以　予以　致以　用以　处以

这些动词不表达具体动作的意义，它们必须带宾语。由它们带宾语构成的表达往往具有书面正式语体色彩，如"进行调查、从事艺术创作活动、给予沉重的打击、加以重点培养"等。

（二）及物动词和不及物动词

我们通常还根据能不能带宾语将动词分为及物动词和不及物动词。**及物动词**能带宾语，如"写、搬、是、有、姓、送、教、借、劝、偷、删除、发扬、知道、告诉、在于、等于、加以、合乎、博得、进行、促使、认为"。**不及物动词**不能带宾语，如"病、死、鼓掌、发抖、旅行、失败、放电、毕业、工作、休息、结婚、报名"。

绝大多数及物动词在一定的上下文中可以略去宾语。有少数及物动词不管在什么场合都要带宾语，如大部分使令动词、大部分关系动词、所有的形式动词以及其他一些动词。例如：

<u>加以</u>管理　生命<u>在于</u>运动　<u>成为</u>众矢之的　失误<u>导致</u>灾难

他<u>属</u>猪　<u>博得</u>好声名　公司<u>濒临</u>破产　中国<u>包括</u>台湾

（三）动词的特殊小类

在动词的各种类型中，有些小类的用法很特别，如趋向动词、能愿动词（助动词）、判断动词，它们的语法功能在许多方面跟一般动词不尽相同。其中判断动词"是"，我们将在第七章第三节介绍特殊句式"'是'字句"时再作说明，这里先介绍趋向动词和能愿动词。

1. 趋向动词

趋向动词是表示动作趋向的词。它有单音节的，也有双音节的，可以分为三组：

第一组：来　去

第二组：上　下　进　出　回　过　开　起

第三组：第二组+第一组

　　上来　下来　进来　出来　回来　过来　开来　起来

　　上去　下去　进去　出去　回去　过去　开去　（起去）

第一组单用时以说话人的位置为着眼点，如说"你来"是叫听话人向说话人的位置移动，说"你去吧"是叫听话人从说话人的位置向别处移动。第二组以说话人之外的事物或位置为着眼点，如说"上楼"，只是说从较低的位置向较高的位置移动。第三组兼具前两组的特点，如"你上来"，既表示叫听话人向说话人的位置移动（"来"），还包含叫听话人从较低的位置向较高的位置移动（"上"）。当然，趋向动词基本上都有引申用法，如"（～）来"从由远而近可以引申出由无到有、由不可见到可见、由量少到量多、由没有意识到到意识到等,"(~)去"则相反。如"来了一股气、孩子生出来了、天色暗下来了、大家都想不起来了"和"搭进去三百块钱、吃下去了、火气消去了、昏过去了"等,这些位置的移动就特别抽象了。总体而言,"(~)来"的引申义跟呈现有关,而"(~)去"的引申义跟消退有关。

趋向动词具有一般动词的特点,如可以单独做谓语或谓语中心,还经常用在别的动词或形容词的后边表示趋向,充当补语,叫做趋向补语。例如:

① 拿来　送去
② 戴上　摘下　跨过　钻进　露出　收回　闪开　坐起
③ 交上来　传下去　走进去　溜回来　飞过去　撬开来　爬起来

如果再带宾语的话,宾语的位置一般有下面几种可能性:

④ 掏<出>一叠钱
⑤ 掏<出来>一叠钱
⑥ 掏<出>一叠钱<来>

第一组、第三组趋向动词还有一个特点,就是它们后面可以带一个动作发出者。例如:

⑦ 来了一支队伍　去了三个志愿者
⑧ 过来一个服务员　进去一个犯人　过去一艘船

2. 能愿动词(助动词)

能愿动词指用在动词、形容词的前边表示可能、必要或意愿的动词,也叫**助动词**。例如:

表可能：能、能够、可、可能、可以、会
表必要：应、该、应该、应当、要(应该义,如"要注意安全")、得(děi,如"得
　　　　练习了")
表意愿：愿、愿意、要(愿意义,如"我要学法语")、肯、敢

能愿动词在很多方面区别于一般的动词。如它不能用在名词前面,"会法语、要一支笔"中的"会、要"是一般动词,不是能愿动词;不能重叠;不能带"了、着、过"等。

能愿动词常用来做状语,这点跟副词相同。例如:

① 他[可能]有八十了,生活还[能]自理。
② [应该]自己做的事,不[要]往别人身上推。
③ 新来的大学生,既[肯]干,也[敢]干。

但它可以做谓语，而且能用"不"来否定，这一点区别于副词。这是把它归入动词的主要依据。例如：

④ 这孩子刚会走路，还不大会说话。
⑤ 他愿意接受你开出的所有条件。
⑥ 我们既不应该，也不可能让老百姓承担环境污染的后果。

三、动词的重叠

动词的重叠就是把动词词形重复一次，单音节动词 A 重叠成 AA，双音节动词 AB 重叠成 ABAB。大多数动作动词可以重叠，其他动词重叠的可能性很小。

（一）动词重叠式的读音和形式

单音节动词重叠式的第二个音节读轻声，例如"问问(wènwen)、看看(kànkan)、坐坐(zuòzuo)"。单音节动词重叠式中间可以加"一"，例如"问一问、看一看、坐一坐"；也可以加"了"，如"问了问、看了看、坐了坐"。还可以将这两种形式合在一起，如"问了一问、看了一看、坐了一坐"。有的中间还可以插入宾语，如"问他一问、问小明一问"。

双音节动词重叠式的第一个音节重读，第三个音节次重，第二、四个音节轻读。例如"研究研究(yánjiu yánjiu)、溜达溜达(liūda liūda)"。这实际体现出一种轻重节奏。一般中间不加"一"。

动词的重叠式基本上跟"动词＋一下"同义，如"问一下、看一下、坐一下、研究一下、溜达一下"。

（二）动词重叠的语法意义

动词重叠式基本上表示"量小"，即动作持续的时间短（时量小）或进行的次数少（动量小）。

如果动词表示的是持续性的动作，重叠后表示时量小。例如：

① 他来到工地，转了转，看了看，把干部和施工人员集中到了山坡上。
② 你一会儿练练毛笔字，一会儿又写写钢笔字，怎么能提高书法水平呢？

如果动词表示的是非持续性但可以反复进行的动作，重叠后表示动量小。例如：

③ 营长看着这 22 岁的新战士，满意地点点头。
④ 他喝了口水，清了清嗓子，开始念起了政府工作报告。

由于表示量小，在有祈使意义的句子中便有尝试的意味。例如：

⑤ 过山车刺激吗？要不我们也去坐坐？

⑥ 他想了大半天了还没有个头绪，大家帮他分析分析吧。

⑦ 谁的话他都不听，要不你来说说看？

其实，这里主要还是表示"量小"，"尝试"这种意义是整个句子所体现出来的。

需要说明的是，有不少并列式双音节动词，除了可以用 ABAB 式重叠表示"量小"外，还可以有 AABB 式重叠，如"打打闹闹、躲躲闪闪、缝缝补补、来来回回、挑挑拣拣、修修改改、摇摇晃晃、争争吵吵、指指点点"，此时常含有描写动态的意味。这种重叠式的语法意义是表示动作的频繁发生，即"量多"。例如：

⑧ 找对象不能总是挑挑拣拣，挑多了便连拣的机会都没了。

⑨ 在村外的河边，在山上的松林，她跑前跑后，指指点点，诉说个不休。

四、离合词问题

汉语的动词用法中还有一类比较特殊的现象，就是一部分动词中的两个字可以拆开来使用，中间可以插入别的成分，如"操心、道歉"可以拆开来说成"操什么心、道个歉"。这种使用中可离可合的现象就是离合词问题。

（一）离合词的内涵及其构造方式

离合词指的是两个语素之间可以插入别的成分的合成词。也就是说，这个词中的两个语素可离可合。离合词是双音节形式，基本上都是动词。

离合词主要有述宾式和述补式两种构词方式，但也有少数其他形式。例如：

① 见面（见了一次面）　游泳（游了一天泳）　问好（问你一声好）

　帮忙（帮我一个忙）　投票（投他一票）　　中毒（中了游戏的毒）

② 看见（看得/不见）　　提高（提得/不高）　　分开（分得/不开）

　解开（解得/不开）　　拆散（拆得/不散）　　长大（长得/不大）

第①组里的离合词一般是不及物动词，绝大部分是述宾式合成词，中间插入其他成分后构成述宾短语。同类的词很多，例如：

　把关（把这个关）　　罢官（罢了官）　　　罢工（罢了一个月的工）

　毕业（毕了业）　　　吵架（吵了一天架）　撤职（撤了职）

　吃惊（吃了一惊）　　打拳（打了一套拳）　打仗（打了三年仗）

丢脸(丢过脸)	赌博(赌什么博)	放假(放三天假)
放心(放一百个心)	负伤(负了重伤)	告别(告个别)
革命(革了他的命)	化妆(化好妆)	理发(理一次发)
练笔(练了一天笔)	留神(留点儿神)	散步(散一会儿步)
生气(生了半天气)	睡觉(睡了一觉)	洗澡(洗个澡)

述宾式动词大多可以当离合词使用，使用频率越高的，离合的可能性越大。它跟动宾式惯用语的用法一样，如"碰钉子——碰了个大钉子、跑江湖——跑了几年江湖、挖墙脚——挖对方的墙脚"等。

也有少数非述宾式合成词形成的离合词，它们也像述宾式一样，可以拆开后形成述宾短语。如"洗澡"虽然本来是联合式("澡"的意思是洗身子)，现在一般当述宾式使用，如"洗了澡、洗个热水澡"等；"鞠躬("鞠"的意思是弯曲，"躬"的意思是弯下身子)、游泳、考试、登记"等本来也是联合式，都可做离合词使用，如"鞠个躬、游过泳、考了一天试、登个记"。"睡觉"本来是连动式("觉"的本义是醒)，现在重新分析为述宾式("觉"引申为睡眠)当离合词使用，如"睡了一个好觉"。这样的词常见的就这么几个。

注意，离合词拆用后如果中间有个体量词的话，则用通用的量词"个"，如"理个发、放个假、洗个澡"。可见它们离合后的述宾结构跟一般的述宾结构还是有区别的。

第②组里的离合词都是及物动词，是述补式合成词，做补充成分的语素表示的是前面动作的结果。它们中间可以插入"得"或"不"。又如：

拔高	穿透	错开	打倒	打断	打通
分清	隔断	看中	考取	离开	碰见
铺平	缩小	推倒	推翻	压倒	站住

这是汉语中相当特殊的一种结构，具有很高的能产性。

(二) 离合词的用法

根据离合词的内涵，离合词的特点是：两个构成成分经常结合在一起使用，同时它们又可以拆开，插入别的成分，或变换位置。

离合词的两个成分合在一起是具有单一意义的词，分离扩散后就是短语。如"理发"是一个不及物动词，但有时可以在"理"和"发"之间插入其他成分，说成"理过发、理了一次发"等，这时就成了述宾短语。又如"拆散"也是动词，但可以说成"拆得散、拆不散"等，这时就成了述补短语。

大部分述宾式离合词的后一个成分还可以提到前面来使用。例如：

① 澡洗完了，别忘了把热水器关掉。

② 你说这票该投给谁好呢？

后一个成分提到前面来之后，动词的前后往往需要加上别的一些成分，整个结构就变成了主谓结构，如"仗‖打完了""这份心‖就不用你操了"以及"脸‖丢尽了""面‖见过三次"等。不怎么能提前的，大多是后一成分很少能独立使用，如"吃惊、毕业"等。可见构成部分的活动能力对整体的使用有时会有影响。

（三）离合词和短语的区别

如上所述，离合词实际上是"合则为一，离则为二"，即合的时候是一个词，分开的时候是一个短语。它在意义上具有完整性、单一性，一般都能在词典中找到它们的释义。也就是说，它具有动词所具有的结构和意义上的特点。

短语则是一个临时的组合，结构上比较松散，意义上基本上是由所包含的词组成的。例如"看小说"是由两个词构成的述宾短语，这两个词可以自由替换，而且中间也可以灵活地插入一些成分。例如：

① 看～：看电影　看话剧　看表演　看风景　看日出

② ～小说：写小说　编小说　改小说　评小说　欣赏小说

③ 看……小说：看了这篇小说　　看了一篇歌颂英雄的小说

　　　　　　　看完了小说　　　看了一天的小说

第四节　形容词

形容词是表示性质、状态等的词，还包括一些表示数量多少的词。例如：

深　白　大　薄　软　强壮　丑恶　勇敢　聪明　　（表性质）

火热　冰凉　惨白　金灿灿　沉甸甸　黑不溜秋　　（表状态）

多　少　全　够　多少　许多　好多　　　　　　　（表数量多少）

一、形容词的主要语法功能

（一）大部分能用副词"不"和"很"修饰。例如：

① 不小　不厚　不明显　不漂亮　不多　不少　不全

② 很深　很辣　很精致　很伟大　很多　很少　很全

除"多、少、全"几个不定量形容词外，这些形容词都是表示性质的。

（二）常常做谓语，不能带宾语。

山高　胳膊细　衣服脏　知识渊博　脸色惨白　人数少

像"丰富、端正、活跃、纯洁"这样的词，既能受副词"很"修饰（"业余生活很丰富"），又能带宾语（"丰富业余生活"）。但是，它们不能在一个结构中同时具有这两种功能，如不能说"很丰富业余生活"。由此可见，这样的词兼具动词和形容词两种用法，是兼类词，前加程度副词时是形容词，后带宾语时是动词（及物动词）。

（三）能修饰名词（做定语），有些形容词能修饰动词（做状语、补语）。例如：

① 黄头发　美好生活　漂亮的字　沉甸甸的谷子　许多人
② 慢走　认真准备　多给点儿　热情地服务　糊里糊涂地生活着
③ 算准确　找对（了）　分析得深刻　站得笔直　听得莫名其妙

二、形容词的分类

除个别的表示数量多少的形容词（不定量形容词）外，根据能不能用程度副词修饰及其表达功能的差异可将形容词分为性质形容词和状态形容词两大类。除此而外，还有一类比较特殊的形容词，叫非谓形容词。

（一）性质形容词

性质形容词通常表示事物的性质。主要包括单音节性质形容词和一般的双音节性质形容词。

性质形容词能够受程度副词"很、十分"等修饰。例如：

很好　特大　很自由　十分浪漫　非常现代　特别苦闷

性质形容词在句中主要做谓语、定语、状语和补语，但在充当这些句子成分时有一定的条件，往往要在它的前面或后面加上一些成分。例如，做谓语时，除了在"人小志气大""夏天热，冬天冷""海南岛比秦皇岛热"这样的对照、比较句中可以单用，一般要在它的前面或后面加上修饰成分。例如：

① 他很小气／他小气得很。
② 问题相当复杂／问题复杂得很。

也就是说，在一般语境中，"他小气"没有"他很小气""他小气得很""他不太小气"听起来自然。如果单说一句"他小气"，往往隐含着对比的内容，如"他小气,你不小气""他小气,你大方"。可见,这里的"很"等词并不完全表示程度,同时还起到了完成句子表达的作用。如果变成否定句,就不一定要加表示程度的词了,如"她不小气、这个字不难写、他的心理不健康"。这说明,汉语性质形容词单独做谓语的能力比较弱,前后加上一些成分后就使性质表现得更具体了。

(二)状态形容词

状态形容词通常表示事物的状态,具有描写性。它主要由下列几种方式构成:

AB 式:

  雪白 漆黑 蜡黄 通红 碧绿 笔直 溜圆 冰凉

  火热 贼亮 崭新 猴精 滚热 稀烂 飞快 喷香

ABB 式:

  白茫茫 绿油油 黑压压 沉甸甸 香喷喷 响当当

  冷清清 孤零零 乱糟糟 病歪歪 毛茸茸 雾蒙蒙

一些特殊形式:

  糊里糊涂 邋里邋遢 傻里吧叽 黑不溜秋 黑咕隆咚

  老实巴交 可怜兮兮 冰冰凉 麻麻亮 滴溜圆 稀巴烂

状态形容词不能受程度副词修饰,原因是状态形容词在语义上就已经含有对程度的特定描述。如可以说"很白、很热",不能说"很雪白、很白茫茫、很火热、很热乎乎"。

状态形容词可以做谓语、定语、状语、补语,一般要带"的"或"地",受到的限制要比性质形容词小得多。例如:

① 皮肤<u>蜡黄</u>   这里的黎明<u>静悄悄的</u>。 (做谓语)

② (碧绿的)茶叶   (毛茸茸的)玩具狗   (做定语)

③ [飞快地]写字   [婆婆妈妈地]说了半天   (做状语)

④ 擦得<贼亮>   穿得<灰不溜秋的>   (做补语)

(三)非谓形容词

形容词中有一类比较特殊的情况,它可以像形容词那样常做定语,但又不能像形容词那样做谓语,人们常称这类形容词为**非谓形容词**。例如:

  单/双 正/副 横/竖 金/银 男/女 荤/素

  彩色/黑白 真性/假性 高频/低频 军用/民用

个别／共同　家养／野生　天然／人工　男式／女式
　　高层　袖珍　冒牌　木质　常绿　散装　简装　最佳
　　多维　大号　特种　非典型　非理性　非官方

　　由于非谓形容词表示的是事物的属性，有分类的作用，使此一事物区别于相对的别一事物，因此又被称做**区别词**。

　　非谓形容词的语法功能是：

　　1. 能直接修饰名词做定语；大多数能带"的"构成"的"字短语(也叫"的"字词组、"的"字结构)。例如：

　　　　金首饰　男歌手　副主任　大型晚会　有机食品　进口化妆品
　　　　金的　女的　正的　彩色的　杂交的　常绿的　正式的　远程的

　　2. 不能单独做谓语、状语、补语、主语、宾语，但组成"的"字短语后可以做主语、宾语。例如：

　　　　水晶，人造的要比天然的便宜很多。("天然的"是介词"比"的宾语)
　　　　月饼，有人喜欢广式的，有人喜欢苏式的。

　　3. 前面不能加"不"来否定，但可以加"非"，加"非"后语法功能不变。例如：

　　　　非国产　非慢性　非民用　非木质　非海洋性

　　注意，如果一个词本身就是由"非+X"构成（其中的 X 原本多为形容词、名词），这些词多为区别词，如"非正式（代表、会谈）、非典型（肺炎、孤独症）、非官方（会议、机构）"等。因此，"非国产、非慢性、非民用、非木质、非海洋性"作为一个整体也和"国产、慢性、民用、木质、海洋性"一样，被看作区别词。

　　由于属性往往有对立面，因此非谓形容词常常成对或成组地存在。这也就造成很多非谓形容词在构词形式上带有比较明显的特征。例如：

　　　　～式：西式／中式　新式／老式　男式／女式　复式　便携式
　　　　～型：大型／中型／小型　微型　流线型　复合型　应用型
　　　　～性：阴性／阳性　恶性／良性　真性／假性　刚性　国际性
　　　　～等：初等／中等／高等　上等／下等　优等／劣等　头等　次等
　　　　～级：初级／中级　甲级／乙级／丙级　特级　超级　重量级
　　　　～用：日用　公用　民用　军用　农用　药用　食用　家用
　　　　有～：有色　有声　有轨　有氧　有机　有限　有形　有期
　　　　无～：无色　无声　无轨　无氧　无机　无限　无形　无期
　　　　多～：多维　多义　多国　多功能　多民族　多年生　多角度

单～：单瓣　单程　单面　单色　单轨　单孔　单项

双～：双边　双份　双面　双色　双轨　双季　双重

非谓形容词和一般形容词(性质形容词和状态形容词)的异同：

主要语法功能＼类别	非谓形容词	一般形容词
做定语	能	能
做谓语、状语、补语	不能	能
能否前加"不"	不能	能

三、形容词的重叠

有些性质形容词可以重叠，重叠后用法上跟状态形容词相同。状态形容词的AB式("雪白"类)可以重叠。形容词重叠的语法意义跟特定的句法位置有关。

（一）单音节性质形容词的重叠式是AA式，双音节性质形容词的重叠式是AABB式。这些重叠式有的在口语中可以儿化。例如：

长长(的)　厚厚(的)　小小(的)　好好儿　远远儿

清清楚楚　端端正正　大大方方　普普通通　痛痛快快儿

这些重叠式做状语、补语的时候，表示程度深。例如：

① 我的话是一字一顿[清清楚楚地]说出来的。

② 她慌张地避开了，走得<远远的>，仿佛是她自己干了件愧心的事。

做定语、谓语时表示程度的作用不明显，但描写的作用很强。单音节的重叠式有时还包含有喜爱的感情色彩。例如：

③ 刚到约定时间，(安安静静的)走廊里便传来了脚步声。

④ 陈春燕大大方方，口齿清楚，完全不像以前那几个，半天答不出一句话。

⑤ 她那(弯弯的)眉毛整齐了，(圆圆的)眼睛清朗了，鱼牙似的眼白，一闪一闪的亮人，一双眸子，黑得像是蜈蚣河里的水。

（二）状态形容词的AB式（即"雪白、冰凉"类）的重叠形式是ABAB式，一般表示程度深的意思。例如：

① 他的手被开水烫着了，通红通红的。

② 她一跳进海里，(冰凉冰凉的)海水立即刺痛了她的肌肤。

③ 爸爸把自行车擦得<贼亮贼亮的>。

（三）"A 里 AB"之类的重叠式，大多含有贬义。例如：

① 别看在家里<u>娇里娇气</u>的，一到外面就跟换了个人儿似的。
② 局长[啰里啰唆地]讲了一个小时了，才绕到了中心话题。
③ 周用诚尽自聪明伶俐，今晚先是搞得 <糊里糊涂>，后来又看得眼花缭乱。

四、名词、动词、形容词在语法功能上的主要区别

动词和形容词的语法功能大同小异，而名词跟它们的区别比较大。这里列表说明：

主要语法功能　　词类	名词	动词／形容词
经常做主、宾语	能	不能
经常做谓语	不能	能
受"不"修饰	不能	能
用"X 不 X"提问	不能	绝大多数能

动词和形容词在语法功能上也有一些差别。列表如下：

主要语法功能　　词类	动词	形容词
带宾语	绝大多数能	不能
受"很"修饰	多数不能	多数能

能带宾语的肯定属于动词，即及物动词，包括不能受"很"修饰的及物动词（如"吃、带领"）和能受"很"修饰的心理动词（如"想、喜欢"）、能愿动词（如"会、应该"）。不能带宾语而能受"很"修饰的肯定属于形容词，即性质形容词（如"高、准确"）。不能带宾语又不能受"很"修饰的，除了本身语义已经蕴涵了程度的状态形容词（如"雪白、绿油油"）外，一般都是动词（不及物动词）。我们可重新整理一下上面的表格：

	能带宾语	不能带宾语	
能受"很"修饰	及物动词	性质形容词	
不能受"很"修饰	及物动词	不及物动词	状态形容词

由于动词和形容词有比较多的共同特征，常被合称为谓词（谓词还包括用来代替动词和形容词的代词，如"怎么、怎么样"等）。

第五节　数词

数词是表示数目和次序的词。例如：

　　一　二　三　十六　万　半　几
　　六七十　三分之一　第五　初九

一、数词的语法功能

数词的语法功能比较单纯，除计数外，很少单独运用。通常跟量词组合成数量短语（即数量词）。例如：

　　一个　六本　十二条　八十座　两千棵
　　一双　两套　三五群　一些　　几点
　　半斤　六米　十五天　一次　　三回

关于数量短语(数量词)的用法，参见下文"量词"中的说明。

二、数词的分类及其称数法

从上述数词的含义中可以看到，数词可以分为两个大的类别：基数词和序数词。

（一）基数词

表示数目多少的数词。基数词大多是表示确定数目的"定数词"，包括整数、分数、小数、倍数；少数是表示不确定数目的"概数词"。

1. 整数。例如：

　　一　二　三　四　五　六　七　八　九　十　零(〇)　两
　　十　百　千　万　十万　百万　千万　亿　十亿
　　十三　八十一　五千二百六十／五千二百六

"一"到"十"和"百、千"有大写形式(即笔画比较繁多的同音汉字)：壹、贰、叁、肆、伍、陆、柒、捌、玖、拾、佰、仟，多用于票据、文件等。"〇"同"零"，表示数的空位，用于汉字数字中，如"六〇九号、三〇一医院、二〇〇九年"。另外，

"廿"(niàn)指二十，"卅"(sà)指三十。注意，汉字"〇"不要写成阿拉伯数字"0"。

举一个例子来说明其读法："624840395712"读做：六千二百四十八亿四千零三十九万五千七百一十二，个位数的"个"不读出来。汉语整数的读法分组是四位一级，这跟英语的三位一级的称数方法不同。上面这个数字的读法规则就是：

```
6 2 4 8    4 0 3 9    5 7 1 2
千 百 十    千 百 十    千 百 十
   亿         万         (个)
```

一个数列中间有空位时，在同一级中不管空几位，都读一个"零"，如"30081050"读做"三千零八万一千零五十"。

2. 分数。例如：五分之三($\frac{3}{5}$)、一又二分之一($1\frac{1}{2}$)、百分之五(5%)、千分之十一(11‰)。"分"和"成"表示"十分之一"，例如"三分(利息)"意指"十分之三(的利息)"，"增加了八成"意指"增加了十分之八"。"半"的意思是"二分之一"，如"半斤、一斤半"。

3. 小数。例如：一点八(1.8)、九千三百六十二点七六四(9362.764，也可读做：九三六二点七六四)。

4. 倍数。例如：四倍、六点五倍。

5. 概数。例如：八九十、几、一百多、八十开外、将近一万。表示概数的方法有多种，后面单独说明。

（二）序数词

表示次序的数词。汉语序数的基本表示法是在基数前加"第"，如"第一、第二、第十、第九千三百六十二"。

汉语在很多情况下直接用基数词表示序数。例如：

一等 三级 九楼 七排 二〇一〇年 十二月 三十一号

相邻的数词先后出现，可以构成一个序列，自然可以表示一定的次序。例如：

这道题可分成三个步骤来解答：一、……；二、……；三、……。

除此之外，汉语还有很多习惯表达，下面举一些常见的表达形式：

年份："1949年"常读做"一九四九年"。一般只在表示强调时才读做"(第)一千九百四十九年"。

月份：一月（阳历中又称"元月"，阴历中又称"正(zhēng)月"）、二月、……十二月(阴历中又称"腊月")。

日期：一号、二号、……三十一号。阴历"一号、……十号"常称做"初一、……初十"。

按照某种习惯顺序排列：亲属排行（如"大哥、二哥、三弟、小弟、二伯、四婶"）、子女排行（如"长子、长女、次子、……小儿子、小女儿"）、等级（如"头等、二等、三等、……末等"）、公共车辆班次（如"首班车、末班车"）、楼房层数（如"一楼、二楼"）、比赛前三名（如"冠军、亚军、季军"）、书刊图表注解等（如"第一卷、第二卷""卷一、卷二""上卷、中卷、下卷""练习五""图二""注九"）。

有时可以用天干"甲、乙、丙、丁、戊(wù)、己、庚、辛、壬(rén)、癸(guǐ)"或地支"子、丑、寅(yín)、卯(mǎo)、辰、巳(sì)、午、未、申、酉(yǒu)、戌(xū)、亥(hài)"表示序数。

三、概数的表示方法

汉语概数的表示法多种多样，主要有以下一些形式：

（一）相邻（包括相近）的两个数词连用。例如：

　　八九十　三十八九　百儿八十　三五(来了三五个人)

注意，"三十八九"不要写成"三十八、九"（这实际是将"三十八"和"九"并列了）。

（二）在数词后加表示概数的词。主要有"多、来、把"和"左右、前后、上下、开外、以上、以下、以内、以外"等。例如：

　　二十多人　五十来里路(大约五十里路)

　　万把亩良田　块把钱　个把人(一两个人)

　　三天左右　九号前后　五岁上下　六十开外

　　一千以上　八十以下　二十五以内　六十以外

"多、来、把"表达概数的具体含义与用法，详见下文。

（三）在数词前加表示概数的词。主要有"上、成、近、将近、过、约、大约、约摸"等。例如：

　　上千　成百　成倍　近五百　将近两万　（人数)过万

　　约六十　大约三十九　约摸七八个

（四）"几"和"两"

"几"是疑问代词，但有时并不表示疑问，而表示概数。例如"几个、几十、几百、十几"。

"两"是基数词，但有时活用做概数。例如"这两天实在是太忙了""今天怎么就来了这么两个人"。这里的"两"实际都可换成"几"，意思不变。

四、常用数量表达方式辨析

（一）二—两

它们都表示数目"2"，但用法上有不少差异。

1. 用在量词前面

在一般量词前用"两"。例如：

  两碗　两朵　两枚　两条　两根　两双　两瓶

  两次　两回　两趟　两遍　两场　两阵　两番

"两"可以用在所有的度量衡单位之前（"二两"除外），而"二"一般多用在中国传统的度量衡单位如"斤、两、钱、石(dàn)、斗、升、顷、亩、分、尺、寸"等之前。例如：

  二斤／两斤　二斗／两斗　二亩／两亩

  二尺／两尺　二分／两分　二两／*两两

  两米　两公斤　两公顷　两立方米

注意，"两位"一般用于客观的计算数量（如"来了两位客人"）；"二位"则用于面称（如"二位里面请"），有尊敬之意。

2. 用于其他场合的情况

除上面跟量词组合的情况外，数词中基本上都用"二"。例如：

  二十　九十二　一百二　三百二十万

  第二　二月　五点二　二分之一

"两"主要用于"百、千、万、亿"以及"半儿、倍"前。例如：

  二百／两百　两千五百万　两半儿　两倍

（二）俩—仨

它们自身带有量的成分，"俩"(liǎ)是"两个"的意思，"仨"(sā)是"三个"的意思。在口语中，一般用"两个、三个"的地方，都可以用"俩、仨"。如"姐妹俩、父子俩、夫妇俩、仨馒头、仨瓜俩枣"，不能说"姐妹俩个、父子俩个、夫妇俩个、仨个馒头"。"我们俩／我俩、你们俩／你俩、他们俩／他俩、我们仨、你们仨、他们仨"可以说，但"我仨、你仨、他仨"不能说。需要说明的是，这两个词有比较浓的北京话口语色彩。

（三）多—来—把

这三个词属于后面要介绍的助词，放在这里说明，是因为它们经常附着在数词或数量词之后，表示概数。例如：

　　五十多个　七米多　百来人　八里来路　万把人　百把里

它们在表达概述时的语义不一样，表达的格式也有一些差别。

1. "多"表示某个数有零头，表达形式有：(1) 整百整千整万类的数词+多+量词，如"二十多米、二百五十多米、三万多米"；(2) 非整百整千整万类的数词+量词+多，如"一米多、十八米多、二百五十一米多"。注意，"十米多"和"十多米"都可以，但意思有差别，前者指比十米多一些(一般所多的不足一米)，后者指比十米多一两米。

2. "来"表示数量比某个数多一点儿或少一点儿。它的表达形式有：(1) 整百整千整万类的数词+来+量词，如"十来米、百来里、一百二十来吨、三千四百五十来元、三万来棵"。(2) 非整百整千整万类的数词+长度或重量单位量词+来，此时后面要加上相应的形容词，如"一里来长、十五米来宽、一百二十一尺来高、四斤来重"。

3. "把"表示数量接近某个数。它的表达形式有：(1) "百、千、万"之类的数词+把+量词，如"百把里路、千把块钱、万把条鱼"。(2) 量词+把，如"个把月(一个月左右)、块把钱(一块钱左右)、里把路"，量词前不能再加具体数词。

（四）表示数量的增加和减少的表达方式

汉语中表示数量的增加和减少有一套习惯的表达方式，不可混用。它们跟倍数和分数的表达法又有联系，人们常常发生混淆。倍数只能用于数量的增加，不能用于数量的减少；分数既可用于数量的增加，又可用于数量的减少。表达数目的增减必须拿原来的数目做基数，不能拿增减后的数目做基数。数量增减的习惯表达法主要有两大类，每类又有两个方面。

1. 表示数量的增加

"增加(了)、增长(了)、上升(了)、提高(了)"不包括已有的底数，只指净增数。例如从 10 到 100，就是增加了 90(100−10)。只能说"增加了九倍"(90÷10)，不能说

"增加了十倍"。又如从50到75，可以说"增加了一半""增加了二分之一"或"增加了百分之五十"（25÷50）。

"增加到／增加为、增长到／增长为、上升到／上升为、提高到／提高为"包括已有的底数，指增加后的总数。例如从10增加到100，最后的总数就是100。只能说"增加到十倍"（100÷10），不能说"增加到九倍"。又如从50到75，可以说"增加到百分之一百五十"或"增加到一倍半"。

这两类的关系是：底数(10)+增加了的数(90)=增加到的数(100)。

2. 表示数量的减少

"减少(了)、下降(了)、降低(了)"是"增加(了)"等的相反面，指由高到低的差额。例如，从100到10，就是减少了90（100-10）。应该说"减少了十分之九"或"减少了百分之九十"（90÷100），不能说"减少了九倍"。

"减少到／减少为、下降到／下降为、降低到／降低为"是"增加到"等的相反面，指减少后的余数。例如从100到10，最后的余数就是10，就是减少到10，也就是"减少到十分之一"或"减少到百分之十"（10÷100），不能说"减少到一倍"。

这两类的关系是：总数(100)−减少了的数(90)=减少到的数(10)。

第六节　量词

量词是表示人或事物、动作行为的计量单位的词。例如：

个　位　根　只　对　群　尺　吨　些　点儿

下　次　回　遍　趟　顿　遭　场　阵　番

一、量词的语法功能

量词一般不能单独使用，基本上都是跟数词结合，组成**数量短语**。例如：

两本　五件　三条　两对　四套　九斤　一阵　一点儿

正因为如此，人们常将数量短语称为"**数量词**"。下文就用数量词来代表数量短语。

数量词前面有指示代词时，如果其中的数词为"一"，"一"可以省略。例如：

这八条　那几根　这(一)件　那(一)篇

这几次　那三遍　这(一)遭　那(一)回

在"写首诗、买支笔给他"中，量词"首、支"前的数词"一"也省略了。

量词跟数词的组合有时称做量词短语，指示代词跟量词的组合(中间可以夹有数词)有时称做指量短语。

二、量词的分类

根据所计量的对象的差异，汉语的量词大体上可以分为两大类：名量词和动量词。

(一) 名量词(物量词)

名量词是表示人或事物的计量单位，也叫**物量词**。名量词既有大量的专用量词，也可以借用其他的名词来做量词。

1. 专用名量词

它主要包括以下几类：

(1) 个体量词：用于计量个体事物。例如：

  个　只　位　名　员　枚　朵　棵　粒　颗　头
  匹　条　根　支　架　台　本　张　面　剂(一剂药)
  艘　辆　幅　册　句　段　篇　列　首　页　行
  项　间　幢　顶　所　座　截　瓣　节　块　片

个体量词表示的都是单个的量，其中使用范围最广的是"个"，它是个比较通用的量词。

(2) 集合量词(集体量词)：用于计量成组或成群的事物。例如：

  双　副(偶有写做"付")　对　打(dá，十二个)　——个体数量有定
  串　摞　溜　丛　束　队　批　群　帮；些　点儿；套——个体数量无定
  团(一团火)　股(一股气)　层(一层浪)　星(一星油花)——模糊量

(3) 度量衡量词：用于计量物体的长度(度)，面积、体积(量)，重量(衡)等。例如：

  丈　尺　寸　分　米　厘米　英里　公里　光年　　　(长度)
  亩　分　公顷　平方米　平方厘米　平方公里　　　　(面积)
  升　斗　毫升　加仑　立方米　立方厘米　立方公里　(体积)
  斤　两　克　磅　公斤／千克　吨　盎司　石(dàn)　(重量)
  小时　刻　分钟　年　天　元　角　分　安培　摄氏度 (其他)

(4) 类别量词：种　类　样　般　等　路　流　级　品

(5) 复合量词：由两个或两个以上量词复合而成。例如：

  人次 架次 秒立方米 吨公里 小时公里 转每分钟

  部集 篇本 台件 台套 （件套）

  这些复合量词表示复合的单位，上下两行各代表一种类型。第一类是相乘(或相乘后再相加)的关系，如：1个人参观1次，是1人次；1架飞机飞1次，是1架次；1秒钟流过1立方米，是1秒立方米。这样，"16人次"既可能是4人每人4次，也可能是2人每人8次，还可能是2人每人2次、3人每人4次的总和，当然也可能是其他。

  第二类是选择不同量词后的相加关系，如：书1部或1集，是1部集；文章1篇或书1本，是1篇本；物品1台或1件，是1台件。这样，"16部集"既可能是8部书加8集书，也可能是11部书加5集书，或者其他。但是，"件套"则是个比较特殊的复合量词，它有两种含义。第一种含义跟"部集"属于同类，如1件或1套就是1件套，这样10件套就可以是4件加6套，也可以是9件加1套，等等。这种用法基本上是从生产、装备着眼的。日常交际种，它还有另外一种含义，"件套"指的是有若干件构成的1套。如3件套的床上用品指的是由被单、被罩、枕套各1件构成的1套，又如"6件套化妆品、黄金4件套、仿明48件套旧红木家具"等。这种用法基本上是从消费、使用的角度着眼的。条件不同，现象有别。

 2. 借用名量词

 可以临时把跟事物相关的名词或动词借用过来用做量词。例如：

 (1) 借自名词

  一锅饭 两杯茶 几缸酱菜 一船货物 两三口饭

  一头白发 一身油污 一脸皱纹 一腿泥 一嘴瞎话

  一地鸡毛 一池碧波 一桌子水 一广场游客 一屋子书

 常用的借自名词的名量词大多做容积的计量单位。与第二、三行的量词结合的数词仅限于"一"，表示"满"的意思，如可以说"满头白发、满地鸡毛"，意思不变；而且数量结构中间可以加"的"，如"一头的白发、一地的鸡毛"。

 (2) 借自动词

  一捆柴 一卷纸 一担泥 一拨人马 一串冰糖葫芦

 注意，有一些借用的名量词，当它修饰名词时有很强的修辞色彩。例如：

  一弯新月 一钩残月 一轮明月 一抹晚霞 一方水土

  一江春水 一汪清泉 一波浪潮 一腔热血 一片痴心

  一腔热情 一缕情思 一线希望 一丝微笑 一盏酒窝

（二）动量词

动量词是表示动作行为的计量单位。动量词比名量词少得多。动量词也是既有专用量词，也有借用量词。

1. 专用动量词

这类动量词数量不多，主要有以下这些：

　　下(儿)　次　回　遍　趟　顿　通
　　气　遭　阵　番　场(cháng, chǎng)

2. 借用动量词

可以临时把跟动作相关的名词借用过来用做量词。这在动量词中占多数。例如：

　　打两枪　开几炮　舞几棍　砍一刀　洗一水　画几笔
　　瞅一眼　喝一口　露一手　扫一腿　打一拳　踩几脚

这些被借用做动量词的名词，基本上是跟动作所凭借的工具以及人体器官(也可看做工具)等有关的名词。

有些量词既可以做名量词，也可做动量词。例如：

　　下了一场大暴雨(名量词) —— 夫妻俩大闹了一场(动量词)
　　一通慷慨激昂的演讲(名量词) —— 批评了他一通(动量词)

三、数量词的语法功能

数量词可以充当各个基本句子成分，但是量词的类别不同，语法功能往往有差异。

由名量词构成的结构常做定语、宾语；做主语也比较多，但常常带指示代词；有时还可做谓语。例如：

① 我昨天晚上一口气看了(两部)电影。

② 顾城的名诗《一代人》一共只有两行。

③ 这一间太小，没法住，麻烦你给换间大的。

④ 门前有两座山，一座雄伟，一座奇丽，煞是有趣。

⑤ 苹果三块，香蕉四块。

而由动量词构成的结构常做补语和状语，还可做定语，有时也做主语。例如：

⑥ 这篇小说我已经看过<三遍>了。

⑦ 导游[一把]拉住了游客。

⑧ 我已给过你(两次)机会,你不珍惜。

⑨ 一遍不行,两遍也不行,你到底想怎么办。

四、量词和名词的搭配

汉语的数词跟名词结合时,一般需要在数词之后加个量词,而这个量词往往跟名词有固定的搭配,这就必然造成汉语的量词十分丰富。这是汉语的一个特点。例如:

根:针、线、绳子、羽毛、铁丝、头发、草、葱、藤、树桩、手指、火柴、扁担、柱子、棍子、蜡烛、油条、香肠

条:线、绳子、带子、辫子、尾巴、路、街、街道、船、鱼、狗、蛇、好汉、香烟、新闻、命令

张:纸、画、照片、相片、地图、奖状、唱片、明信片、专辑、罚单、船票、电影票、门票、证书、弓、鱼网、桌子、床、脸、嘴、烙饼

片:瓦、树叶、花瓣、雪花、面包、肉、药、黄瓜、平原、沙漠、蓝天、绿洲、汪洋、哭声、新气象、真心、胡言乱语、繁荣景象

颗:星、螺丝钉、手榴弹、宝石、珍珠、纽扣、种子

粒:米、沙子、老鼠屎、药丸、珍珠、纽扣、种子

由此可见,汉语中名词跟量词的搭配关系比较复杂,两者之间的相互选择性比较强。什么名词跟什么量词搭配,虽有时呈现一定的规则性,如"扇"一般用来计量能像扇子一样开合的片状物,用于"门、窗户、屏风、石磨、门板"等,但很多时候也只是一种习惯。其中最为复杂的就是个体量词跟名词的搭配问题。例如"一头牛、一头猪、一只羊、一匹马、一条狗、一只老虎、一只狐狸、一只鸡",不容易说出其中的组合条件。虽然有些不同的量词可以用于同一个名词,如上面的"颗"和"粒"都可以跟"珍珠、纽扣、种子"等搭配,但这种可换用的范围也是很小的。即便是通用度比较高的量词"个",跟名词的搭配也是有限制的。如可以说"一个人、一个枕头",而"一个蛇、一个被子"就极少说。而且很多能用"个"的名词也常常有专用的量词,如"一个教室、一个教堂"更多的时候说成"一间教室、一座教堂"。这就使得量词在汉语教学过程中成为一个重点和难点。量词的学习主要靠平时的积累。

当然,有时也可以大体上找到一些组合的共性。例如:

条:一般用来计量长条状物。

根:一般用来计量细长物。

张：一般用来计量带有平面的片状物。还用来计量某些可以张开或闭合的东西，如"弓、嘴"。

片：一般用来计量成片的东西或景象等。

上面讲的量词主要指个体量词。至于集合量词、表示度量衡的量词，不少语言中也有类似的表达，如"一群孩子、一伙强盗、一捆柴火、一篮子鸡蛋"和"一米、一公斤、一升"，在英语中表达为"a group of children, a band of robbers, a bundle of firewood, a basket of eggs"和"a meter, a kilogram, a liter"。不过，这里的"group, band, bundle、basket"和"meter, kilogram, liter"等在英语里看做名词。

五、量词及数量词的重叠

（一）单音节量词大多可以重叠，重叠后可以充当定语、主语、状语、谓语，但不能做宾语、补语。重叠式的语法意义基本上表示"每一""逐一"或"多"。例如：

① （条条)大路通罗马。　　　　　　　　　　　　　　(表示"每一")
② 揪心的事太多，件件拿得起放不下。　　　　　　　　(表示"每一")
③ 五千年的中华文明[代代]相传。　　　　　　　　　　(表示"逐一")
④ 一句话，说得她心里[阵阵]发热。　　　　　　　　　(表示"逐一")
⑤ 每当鲜花盛开的季节，城中(阵阵)花香，沁人心脾。　(表示"多")
⑥ 这里绿树荫荫，流水潺潺，仙阁悠悠，白云朵朵，青烟袅袅。(表示"多")

外来的单音节量词不能重叠，如"米、克"等。多音节量词都不能重叠。

（二）数量词也可重叠。构成"一AA"式或"一A一A"式等。重叠式的语法意义也是随着句法位置的不同而有差异。例如：

① （一朵朵)鲜花献给凯旋的勇士。　　　　　　　　　　(表示"多")
② 听说村里来了贼，一个个飞快地穿衣下床，操起家伙就奔出了门。

(表示"每一")

③ 他经常是睡在拥挤的办公室里，书[一本一本地]啃，资料[一点儿一点儿地]消化。　　　　　　　　　　　　　　　　(表示"逐一")

如果重叠式中的数词不是"一"，则只能带上"地"后做状语，表示"每"。例如：

　　两张两张地数　　十包十包地装　　四斤四斤地称

量词及数量词的重叠形式都不能做宾语和补语。

六、时间量的表达问题

由于时间量的表达有一些特殊之处，我们单独拿出来进行说明。

用于计量时间的词主要有"年、月、天、日，周、旬、季，小时、刻(刻钟)、分(分钟)、秒(秒钟)"。其中，"月"前面跟数量词组合；"小时"前面可以直接跟数词组合，也可以跟数量词组合。因此，这两个词应该看做名词。例如：

三个月以后再来领证　　过了一(个)小时

像"上午、下午、晚上、星期"等名词也可借用来表示时间，用法同"小时"。例如：

想了一(个)上午　　整整坐了一(个)下午

听了一(个)晚上　　一部电影看了一(个)星期

其他词语都是量词，直接跟数词组成数量词。例如：

七天　三日　一周　四旬　两季　五年

二十秒钟　十分钟　三刻钟

第七节　代词

代词是起代替、指示作用的词。例如：

我　你　他　这　那样　谁　什么　怎么　哪儿　人家

一、代词的分类

根据代词作用的不同，可以把代词分为三类：人称代词、指示代词和疑问代词。

(一)人称代词：代替人或事物。例如：

表示个体：我　你　您　他　她　它

表示群体：我们　咱们　你们　他们　她们　它们

　　　　　大家　大伙儿　彼此

表示个体或群体：自己　自个儿　别人　人家

(二)指示代词：指示或区别人、事物、情况。因为要区别，所以通常在意义上两两相对。例如：

表近指：这　这儿　这里　这会儿　这么些　这样　这么样　这么

表远指：那　那儿　那里　那会儿　那么些　那样　那么样　那么
其　他：某　本　每　各　另　该　其他　别的　其余

(三)疑问代词：对人、事物或情况表示疑问。例如：
谁　什么　哪　哪儿　哪里　多会儿　几时
几　多少　怎样　怎么　怎么样　多

二、代词的语法功能

代词是一类特殊的实词。代词的关键是"代"，它是把名词、动词、形容词、数量词、副词中具有代替作用的词归在一起而形成的类。因此，它只是一个意义上的类，没有语法功能上的一致性。具体代词的作用跟它所代替、所指示的词大体相当。也就是说，代词跟所代之词的主要语法功能一致。例如，如果代替的是一般名词，就能像一般名词那样做主语、宾语、定语；如果代替的是动词，就能像动词那样充当谓语；如果代替的是副词，就只能做状语。以疑问代词为例：

① 什么不行？／你说什么？／什么旅游线路最经济？（代名词）
② 你到底给我多少时间准备啊？　　　　　　　　（代数词）
③ 你爱怎么样就怎么样吧，后果自负。　　　　　（代动词）
④ 这个响当当的名牌到底怎么了？　　　　　　　（代动词或形容词）
⑤ 发言的时候你怎么想就怎么说。　　　　　　　（代副词）

上面三类代词的关系及其语法功能，可以用下表来表示：

按语法功能分类		按作用分类		
所代的词类	所代的内容	人称代词	指示代词	疑问代词
名词	人或事物	我、你、他… 我们、你们… 自己…	这、那	谁 什么、哪
	处所方位		这儿、这里 那儿、那里	哪儿、哪里 什么(地方)
	时间		这会儿、那会儿 这(时候)、那(时候)	多会儿、几时 什么(时候)
数量词	数量		这么些、那么些	几、多少
动词 形容词	性质 状态		这样、这么样 那么、那么样	怎么 怎样、怎么样
副词	方式 程度		这么 那么	多 怎么

(每、各、某、本… 适用于指示代词列)

三、代词的活用

所谓活用，是指在特定的语境中并不明确指代某个对象，而是用来虚指或任指。上面三类代词都可以活用。

（一）虚指

代词的**虚指**用法指在特定的语境中代词虽有所指，但不确指任何事物。例如：

① 大家等下别走散了，否则你找我，我找你，不知道找到什么时候去呢。
② 他一会儿摸摸这个，一会儿摸摸那个，觉得每一只小狗都可爱极了。

上面两句中，人称代词"我"和"你"、指示代词"这"和"那"都有所指，但指称、替代对象不具体、不明确。这种现象就是代词的虚指用法。这两类代词用于虚指时常常成对出现，而且都是单数形式。

疑问代词的虚指用法更为常见，不知道、说不出、不想说出的时候都可以这样用。例如：

③ 这个人一直鬼鬼祟祟地，好像是在跟踪谁。
④ 我们好像在哪里见过，是吧？

这里的疑问代词"谁""哪里"并不表示疑问,虽有所代但其所指也不确定。

(二) 任指(泛指)

代词的**任指**用法指一个代词在具体的语言环境中,所指的对象是某个整体中的所有成员或者任何一个,也叫**泛指**用法。疑问代词的任指用法比较常见。例如:

① 有人说,干导演的什么都要懂,可是什么都不精。
② 只要是祖国需要,到哪儿都行!

这里的疑问代词"什么""哪儿"并不表示疑问,而是含有"任何事情""任何地方、所有地方"的意思。

下面这些句子中的人称代词实际也是表示任指:

③ 这样的孩子没法教,你骂他他根本听不进去。
④ 自己的事自己做,自己的言行自己负责。

四、常用代词辨析

(一) 我们—咱们

都是第一人称的复数形式。"咱们"包括说话人和听话人双方,而"我们"既可以只包括说话人,也可以包括说话人和听话人。例如:

① 咱们坐一块儿商量商量吧。
② 你们放心去吧,我们留下来看家。 (不包括听话人)
③ 你过来一下,我们一起议一议。 (包括听话人在内)

"我们"有时可以借指"我"或"你(们)","咱们"不能。例如:

④ 大家看看我的论文的结语部分,这就是我们得出的基本认识。
⑤ 哎,小朋友,我们过马路一定要注意安全哟。

注意,说"咱们"时有北方口语色彩,带有一些随便的、亲近的意味,"我们"则没有。因此,在需要一些书面语色彩的时候(如比较严肃庄重的场合、学术论文中),就不宜用"咱们"。

(二) 怎么—怎么样/怎样

都是询问情况的疑问代词。"怎么"基本上做状语,询问方式、原因、性状等,还可以表示反问、感叹等。而"怎么样/怎样"基本上做谓语或补语,询问意见或委婉表达不直接说出来的情况。例如:

① 这个棘手的问题该怎么处理？　　（方式）
② 你昨天怎么没来上课？　　　　　（原因）
③ 你这是怎么一回事？　　　　　　（性状）
④ 这样做怎么行呢？　　　　　　　（表示反问）
⑤ 这篇作文写得怎么这么差呢！　　（表示感叹）
⑥ 你来把这些东西收拾一下，怎么样/怎样？
⑦ 这篇文章写得不怎么样/怎样。

"怎么"有时也可以做谓语，用于询问状况。这跟状语的基本内涵一致。例如：

⑧ 你怎么啦？这么无精打采的。

虽然两个词都能做谓语，但询问的内容不一样，因此不能换用。

（三）几—多少

都可用来询问数目。一般说来，"几"代表的数目不超过"十"，因此，估计不超过"十"的数目都可以用"几"来询问。而"多少"代表的数目可大可小，但多用于询问超过"十"的数目。例如：

① A：孩子，你几岁啦？
　 B：五岁。
② A：老师，您今年多少岁？
　 B：刚好五十。

"个、十、百、千、万、亿"等之前及"十"之后，都可以用上"几"来询问，如"几个、几十、几百、几千、几万、几亿"和"十几"。但是，"多少"只能用于"个、万、亿"之前，如"多少个、多少万、多少亿"。其中的原因，就是"十、百、千"前及"十"后永远不能出现超过"十"的数字。

"几"是数词，除了询问纯数字外，一般都必须同量词配合使用；而"多少"是代词，可以代"数词+量词"，因此一般不必带上量词。例如：

③ 这些降价书几块钱一本？
④ 这些降价书多少钱一本？

（四）其他—其它

"其他"指别的，另外的，可以指人，也可以指事物；指人时可以指男性，也可以指女性，如"其他人、其他问题、其他男同学、其他女职员"等。

本来只有"其他","其它"是后来分化出来的,书面上有人用它来指事物,如"其它动物、其它情况"等。其实,这里的"其它"都可换成"其他"。有时,同时修饰人和事物时,只能用"其他",如"其他人员、装备都没有遭到损失"。因此,一般主张一律用"其他"。这样还可避免出现"其它老师、其它诗人"的情况。

(五)每—各

都是针对于总体、全体而言,所指的是数量、物量或动量中的一个。但"每"着重于跟其他同类事物之间的共同之处,即强调彼此的同;而"各"着重在跟其他同类事物之间的不同之处,即强调彼此的异。"每人、每种材料"和"各人、各种材料"虽然都可以说,但表意重点有差异。下面例子中"每"和"各"则不能替换:

① 每天写一篇文章。　　每两周轮流一遍。
② 各人回各人的家。　　各方面的代表都来了。

"每天写一篇文章"强调这一天与另一天之间所做的事情相同;"各人回各人的家"强调各个人的不同和各个家的不同。成语"各不相让、各得其所、各行各业、各尽其能、各就各位、各行其是、各有千秋"中的"各"不能换成"每",原因正是如此。

"每"一般要跟量词或数量词组合后才能加在名词前("人、家、年、月、日、星期、周"等除外),而"各"可以直接加在一些名词前,如"每个单位、每个民族"和"各(个)单位、各(个)民族"。"每"可以跟数量词组合,"各"不能,如"每一间房子"不能说成"各一间房子"。

第八节　拟声词

拟声词是描摹声音的词,也叫**象声词**。例如:

　　砰　叭　嗡　噗　咚　啪　呼　当当　的的　咣当　啪嗒　呜呜
　　噗嗤　咯噔　丁冬　扑通　乒乓　丁当　刷刷　沙沙　哗哗　嗖嗖
　　哗啦啦　轰隆隆　咚咚锵　噼里啪啦　劈劈啪啪　淅淅沥沥
　　叽里咕噜　(溪流)潺潺　(狗)汪汪　(鸭子)嘎　(牛)哞
　　(羊)咩　嗷嗷　笃笃　(读书声、金石撞击声)琅琅

拟声词主要做状语、定语,也可做谓语、补语、独立语等,还常独立成句。例如:

① 房子"轰"地一下就倒了。 （做状语）
② 还没走进家门，就听见小狗"汪汪"的叫声。 （做定语）
③ 冰箱过几分钟就嗡一下，看来是要拿去修修了。 （做谓语）
④ 他这是在示威，把剑在他自己头上舞得嗖嗖的。 （做补语）
⑤ 他身边的乘客在翻报纸，哗啦哗啦，他很不情愿地睁开眼。 （做独立语）
⑥ 啪！屋里正开着会，灯管就爆了。 （独立成句）

拟声词一般不受其他词修饰。

思考与练习四

一、根据汉语的特点，举例说明汉语词类划分应该主要以什么为标准。

二、把下面的词分成名词、动词、形容词三组。

衣服　粮食　心理　产业　渴望　愿望　思想　高尚

光明　发生　讨厌　愿意　意愿　笔直　次等　绿油油

热爱　可爱　战争　作战　青年　年轻　坚决　决心

三、给下列名词分别至少选择一个合适的个体量词（有的名词可以跟多个量词搭配）。

井　钱　诗　蒜　戏　鱼　白云　报纸

城市　窗户　大将　电影　豆腐　风光

飞机　钢琴　骆驼　葡萄　瀑布　青烟

清泉　绳子　希望　小说　新月　眼泪

钥匙　衣服　圆月　战舰　竹子　作家

四、给下列量词分别至少选择一个合适的名词（有的量词可以跟多个名词搭配）。

1. 个体量词：

把　瓣　本　场　道　顶　朵　封　根

股　驾　间　棵　颗　块　粒　辆　列

门　匹　条　听　挺　头　项　眼　尾

2. 集合量词：

对　副　双　套　班　帮　打　股　些

串　丛　叠　堆　队　群　束　摞　批

五、下列每句中都有代词活用的情况，请找出活用的代词，并分别指出是虚指还是泛指。

1. 哪天我去找你。

2. 大家你一言我一语，讨论得很热闹。

3. 谁愿意去谁去。

4. 别总是抱怨这、抱怨那，应该多找找自己的原因。

5. 他很勇敢，哪儿有危险就冲到哪儿。

6. 我记得谁跟我提到过他。

六、"喜欢、热爱"这些心理动词能够受程度副词"很"修饰，为什么不把它们看做形容词？

七、指出下列词语误用的地方，并改正。

1. 由于准备得不周，他对所有的来宾表示十分歉意。

2. 春节联欢会上，每个同学都十分激动和合作。

3. 今年开学，学校简单了一些报名手续。

4. 新建的工厂很大型。

5. 我们班有十五来个学生。

6. 期中考试，我们只考试了听力、写作、阅读这三门课。

7. 这孩子已经六个岁年纪了。

8. 他们俩个每天都是一起上学，一起回家。

9. 赵明让我帮他买二张飞机票。

10. 他很轻轻地走到病人面前。

11. 你就在这儿再待一会儿吧，咱们得回去了。

12. 电脑出现了一个稍微的故障，我找人修好了。

13. 今年的粮食产量比去年减少了一倍。

14. 中国人民友好我国人民。

第五章
词类系统(下)——虚词

汉语虚词主要包括副词、介词、连词、助词、语气词和叹词。除叹词独立使用外，其他虚词都必须跟实词结合在一起使用。

第一节 副词

副词经常修饰动词或形容词，表示程度、范围、时间、频率以及肯定或者否定等意义，有的还有一定的关联作用。例如：

很 太 极 十分 都 总共 刚才 忽然 不再 已经
就 也 不 没 到处 必须 悄悄 亲自 难道 也许

一、副词的语法功能

（一）除极少数情况外，副词都只做状语。可以修饰动词性、形容词性成分，或者修饰整个句子。例如：

① 才出发　暗暗使劲　挺好　确实了不起
② 诗的境界中必须有山有水。
③ 天气渐渐转暖，小草越发绿得可爱。
④ 也许他们这样做只是为了安慰自己。
⑤ 难道就没有一个有正义感的人站出来？

副词做状语时还可以修饰代替动词和形容词的代词以及数量短语。例如：

⑥ 他这人从小就这样。

⑦ 事情已经那样了，还能怎么办？
⑧ 孩子出生才十天。
⑨ 这趟西藏行花费刚好5000元。

副词一般不能修饰名词，但有时副词也能修饰某些类别的名词，这时仍是做状语。例如：

⑩ 今天才星期三。
⑪ 小王已经科长了。

上面的例子说明，做状语且只能做状语是绝大多数副词的根本属性。但由于副词的内部比较复杂，还有下面一些特殊情况：

1. "很、极、透"等几个程度副词既可做状语，也可做补语。例如：

很潇洒～潇洒得很　极高～高极了　透熟～熟透了

"很"做补语时前面必须有"得"；"极、透"都直接做补语，后加"了"。

2. "只、光、就、仅、仅仅、单、单单、几乎、恰好、将近、大概"等一些表示范围的副词还可以修饰名词、代词、数量词等，跟后面的词组成短语后常做主语。例如：

① 光漫画书就买了七八本。
② 就你还没有把设计方案拿出来。
③ 仅仅这两点就能使那些爱虚荣的女人们上当受骗了。

（二）副词一般不受其他词修饰。

（三）副词一般不能单说，只有"不、没有、别、也许、一定、差不多、当然、何必、刚好、的确"等少数几个可以。例如：

① 的确，那一年是我的一关，几乎没有闯过去。
② "你什么表都能修好吗？" "当然。"

（四）有些副词在句中起关联作用。副词发挥关联作用的情形有以下几种：

1. 单用

看了又看　　　说什么也不想走
跌倒了才知道疼　读万卷书再行万里路

2. 前后配合使用

又高又大　边说边笑　越辩越糊涂　不到黄河不死心　　（叠用）
非及格不可　再忙也要注意休息　既美丽又大方　　　　（成对使用）
<u>只要</u>有信心<u>就</u>有成功的希望。　<u>无论</u>什么时候<u>都</u>不要放弃。（跟连词套用）

起关联作用的副词主要有"就、才、更、还、都、再、又、也、只、不、非、倒"等。副词在起关联作用的时候仍然有修饰性,因此仍然是状语。凡是能跟连词配合使用的关联副词,哪怕连词不出现,它也往往必须出现,如"有信心就有成功的希望""什么时候都不要放弃"。

二、副词的分类

副词虽然语法功能比较单一,但其内部成员的语义类型和具体语义内容比较丰富。副词可以根据所表示的语法意义进行分类,主要类型如下:

(一)程度副词

1. 很 极 挺 太 怪(怪辛苦的) 可(可了不起)
   真(真美) 好(好自在) 多 多么 十分 万分
   极其 非常 格外 分外 相当 尤其 过于 有点儿
2. 稍 稍稍 稍为 稍微 略微
   较 比较 较为
   更 更加 更为 越发/愈发 越加/愈加 还(比泰山还高)
   顶 最 最为

其中,第一组泛言某种程度;第二组表示比较后的程度,大多能用于比较句中。

(二)范围副词

1. 都(大家都到齐了) 全 总 共 总共 统统 一共 一概
   大概(大概七八个人) 一律 一味 几乎 净(地上净是水)
2. 只 光(光吃水果) 就$_1$(就他没来) 才$_1$(才十岁)
   仅 仅仅 单 单单 独 唯独 不过 只是

第一组表示总括,第二组表示限定。

(三)时间副词

已 已经 早已 曾经 都(他都吃过了) 正 在
正在 才$_2$(天黑才去) 便 就$_2$(他就到) 刚 刚刚
早 将 将要 就要 立刻 马上 顿时 回头 一直
一向 历来 向来 老(最近老没见着) 老是 总 总是
还 还是 始终 永远 仍 仍旧 依然 好久 起初

原先　从　从来　随时　偶尔　间或　暂且　忽然
终于　到底(想了几天，到底想通了)　赶紧　赶快　连忙

(四) 频率副词

又　再　再三　一再　也　常　常常　经常　时时
时常　往往　屡次　反复　不断　重(chóng)　重新

(五) 肯定/否定副词

1. 必须　必定　一定　必然　务必　必　准
2. 不　没　没有　未必　不必　不免
   未　别　莫　休　勿　甭(béng)

(六) 方式副词(情态副词)

悄悄　暗暗　偷偷　死死　一齐　一起　一块儿　一同
一道　相互　互相　分别(分别讨论)　猛然　依然　仍然
毅然　渐渐　逐渐　逐步　相继　陆续　亲自　擅自　大肆
百般　特地　肆意　竭力　大力　空(空跑)　白(白跑)

(七) 语气副词

难道　到底(你到底去不去?)　究竟　岂　偏偏　简直
反正　幸亏　幸而　幸好　多亏　其实　何必　何苦
何尝　居然　竟然　索性　也许　大约　好在　果真
果然　明明　恰恰　敢情　莫非　难怪　横竖　未免
难免　不免　不妨　却　偏　就$_3$(我就不信学不会)
可(他的事，我可不知道)　倒(dào，你倒说呀!)　反倒

上面基本上将常用的副词列举了出来。有些副词(如"就、才")兼属不同的小类，有不同的语法意义。

副词虽然语法功能简单，但每个副词的个性比较强，而且大多数副词的意思比较虚，因此语法分析和语法教学中，副词的语义类型及其成员常常是重点。

三、副词的位置与表达

副词在句中的位置不同，所表达的意思就可能发生改变。例如：

① 他七岁才会背乘法口诀表。

② 才七岁他就会背乘法口诀表。

例①意指背得晚，前提是：背乘法口诀表应早在七岁之前；例②意指背得早，前提是：背乘法口诀表应在七岁之后。

③ 你幸亏来得及时。

④ 幸亏你来得及时。

例③中的"幸亏"修饰动词，受益者只是"你"，后续句常是"不然就看不上开幕式了"之类；例④中的"幸亏"修饰全句，受益者可以是"你"，也可以是别的人，后续句常是"不然我们可就要遭殃了"之类。

⑤ 我们完全没有听懂。

⑥ 我们没有完全听懂。

例⑤是说一点儿也没有听懂；例⑥是说听懂了大部分。"没有"的位置不同，否定的范围就发生了变化。

由此可见，在学习语法时，词序相当重要。

四、副词和形容词的区别

副词和形容词都能做状语。但形容词除了能做状语，还能做定语、谓语等；而副词除了"很、极、透"等能做补语外，绝大多数只能做状语。例如：

一致	一致反对	一致的意见	意见一致	很一致
一概	一概反对	*一概的意见	*意见一概	*很一概
努力	努力完成	努力的学生	学习努力	很努力
竭力	竭力完成	*竭力的学生	*学习竭力	*很竭力
迅速	迅速行动	迅速的行动	行动迅速	很迅速
马上	马上行动	*马上的行动	*行动马上	*很马上

可见，"一致、努力、迅速"是形容词，"一概、竭力、马上"是副词。

像"白、怪、老、净、光、硬"等做定语和做状语时意义不同。例如：

一张白纸（颜色白）　　说了也白说　（白白地）

怪想法　（异常的）　　怪没意思的　（挺、很）

老先生　（年纪大）　　老是批评我　（总）

用净水洗（干净）　　　屋里净是垃圾（全都）

这些词的两个意义之间没有什么联系，因此它们实际上是不同的词，即同音词。在前一个意义上能做定语，是形容词；在后一个意义上只能做状语，是副词。

五、时间副词和时间名词的区别

时间副词和时间名词都表示时间。它们都能做状语，但时间名词都能做主语、定语，时间副词则都不可以。例如：

① 我现在就写毛笔字。　　我正在写毛笔字。　　（做状语）
② 现在的事情很棘手。　　*正在的事情很棘手。　　（做定语）
③ 现在是半夜十二点。　　*正在是半夜十二点。　　（做主语）

时间名词可以和介词构成介词短语，时间副词不可以。例如：

④ 至于当时（*至于曾经），我确实没有考虑那么多。
⑤ 关于将来（*关于即将），还有许多事情要处理。

上面各例中，"现在、当时、将来"是时间名词，"正在、曾经、即将"是时间副词。

六、常用副词辨析

副词的用法比较复杂，这里选择一些常用的副词进行比较。在比较中主要指出两个词相互区别的地方。

（一）更—最

都是程度副词。"更"表示两者中的较甚者，"最"表示三个或三个以上同类中的极端者。例如：

① 珠江长，黄河更长，长江最长。
② 长江比黄河更长。（*长江比黄河最长。）
③ 经过删改，文章显得更简练了。（*经过删改，文章显得最简练了。）

（二）很—极

都是程度副词。除了都能做状语外，还可以做补语，但表现不同。"很"用于"得"后，如"好得很、难看得很"；"极"带"了"后直接做补语，如"好极了、难看极了"。另外，"极"常用于口语，"很"既可用于口语，也可用于书面语。

(三) 较／比较—很—非常

都是程度副词，表示程度的高低。"较／比较"表示具有一定的但不怎么高的程度，"很"和"非常"都表示比较高的程度。例如：

"今年夏天热吗？"

"比较热。／热。／很热。／非常热。"

它们表示热的程度由高到低是：非常热＞很热＞热＞比较热。"比较热"类似于"有点儿热"。注意，这点跟英语的比较级不同，英语中的 hotter(更热)比 hot 热的程度高，重在进行程度的比较。

"较／比较"前面或后面一般都不跟否定副词，而"很"和"非常"可以。"很不好"语义接近于"坏"，"不很好"语义常常接近于"比较好"，有时也婉转地指"不怎么好"；"非常不好"语义接近于"很坏"，"不是非常好"语义接近于"不是太好，但还可以"，婉转地指出还存在一些问题。

(四) 都—只

都是范围副词。"都"一般总括它前面提到的事物，即语义"前指"；"只"限定动词所表示的行为动作或其所涉及的事物的范围，即语义"后指"。例如(所指的内容用横线标示)：

① 一年级同学都军训去了。
② 山坡上都是植树的人。
③ 他每天都起得很早。
④ 今年，我决定只写小说。
⑤ 我只给他发过电子邮件。
⑥ 这些材料，我只领回来了，还没翻。
⑦ 我们都上自习去了，宿舍里只张三一个人。

当句中有数词出现时，这种语义上的指向更明显。由于"都"是总括，所以前面的数量要大于1(当然不一定直接用数词表达，如例①②③)；"只"是限定，所以限定的数量要出现在后面。例如：

⑧ 他们三个人都卖了两张票。
⑨ 他把两张票都卖了。
　　比较：*他都卖了两张票。
⑩ 他们三个人只卖了两张票。

⑪ 他只卖了两张票。

比较：*他把两张票只卖了。

注意，"张老师都来了，你竟然没来"中的"都"不是范围副词，而是加强语气的副词。

（五）就—才

都可表示时间或数量。它们跟表示时间、数量的词语的相对位置不同，语法意义也不同。

用在表示时间、数量的词语后时，"就"表示说话人认为动作行为实现得早或实现得快；"才"表示说话人认为动作行为实现得晚或实现得慢。此时"就"和"才"轻读。例如：

① 讲座十点开始，他九点半就到了报告厅。　　（认为到得早）
② 讲座十点开始，他十点半才到报告厅。　　　（认为到得晚）
③ 这首诗他念了三遍就会背了。　　　　　　　（认为背得快）
④ 这首诗他念了三遍才会背。　　　　　　　　（认为背得慢）

由于"早、快"一般是人们所期望的，因此用"就"的这种句子往往含有满意、肯定的意味；而"晚、慢"一般是人们所不期望的，因此用"才"的这种句子往往含有不满、不该的意味。

用在表示时间、数量的词语前时，"就"有时表示说话人认为数量多，有时表示说话人认为数量少，需要根据具体语境来判断。如果跟"光、仅"之类的词搭配，"就"则一定表示说话人认为数量多。而"才"都是表示说话人认为数量少。此时"就"和"才"也轻读。例如：

⑤ 毕业论文光引言他就写了一个月。　　　　　（认为写的时间长）
⑥ 毕业论文他就写了一个月，难怪写得不成样子。（认为写的时间短）
⑦ 毕业论文的引言他才写了一上午，就写出来了。（认为写的时间短）
⑧ 这篇论文仅引言就八页。　　　　　　　　　（认为页码多）
⑨ 这本书就十页，一个小时能读完！　　　　　（认为页码少）
⑩ 这篇论文引言才半页。　　　　　　　　　　（认为页码少）

"才"可以直接放在表示时间的词语之前，表示时间早，而"就"一般不允许直接放在表示时间的词语之前。例如：

⑪ 才六点，他就下地干活了。　　（认为下地干活的时间早）

注意，"就"如果重读表示数量少。例如：

⑫ 香港我就去过两次。　　（认为去的次数少）

（六）曾经—已经

都是时间副词。"曾经"表示过去某时间里发生过某种行为或状态，并在说话之前已经停止，动词后一般加"过"。"已经"的情况稍微复杂一些，一般表示在说话前或某一特定时间前，动作状态就发生了，到说话时或某一特定时间，其结果状态仍然存在；但是如果"已经"后面的动词带"过"，用法跟"曾经"基本相同，但更强调对现在的影响。例如：

① 他曾经去过拉萨。（他现在不在拉萨了）

② 他已经去拉萨了。（他现在正在拉萨，或正在去拉萨的路上）

③ 他已经去过拉萨了，这不，刚从拉萨回来。（他现在不在拉萨了）

"已经"后面可以用否定副词，也可以用于将来的时间，"曾经"都不可以。例如：

④ 我已经不想那件事了。

⑤ 下个月的这个时候，我已经从拉萨回来了。

（七）又—再　　再—重

都是频率副词，表示动作的重复或继续。"又"常用于已然的情况；"再"常用于未然的情况。例如：

① 我没有听清，让他又说了一遍。　　（表示重复）

② 我没有听清，你再说一遍。　　（表示重复）

③ 雪刚停，这会儿又下起来了。　　（表示继续）

④ 雪一时半会儿不会再下了。　　（表示继续）

"又"有时也用于未然的情况，主要是用于计划、打算中的重复，后面常跟"要"。例如：

⑤ 爸爸上午刚回来，下午又要出差，一天休息的时间也没有。

"再"有时也用于已然的情况，主要用于动作行为重复出现的序列表达中。例如：

⑥ 上个月办入网的事情让我很生气，第一天去超过营业时间，第二天人太多，第三天我再去的时候，结果系统维修不营业。

"再"和"重"都常用于未然的情况，但"再"偏于积极的重复，"重"偏于消极的重复。例如：

⑦ 唱得不错，再唱一个。

⑧ 写得不好，重写一遍。

（八）不—没/没有

它们是汉语中两个最基本的否定副词。它们虽然都表示否定，但在意义上和用法上的差别还是很明显的。

"不"用在动词性或形容词性词语前，主要否定判断、意愿、动作行为、性质状态。例如：

① 4乘以3不等于10，等于12。　　　　　（否定判断）

② 这儿一年四季不下雨，极其干燥。　　（否定客观事实）

③ 我现在不睡，待会儿睡。　　　　　　（否定动作、意愿）

④ 孩子不敢对父亲说一个"不"字。　　　（否定意愿）

⑤ 这种话不可能是他说的。　　　　　　（否定可能）

⑥ 今年秋天枫叶不红，游客很少。　　　（否定性质状态）

"不"多用于现在、将来，如上面各例；也可用于过去，例如：

⑦ 他昨天不来，今天不来，明天还不来，你说怎么办？

"没/没有"根据后接的词语性质的不同，一般认为可以区别为两种用法：

1. "没/没有"后接名词性词语时，主要是否定领有或存在。其中，单用的"没"是动词；"没有"是副词"没"加动词"有"。例如：

⑧ 我没一本外文书。　　　教室里没人。　　　（"没"是动词，做谓语）

⑨ 我[没]有一本外文书。　教室里[没]有人。

　　　　　　　　　　　（"没"是副词，做状语；"有"是动词，做谓语）

2. "没/没有"后接动词性或形容词性词语时，否定动作行为的发生、完成或否定状态的出现。此时"没"或"没有"都是副词，做状语。例如：

⑩ 他以前没/没有学过英语。　　（否定动作的发生）

⑪ 我还没/没有看完这部长篇小说。（否定动作的完成）

⑫ 杏子还没/没有熟，涩得很。　　（否定状态的出现）

"没/没有"只用于过去和现在，不用于将来。请比较：

⑬ 他昨天没来，今天还没来，明天还会不来吗？

否定动作时,"不"涉及主观意愿,而"没/没有"不带有主观意愿。如"我不回答问题"有"不愿意"的意思;"我没回答问题"只表示动作没有发生。

如果说得更抽象一点儿的话,用在动词性或形容词性词语前,"不"否定的是一个连续的动作或状态;"没/没有"否定的是有变化的动作或状态。如"不睡"是对整个睡觉过程的否定,"没睡"是对睡觉这个动作的发生的否定;"不红"是对"红"这种状态的程度的否定("不红"意思是"不够红"),"没红"是对出现"红"这一状态的过程的否定。这从跟它们相对应的肯定形式中也可以看出,如"不睡~睡、不红~红""没去~去了、没红~红了"。这也能说明"没/没有"不能用于将来的原因,因为对将来而言,还谈不上发生了变化;而"不"可以用于将来,因为它否定的是动作或状态,这是在任何时间中都存在的。

另外,"不"可用在所有能愿动词前,而"没/没有"只能用在"能、能够、要、肯、敢"等少数几个能愿动词前,如可以说"我不愿一个人待在家里",不能说"我没愿一个人待在家里"。

(九) 别—甭

都是否定副词,用于祈使语气。"别"后面带的动作可以是动作者能够控制的,也可以是不能控制的;而"甭"后面带的动作必须是动作者可以控制的。例如:

① 小心,别把钱包丢了。　　　　　　　　　(不可控制)
② 注意着点儿,别摔了花瓶。　　　　　　　(不可控制)
③ 甭(别)训他了,他够可怜的了。　　　　　(可控制)
④ 甭(别)理他,让他闹,看他能怎么样。　　(可控制)

第二节　介词

介词是起引介、标记作用的虚词。例如:

在　从　对　对于　关于　按照　为了　除了　比

介词必须跟所引介的成分一起组成介宾短语,共同修饰动词或形容词,有时也共同修饰名词(需要加"的")。如"向将军敬礼"中介词"向"把名词"将军"引介给动词"敬礼","向将军"做"敬礼"的状语。同时这种介引作用也就标明了"将军"在"敬礼"这个动作中的身份,即表示对象。

一、介词的语法功能

（一）介词不能单独充当句子成分。如不能说"他对、这件事由于、我们为了"。

（二）能用在名词、代词、动词(主要是名词)前组成介宾短语，充当状语、定语(带"的")。例如：

① 他[在北京语言大学]学习。

② 海外华人[向地震灾区的人民]表达了诚挚的祝福。

③ [通过大面积搜索]我们终于找到了他们的藏身之处。

④ 鲁迅写过不少(关于中国人性格方面的)文章。

介宾短语有时可以做补语：

⑤ 把所有的材料都装<到袋子里>。

⑥ 鲁迅出生<于1881年>，逝世<于1936年>。

注意，能够做补语的介宾短语中的介词很少，主要有"在、向、往、自、于、到、至"以及"给"等少数几个。这些介词可以直接附着在动词或其他词（尤其是单音节动词）后边，构成一个整体，这个整体用法实际上相当于一个动词；读的时候，停顿往往出现在介词之后。如"放在／桌上、好在／他醒悟得早、奔向／前方、飞往／巴黎、来自／北京、习惯于／早睡早起、走到／终点、运至／目的地、传给／他"等。因此这些结构中如果能带"了"的话，都要放在它们整体的后边，如"放在了桌上、走到了终点"。因此也可以不将其中的"介词＋宾语"看做补语，而是将介词跟它所附着的成分合起来看做述语，它们后的成分看做宾语。例如"我习惯于早睡早起"。这是汉语介词用法比较特殊的地方。像"勇于、敢于、甘于、处于"等词已经作为动词收入《现代汉语词典》了，如"勇于承认错误、敢于挑重担、甘于牺牲、处于有利地位"。

二、介词的分类

介词虽然语法功能比较单纯，但其所介引的对象比较复杂。根据介宾短语跟后面被修饰成分的关系，可以把介词大体分成以下几类：

（一）引介时间、处所、方向：

  从　自　自从　打(打今儿起)　在　到　于　至

  及至　向　往　朝　朝着　奔(bèn，奔机场方向开去了)

  由　沿　沿着　顺　顺着　趁　趁着　当　当着

(二) 引介方式、依据、工具：
  按照 按照 据 根据 随着 依照 遵照 本着
  以 凭 论 经 经过 通过 拿(拿事实来证明)
  用(用灵魂感悟) 靠(靠自己养活自己)

(三) 引介对象、范围：
  对 对于 关于 至于 和 跟 同 与 朝 向
  为 给 替 于 把 将 管(大家管他叫小发明家)

(四) 引介比较的对象：
  比 较(粮食产量较五年前翻了一番)

(五) 引介被动关系的引起者：
  被 叫(水叫他喝光了) 让 给(我们给人骗了)

(六) 引介排除的对象：
  除 除了

(七) 引介原因或理由：
  因 因为 由于 由

(八) 引介目的：
  为了 为 为着

三、介词和动词的区别

  除了"自、于、以"等少数沿用自古代汉语的介词外，汉语介词大多由及物动词虚化而来。有的虚化的程度比较低，处于过渡阶段，因此这些词还带有一些动词的特点。这便形成介词和动词同形的情况，如"在、给、叫、比、用、跟、对、朝、向、往、到、靠、由、拿、通过"等。我们只能根据具体用法来区分它们是介词还是动词。例如：

  ① 他在教室看书。   他在教室。
  ② 我给妹妹织毛衣。   我给妹妹一件毛衣。
  ③ 他用毛笔画国画。   他会用毛笔。
  ④ 老师朝大家点点头。 工厂大门朝南。
  ⑤ 他比我个头高。   他跟我比个头。

  左边加点的词是介词，跟后边的名词或代词组成介宾短语，修饰动词性成分或形容词性成分；右边加点的词是动词，做谓语中心语，带宾语。这些词是动词兼介词。

有一些词虚化得比较彻底，已经不能独立使用了，这就成了纯粹的介词，如"从、被、把、对于、关于"等。它们跟动词的区别是：介词不能单独充当谓语（即使带上名词也不能充当谓语），不能重叠，不能带"了、着、过"表示动态；而动词一般可以。

顺便说一下，当"在"表示正在的意思时，是副词，如"他在看书"。而上文提到的"在"是动词兼介词，如"他在教室|他在教室看书"。

四、常用介词辨析

有些引介对象相近的介词容易发生混淆。这里举例性地选择几组介词进行比较。

（一）对—对于

两个词都可以引介跟动作有关的事物或支配的对象。例如：

① 对(对于)他们提出的请求，我从来都尽力而为。
② 对(对于)她的死，街上有很多议论。
③ 对(对于)这种人，我向来很讨厌。（讨厌……这种人）

介词"对"是由动词"对"虚化来的，所以有"对待、对付"或"朝、向"的意思；"对于"没有这种用法。例如：

④ 有的城里人对民工很刻薄。
⑤ 刘德华对观众挥了挥手。

（二）对于—关于

两者意义和用法都不同。"对于"引介动作的对象，"关于"的宾语表示动作行为关涉的事物或范围。例如：

① 对于农村和农民，我非常熟悉。（熟悉……农村和农民）
② 关于这条河，民间有很多传说。

如果引介的宾语既是动作的对象，也是动作关涉的范围，则用两者都可以。例如：

③ 对于(关于)你的问题，我们会认真研究的。
④ 对于(关于)农业，政府已经出台了很多政策。

"关于"总是位于主语之前，"对于"还可以用于主语之后。例如：

⑤ 我对于这儿的情况非常熟悉。

另外，"对于"还可用于"对于……来说(说来)"的格式，"关于"不能。例如：

⑥ 对于这样的女人来说，一个小小的失误就会使前程艰难。

（三）除—除了

两者都表示将某方面不计在内的意思，但在用法上有一些差异。所有能用介词"除"的地方都能替换成"除了"，但不能反过来说。这样我们先以"除了"为例。"除了"的使用有三种情况：

1. 排除式：将"除了"引介的对象排除在外。例如：

① 除了孟明和我几个知情人以外，别人对他的戒备都大大松懈了。
② 除了邢老汉还皱着眉头而外，大伙儿都笑了。
③ 那时的苏宇除了单薄外，已经很像一个成年人了。

2. 包容式：将"除了"引介的对象包含在内(此时后面多用"还""也"呼应)。例如：

④ 这条小河上除了木桥与浮桥之外，还有两只橡皮船。
⑤ 航班频频被延误，除了天气因素外，也有机械故障等方面的原因。

3. 二选一式："除了"引介的内容跟后边的内容选择其一。例如：

⑥ 四周除了雪就是冰，没有丝毫绿色的痕迹。
⑦ 沈先生的一天，除了看小说，就是写小说。

"除"只能用于排除式和包容式，不能用于二选一式。

另外，它们都能用在"除(除了)……外／以外／之外／而外"格式中，但"除"必须用于这个格式；"除了"还可以单独出现，如上面排除式和包容式的例句中各个包含"除了"的句中，"外／以外／之外／而外"都可以拿掉。

（四）为—为了

两者都可以表示目的。例如：

① 他这样做是为(为了)表现自我。
② 我为(为了)她而放弃了一切。

但"为"还可以用于表示原因，"为了"不能。例如：

③ 我为自己酒后失态而羞愧。
④ 他可从来没有为房子、车子和票子发过愁。

（五）自—自从

两者都引介时间的起点。"自"可引介时间、处所、系列动作或状态的起点，而"自从"只能引介时间起点。例如：

  自公布之日起 自冰岛出发 自开战至和谈 自静到动

  自从建国以来 自从上了大学 自从有了这个职业

"自"表示的时间可以是过去，也可以是现在或将来；而"自从"所表示的时间只能是过去的。如"自昨天起、自今天起、自明天起"都可以说，而"自从今天起、自从明天起"不能说，只能说"自从昨天起"。

第三节 连词

连词是在语法结构中只起连接作用的虚词。例如：

  和 跟 及 而 并且 或者 如果 不但 但是 因为 所以

连词可以连接词、短语、句子，有的连词甚至还能连接比句子大的单位。

一、连词的语法功能

（一）连词不能充当句子成分。它只有连接作用，表示两个语法单位之间的各种关系，不起任何修饰或补充的作用。

（二）连词既可以用于主语之后，也可用于主语之前，这是连词区别于其他词类的一个重要特点。例如：

  ① 因为它从甲骨文演变而来，所以有许多字与甲骨文很相似。

  ② 它因为从甲骨文演变而来，所以有许多字与甲骨文很相似。

当然，这有一定的条件。上面每个例子中所包含的两个小句的主语相同，此时连词可以用在前一个小句的主语之前或之后；如果两个小句的主语不同，连词一般用在主语之前。例如：

  ③ 因为警方只授权他发表简短声明，所以他无法提供具体细节。

  ④ 只要人人都献出一点爱，世界将变成美好的明天。

二、连词的分类

根据连接对象的差异，连词可以分成以下几类：

（一）词语连词

这类连词在词或短语之间起连接作用。例如：

  和　与　同　跟　及　以及

这些连词只能用来连接词或短语，不能用来连接分句。它们一般单独起连接作用，如"我和你、傲慢与偏见、汉语跟其他民族语言、作战指挥以及后勤保障"。

（二）句间连词

这类连词在分句之间起连接作用。例如：

  如果……，那么／就……　　虽然……，但是……
  因为……，所以……　　　　不但／不仅……，而且……
  尚且……，何况……　　　　尽管……，可是／但是……
  只要……，就……　　　　　只有……，才……
  要么……，否则……　　　　与其……，不如……
  即使　然而　还是　宁可　以致　从而　于是

这些连词只能用来连接分句，不能用来连接词语。它们常常配对使用，相互应和。有时虽然形式上只出现一个，但这种相互配合、应和的关系仍然存在。例如：

  ① 我对电脑不太懂，可是这个小问题还是能解决的。

  ② 虽然我对电脑不太懂，这个小问题还是能解决的。

例①形式上的"可是"同隐含的"虽然"之类的关系词语相应和；例②形式上的"虽然"和隐含的"但是"之类相应和。不过，汉语这种成对出现的关联词，如果只出现一个的话，一般出现在后面小句的句首，起到居中连接前后内容的作用。如例②通常说成：

  ③ 这个小问题还是能解决的，虽然我对电脑不太懂。

关于句间连词的语义和用法，是复句内容的重点，我们将在第八章"句子系统（下）——复句"中具体说明。

（三）两用连词

"并、并且、而、而且、或、或者、还是、要么"既能做词语连词，也能做句间连词。例如：

① 我相信父母也绝不同意我走这样的一条路，因为我成长在一个传统并且安静的家庭。
② 他上知天文，下懂地理，并且熟悉人间万物的自然法则。
③ 中国人把在美国出生的中国人叫 ABC，或者香蕉人，外面是黄的，可是里面却是白的。
④ 假如温度过高过低，或者酸碱性过大过小，酶就不会发生作用。

三、连词和关联副词的区别

有些副词也有一定的关联作用，如"就、也、都、还、更、又、再、却、便"等。它们可以单用，也常跟连词配合使用。例如：
① 我没有大衣，没有围巾，也没有手套和帽子。
② 如果你不帮忙，他就没法完成任务。
③ 他这次不但输了，还输了个精光。
④ 无论是谁都不能站在法律之上。

上面这些句子，如果拿掉连词"如果、不但、无论"，句子意思不变；如果拿掉加点的副词，句子或者不成立，或者意思改变了。可见这些副词在句中有重要的关联作用。但我们不能将这些副词归入连词当中。因为连词既可以用于主语之后，也可用于主语之前，而上面这些起关联作用的副词都只能用在主语之后，位置比较固定。由此可见，副词主要还是起修饰作用，关联作用是副词充当状语的副产品。

四、连词和介词的区别

有些连词和介词同形，如"和、跟、同、与、及"等。例如：
① 我和他是好朋友。（连词）
② 我和他交涉过了。（介词）

这就需要根据连词、介词的语法个性来分析它们用做连词或介词的条件及其语义差别。我们可以用下面四个标准来衡量：

（一）前后成分能否换位。连词连接的两个项目构成联合关系，可以前后换位，而不影响语义表达，介词则不可。例如：

① 大李和小李都会两种外语。　　　　　　　　　　　（可以换位）
② 我在旅途上已经看了很多山和很多云。　　　　　　（可以换位）
③ 阳阳跟爸爸说过这件事。　　　　　　　　　　　　（不能换位）
④ 他常常和大人交谈，虽然他不能够完全听明白。　　（不能换位）

（二）能否插入别的成分。介词前边可以插入其他修饰成分，如上面的例④；连词则不能。

（三）能否用相互照应的词语。"和"等做连词时，被连接的两项词语后面可以用"都"来总括，如上面的例①；介词不能。

（四）能否出现在句首。"和"等做连词不能出现句首；介词则可以。例如：

和大李相比，小李的英语发音要标准多了。

五、常用连词辨析

（一）及—以及

都是表示并列关系的连词。"及"可以连接名词(短语)，所连接的成分中间没有停顿，不能用逗号；"以及"多连接名词短语、动词短语，也可以连接名词和分句，"以及"前可以停顿，有逗号。例如：

① 为了加快研究进度，刘教授及课题组成员干脆住在了实验室。
② 新郎不时偷看那根草绳以及新娘的脸色。
③ 教课，做研究，以及指导研究生，他都干得很出色。
④ 她的父亲、丈夫以及婆婆在这方面向来是守口如瓶。

（二）和—而

都是可以表示并列关系的连词。"和"一般连接名词性成分，如"历史和现实""诗人、小说家和评论家"；连接动词和形容词时受一定的条件限制。

"和"连接动词做述语时，几个动词一般需共管一个宾语，或者有共同的修饰语；连接形容词时一般要有共同的修饰语，或者共管一个中心语。例如：

① 会议讨论和决定了今年的活动方案。／＊会议讨论和决定了。
② 每个人都[努力地]学习和工作。／？每个人都学习和工作。
③ 牛郎织女的故事[非常]美丽和凄婉。／＊牛郎织女的故事美丽和凄婉。
④ 这是一个鲜为人知、充满了(哀伤和美丽的)动人故事。

"而"不能连接名词性成分，一般连接形容词性成分，连接时没有什么条件限制。例如：

⑤ 牛郎织女的故事美丽而凄婉。

⑥ 它仿佛承受不了那高而陡峭的干草房顶的重压而深深陷进了地里。

"而"连接动词的用法是文言格式的遗留，动作含有先后的意味，如"分而食之""战而胜之""人群一哄而散""流星一闪而过"；有时连接正反两面的意思，如"公而忘私""能执行而不执行，等于放弃责任"。

"而"还可以连接动词和它的状语。例如：

⑦ 为中华之崛起而读书。

⑧ 为建设一个富强、民主、文明的现代化国家而奋斗！

（三）或者—还是

都是表示选择关系的连词。"或者"用于陈述，"还是"用来构成选择疑问。例如：

① 这个小角色或者你来演，或者他来演，谁都一样。

② 此刻商店的灯火已经熄灭，而那些家庭的灯火也已经或者正在熄灭。

③ 是人民群众还是精英分子在创造着历史？

④ 你是想品茶还是想喝咖啡？

有时整个句子是一个陈述句，但分句中用了"还是"仍带有一定的疑问性质，不是单纯的选择。例如：

⑤ 看看天色已黑，柳生迟疑起来，不知是在此露宿，还是启程赶路。

⑥ 我当时的心情十分古怪，说不准是悲哀还是不安。

"或者"可以呼应着叠用，"还是"不能。例如：

⑦ 谁要想动手术，就得给医生送点儿什么，或者叫红包，或者叫劳务费，或者叫回扣。

（四）或者—要么

都是表示选择关系的连词。"或者"可以呼应使用（"或者……或者……"），也可以单用，连接分句或词语；"要么"必须呼应使用（"要么……要么……"），而且只能连接分句。在连接句子时，有时可以换用，但表达的意义有差别。

"或者……或者……"表示可此可彼的意思，两者中任何一个都可以，有时两者都可以；"要么……要么……"表示非此即彼，二者必居其一，但语气要显得委婉些，多一些口语色彩。例如：

① 这幅名画，或者挂在卧室，或者挂在客厅。　　（选其一）
② 休息时，或者喝点儿茶，或者喝点儿牛奶。　　（选其一，也可两者都行）
③ 要么请他来帮忙，要么你自己想办法去解决。（必选其一）

（五）由于—因为

都是表示原因的连词，一般可以互换。"由于"常用于书面语，"因为"可用于口语和书面语；"由于"可以跟"所以"呼应，还可以和"因而、因此"呼应，而"因为"一般只跟"所以"呼应。例如：

① 由于他缺乏对以后的预见，所以他迟早也将在劫难逃。
② 这种壮举由于一生中只能进行一次，因而具有绝顶的重要性。
③ 由于这片野性的土地从未获得泪水的滋润，因此永远也萌发不出柔情的种子。
④ 因为他的话被别人误解了，所以显得很激动。

"由于"引出的偏句不能放在正句的后边，"因为"则可以。例如：

⑤ 她有些紧张地望着他，因为他的神色有些凶狠。

（六）只有—只要

都是表示条件的连词。"只有"表示必要条件，"只要"表示充分条件。"只有"跟"才"呼应，"只要"跟"就"呼应。例如：

① 我娘常说，只要人活得高兴，就不怕穷。
② 我娘常说，只有人活得高兴，才不怕穷。
③ 她只要往台前一站，就显得惊慌失措。
④ 她只有每次考试都得优，父母才不生气。

（七）而—而且

"而"表示转折，单独使用；"而且"表示递进，常跟"不但、不仅、不光"相呼应。例如：

① 大多数同学假期里都选择了外出旅行，而赵敏却整天泡在图书馆里。
② 他不但会说普通话，而且还会几种汉语方言。

（八）何况—况且

都是表示递进关系的连词。两者都可以用在陈述句中。例如：

① 这点儿钱连修一座大桥都不够，何况／况且这笔钱还不能全部用于架桥修路。

但是，"何况"可以用在反问句中，表示进一层的意思；"况且"不能这样用。"何况"可以跟"尚且"配合使用成"尚且……，何况……"，"况且"也不能。例如：

② 连许多成年人都抵御不了其间的诱惑，何况身心俱幼、极易受环境影响的孩子们呢？

③ 山沟里，四肢健全的人尚且生活艰难，何况一个失去双臂的女孩子！

第四节　助词

助词是附着在实词、短语之上的虚词。助词只表示语法意义，没有实在的词汇意义。根据出现的位置，可以把助词分为两类：

后附的助词：的　地　得　似的

　　　　　　们　多　来　把　等　等等　什么的

　　　　　　了　着　过　看　的　来着

前附的助词：所　给　被

由于每个助词的意义和用法都个性鲜明，掌握起来有一定难度，因此一直是汉语学习的重点和难点。

一、助词的语法功能

助词黏附性强，必须附着在其他词语的后头或前头。也就是说，助词不能脱离其他语言单位而独立使用。

凡是后附的助词都读轻声，前附的助词都不读轻声。

二、助词的分类

根据其在所"助"结构中发挥的作用不同，可以把助词分成结构助词和动态助词两大类。

结构助词附着在词或短语的前后，组成某种结构关系。常见的结构助词包括"的、地、得"以及"似的、一般、一样，所、被、给，等、等等、什么的"等。还有用于表示群体概念的助词"们"和用于数量结构中的助词"多、来、把"，我们在第四章"名词"和"数词"这两节中分别作了说明，请参看。

动态助词附着在动词、形容词之后，表示时态，即表示动作或性状在进行、变化过程中的情况。常见的动态助词包括"了、着、过"以及"看、的、来着"等。

下边对这两类助词分别讨论，重点介绍各个具体助词的语法特征。

三、常见结构助词

结构助词的内部语义关系比较复杂，因此各个结构助词表现出来的语法特征也有很大差异。

（一）的、地、得

结构助词"的、地、得"主要是把中心语和附加语连接起来，表示某种结构关系，是最常见的结构助词。

"的、地、得"在口语中都读轻声(·de)，但作用不一样。这样，在现代汉语书面语中习惯上写成三个不同的字。

1. **的**：连接一部分定语和中心语，构成名词性的偏正短语。"的"是定语的标志。例如：

　　孩子的心灵　房间的一角　浪漫的故事　新栽的树

　　北风呼啸大雪纷飞的夜晚　　此起彼伏的阵阵松涛

"的"常常附加在一个词或短语的后边，构成一个"的"字短语(也叫"的"字词组、"的"字结构)。例如：

　　太阳系的　贵的　国产的　他的　那样的　工作的　用的

　　开商场的　你所不知道的　穿着白裙子的　从天上掉下来的

"的"字短语的作用相当于一个名词，代替后面省略了的名词，在句中做主语或宾语。例如：

① <u>最不可理解的</u> ‖ 是这个世界竟然可以理解。

② <u>原来你</u> ‖ 不是<u>卖书的</u>，是<u>买书的</u>。

2. **地**：连接一部分状语和中心语。"地"是状语的标志。例如：

　　优雅地转身　　迅速地转身　　悄悄地离开　　愤怒地挥着拳头

　　高高兴兴地玩　一张一张地贴　　整天东家长西家短地拨弄是非

3. **得**：连接一部分述补短语的中心语和补语。"得"是补语的标记。中心语在前，补语在后。例如：

跑得快　记得不准　冲得上去　潇洒得很

吓得一声也不敢言语　这支歌唱得她泪眼蒙眬

(二) 似的、一样、一般

表示比况意义时，三个词的用法基本相同：可以附着在实词或短语之后，整体充当修饰语或谓语（常跟"像、仿佛"配合使用），表示比喻、相像。它们常常跟"像、跟、和、如同"配合使用；由"一般、一样"构成的短语做定语时要带上"的"，做状语时要带上"地"。"似的"读做 shìde。例如：

① 大家欣赏着她那孔雀开屏似的身姿。

　　大家欣赏着她那孔雀开屏一样／一般的身姿。

② 火车飞似的向前驶去。

　　火车飞一样／一般地向前驶去。

③ 家里装饰得跟展览会似的／一样／一般。

④ 月牙泉像一颗宝石似的／一样／一般，镶嵌在大沙漠上。

⑤ 幻像中的山景水色，像春梦一般。

　　狂风怒号，暴雨如泻，仿佛老天爷动了怒把天河开了口子似的。

相比较而言，"似的"多用于书面语，而"一样、一般"多用于口语。有的教材将"似的、一般、一样"叫做比况助词。"一样、一般"除了做助词外，还能做形容词，"一样"还可以做数量词。

(三) 所、被、给

1. 所：经常附着在动词前边，组成"所"字短语，作用相当于一个名词。例如：

所见　所闻　所想　所知　（各尽）所能　所接触(的)

"所"字短语一般做定语（带上"的"）修饰别的名词，其中的名词在语义上是"所"后动词支配的对象。例如：

所写的歌词　所积累的资料　所走过的路　所遇到的选手

在句子中，这种定中结构中的"所"字，常常可以不出现。例如：

① 我(所)遇到的选手，可以说个个优秀，每个人都有自己的优势。

② 海啸是由地震、火山爆发或强烈风暴等(所)引起的海水巨大涨落。

2. 被

直接用在谓语动词前面，整个句子表示被动的意思。例如：

① 树上的苹果都被摘光了。

② 这部小说被改编成了电视连续剧。

这种被动句中的"被"后面没有出现动作的发出者。如果"被"后出现了动作的发出者，如"树上的苹果都被人摘光了"，这时的"被"是介词，而不再是助词。

3. 给

直接用在谓语动词前面，整个句子表示被动、处置等意思，有加强语气的作用。多用于口语。例如：

① 圆明园里的建筑都给烧光了。

② 屋子被姑娘们给收拾得干干净净。

③ 请大家在地图上把到过的地方给标出来。

这种"给"既用于被动句(如例①的受事主语句、例②的"被"字句)，也用于主动句（如例③的"把"字句）。无论何种情况，动词支配的对象一定出现在"给"之前，做主语或"把"的宾语。类似例①的句子，如果"给"后出现了动作的发出者，如"圆明园里的建筑都给英法联军烧光了"，这时的"给"是介词，而不再是助词。类似例②③的句子，动作的发出者已经在前面出现后，便不能再在"给"的后面出现了。

(四) 等、等等、什么的

这三个词都可以表示列举未尽。例如：

① 最早来的艺术家为这个村子做了不少好事，比如出资安路灯、修马路等。

② 火山喷发的大量气体中含有一氧化碳和二氧化硫等有害气体。

③ 想当语言学家得有哲学、逻辑学，甚至数学等等各个方面的知识。

④ 车子上装着很多水果，有苹果、梨、桃子、橘子什么的。

⑤ 拉萨城说大不大，但说小也不小，平常上下班、朋友聚会什么的，没有车不方便。

"等、等等"多一些书面语特征，后面可以有概括性的内容，如例②中的"有害气体"、例③中的"各个方面的知识"；而"什么的"含有较重的口语色彩，后面不能有概括性的内容。

另外，"等"还有列举已尽的用法，用在列举末项之后，这时后面往往有数量短语。例如：

⑥ 联合国使用汉语、英语、法语、西班牙语、俄语、阿拉伯语等六种工作语言。

四、常见动态助词

动态助词主要包括"了、着、过"及"看、的、来着"等。

(一) 了、着、过

1. 了：表示动作的完成或变化的实现（即状态的出现）。通常称这种动态为完成态。

一般而言，动作行为有一个开始到完成的过程，状态也有开始出现到变化结束的过程。用"了"就可以表示这种动作或状态的变动情况。例如：

　　吃了午饭　到了乡下　读了一遍　宴会进行了三小时

　　多了一些　天色暗了　花儿红了　思路清晰了

母语为非汉语者对汉语的动态助词"了"的使用不好把握（汉语中还有一个表示语气的"了"，下一小节"语气词"中再作说明）。其实，关键在于抓住一点：动态助词"了"用在突出某种结果出现（即或者是动作的完成，或者是变化的实现）的场合。这种结果的出现隐含着存在某一过程。例如：

① 前一段时间他们的乐队出了专辑，有了点儿名气，他就随乐队搬到市区住去了。

② 我被塞进了一辆警车，被送到了一个不知名的露天沙场，在那儿做起了苦力。

③ 我给他解释了半天，好不容易才让他明白。

④ 几场球踢下来，他们的水平高了许多。

⑤ 刚入冬就一连阴了七八天。

这些句子中的"了"显然都是突出某种结果。

在表达一连串动作的句子中，动态助词"了"一般用在最后一个动词性成分后，就是因为表达时不怎么突出前面的动作(虽然都已经完成了)，一般要突出的就是最后一个动作的完成。例如：

⑥ 看完电影就写了篇评论。

⑦ 她跳下床穿好衣服拿起书包冲出了家门。

但前面的动词性成分之后也不是不能用"了"，如果想依次突出这些动作完成的结果，也是可以用的。例如：

⑧ 看完了电影就写了篇评论。

⑨ 她跳下了床，穿好了衣服，拿起了书包，冲出了家门。

有时"了"还可以用于未来发生的动作。例如：

⑩ 赶明儿我买了房子再请你到我家玩。

⑪ 妈妈要是知道了这个消息，一定会很高兴。

这里第一个动作先于第二个动作。其实，相对于后一个动作的出现，前一个动作也是完成了的，即已经有了结果，只不过是未来完成而已。

比较例⑥⑦和例⑩⑪，都是由两个动作构成的句子，但"了"的位置不一样。前者的两个动作都是已经发生了的，"了"用在第二个动词之后；后者的两个动作都是预期要发生的或假设要发生的，"了"用在第一个动词之后。这种位置的不同正是两种动作的相对关系不同的反应。由此可见，即便是一些意义很虚的词，表面上用法非常抽象复杂，也存在某种内在的一致性。

当然，动态助词"了"的用法比上面说的还要复杂一些，但把握了最关键的一点也就找到了突破口。

2. **着**：表示动作或状态的持续。通常称这种动态为持续态。

动作不间断地或反复地进行是一种持续，状态没有改变或不再改变也是一种持续。因此，"着"基本上用于下面两种情况：

一是动作的持续。例如：

  他们不停地唱着   大家敲着丰收的锣鼓

  外面刮着大风   天上飘着漫天的雪花

此时，动词前通常可以用"正、在、正在、一直"来修饰，如"他们正不停地唱着、外面一直刮着大风"。句末往往带上语气词"呢"，如"他正看着你呢、所有来宾都在屋里等着呢"。

二是状态的持续。例如：

  他一直在院子里站着 帽檐上绣着五环标志

  屋里亮着灯   天一直就这么阴着

"站着"指他一直保持着站这种状态；"绣着五环标志"中的"绣"这一动作已经完成了，这种动作的结果("五环标志在帽檐上")作为一种状态而持续存在；"亮着灯"和"天阴着"是(灯)亮、(天)阴这种状态的持续。

"着"还能用于伴随的状态，这也可以看做是状态的持续。此时，"着"附在前一个动词之后。例如：

  骑着自行车游天下   背着行囊旅行

"骑着自行车游天下"中有两个动作，前一动作"骑着自行车"是后一动作"游天下"的伴随动作，"骑着自行车"既是动作的持续，这种动作本身也是一种状态。

由此可见，动作的持续和状态的持续有重合的地方。这样，有时一个句子就可能兼有这两种意思。例如：

院子里堆着石头　　公路两旁栽着白杨树

"院子里堆着石头"既可指院子里正在堆石头，这是动作的持续；也可指石头堆在院子里了，这是动作后状态的持续。如果宾语前面带数量词，一般就只指状态的持续了，如"院子里堆着一堆石头、公路两旁栽着两行白杨树"。

3. **过**：表示经历某种动作或者状态，动作发生状态出现后该动作已不再进行、该状态已不再存在。通常称这种动态为经历态或经验态。例如：

读过那本书　　参观过一次　　这事儿我听说过

曾经浪漫过　　以前苦过　　她从没这么高兴过

值得注意的是，说某个动作曾经发生过、某个状态曾经存在过，目的不在于过去的动作或状态本身，而是着眼于这个动作或状态跟"当前"正在讨论的事情有关，或者对正在谈论的话题有影响。例如：

① 我读过那本书，有些观点很不错的。

② 我读过那本书，可是具体的细节已经忘记了。

③ 我也曾经浪漫过，可是现在越来越现实了。

（二）看、的、来着

1. **看**：用在动词性成分后表示尝试。通常称这种动态为尝试态。此时动词常用重叠形式或带上动量或时量补语。例如：

穿穿看　　说说看　　大家动动脑筋看

走几步看　　飞一次看　　先做几天看

2. **的**：用于动宾短语之间，表示事情发生在过去。例如：

① 火车凌晨五点到的站。

② 你在哪个学校学的这一口流利的外语？

③ 他搭村里拉白菜的三轮车进的城。

④ 他们是按照上级的意思做的安排。

⑤ 今天是刘老师替李老师讲的课，李老师生病了。

此时强调跟动作有关的时间、处所、工具、方式、施事等，即强调的是紧靠在动词之前的成分。常跟"是"配合使用，"是"后面就是强调的内容。这是一种强调句式，具体说明参见第七章"句子系统(上)——单句"中关于"是……的"句的分析。

3. **来着**：位于句末，表示某一情况曾经发生过，常常用于事情发生在不久前。它只用在口语中。例如：

① 昨天师傅夸你来着。

② 据说，也有别的剧院剧团想演来着，都没有演成。

③ 现在都对我客气了，刚才怎么围攻我来着？

也可用来询问曾经知道但现在想不起来了的事情。例如：

④ 那个女孩叫什么名字来着？哦，雪琴吧。

⑤ 朱信也说："金枝，我刚才说什么来着？"

助词的用法比较虚，一直是汉语学习的重点和难点。除了上面分析的结构助词和动态助词外，还有其他一些助词也颇具特色，如"连、的话、们"等，我们分别放到"连"字句(参见第七章第三节)、假设复句(参见第八章第二节)和名词(参见第四章第二节)中说明，这里就不一一介绍了。

第五节　语气词

语气词是附着在句子或别的词语后边表示某种语气的虚词。语气词都读轻声。普通话中最常用的语气词是"的、了、吧、吗、么、呢、啊、罢了"等。

一、语气词的特点

(一) 附着性强，只能附着在句子或别的词语后边。语气词一般位于句末，但也可以出现在句中停顿处。例如：

① "你吃过饭了吗？""没呢，刚刚下课。"

② 物理啊，天文啊，绘画啊，医学啊，他都懂一些。

由于语气词有很强的附着性，所以有的教材将它归入助词，称为**语气助词**。但语气词跟一般助词的用法有区别，如结构助词和动态助词，所"助"(附着)的是词或短语，而语气词所"助"(附着)的是句子。

(二) 一个语气词总是表达某种语气，但它只是表达语气的手段之一，而且常跟语调一起表达语气。

二、语气词的分类

根据语气词所出现的句子种类(句类)的不同,可以大体分成以下几类:

(一)用于陈述句

　　的　了　呢₁　啊₁　吧₁
　　啦₁　哪　呐　喽　嘛　呗　啵
　　罢了(而已)　也罢　也好　好了　着　着呢

(二)用于疑问句

　　吗　么　呢₂　吧₂　啊₂　啦₂

(三)用于祈使句

　　吧₃　啊₃　欸₃

(四)用于感叹句

　　啊₄　欸₂　呢₃

上面这些语气词中,有的是两个语气词连用而产生的合音形式(后一个语气词以元音开头)。例如:

　　了＋啊→啦 (le＋a→la)　　　呢＋啊→哪／呐 (ne＋a→na／ne)
　　了＋哟→喽 (le＋yo→lou)　　么＋啊→嘛 (me＋a→ma)
　　吧＋欸→呗 (ba＋ei→bei)

这些语气词,需要重点掌握的就是"的、了、吧、吗、么、呢、啊、罢了"这几个比较常用的语气词。

另外,"啊"作为语气词单念时,随着语气和感情的变化,有多种不同调值的念法。当它用在句尾时,由于受到前面一个音节末尾音素的影响,常常发生读音上的变化。这种音变现象,有时用不同的汉字来表示。具体变化情况见下表:

"啊"的变读表

"啊"前面音节末尾的音素	"啊"的音变	汉字写法	举例
a、o、e、ê、i、ü	ya	呀	妈呀、中国呀、真饿呀、快点儿写呀、你呀、去呀

续表

"啊"前面音节末尾的音素	"啊"的音变	汉字写法	举例
u	wa	哇	命苦哇、走哇、真旧哇
n	na	哪	难哪、天哪、真远哪
ng	nga	啊	真脏啊、香啊、怎么弄啊
-i [ʅ]	[ZA]	啊	看歌词啊、没意思啊
-i [ʅ]、er	ra	啊	是啊、闹着玩儿啊

从表中可以看出，除了第一行外，"啊"在句尾的变读都是把前一个音节末尾的音素或近似的音素加在"啊"(a)的前面组成新的音节。第一行都是在"啊"(a)的前面加上 i 构成新的音节，写成 ya。

跟印欧系语言相比，语气词是汉语中特有的一类词。它是母语为非汉语的人很难掌握的汉语语法难点之一。一般而言，有疑问语气词的语言（如汉语、日语、泰语），在构造疑问句时不需要将句中的某个成分移位。

三、语气词在句中所起的语法作用

有的语气词可以用于多种不同句类。例如：

① 不必强求他了，人各有志啊。（陈述句）
② 这次托福考得怎么样啊？　　（疑问句）
③ 快传球啊！　　　　　　　　（祈使句）
④ 这可是天下第一美景啊！　　（感叹句）

这些句子中的"啊"都可以删除，但用不用"啊"语气上有一些差别，用了"啊"比不用时语气显得缓和一些。这说明，"啊"在语气表达上具有内在一致性。又如：

⑤ 这儿不算龙须沟,龙须沟在北边儿呢。　　　　　　　　（陈述句）
⑥ 他们为什么偏偏选择了我这个"外人"来担此重任呢？　（疑问句）
⑦ 等着瞧吧，好戏还在后头呢！　　　　　　　　　　　（感叹句）
⑧ 真够漂亮的，这套西服是新买的吧。　　　　　　　　（陈述句）

⑨ 这些人都是学生的家长吧？　　（疑问句）

⑩ 让他们准备去大西北吧。　　（祈使句）

虽然这些句子也可以不用语气词，但陈述句中用了"呢"意在提醒对方，疑问句中用了"呢"意在探问，感叹句中用了"呢"带有夸张语气；"吧"用在陈述句和疑问句都表示猜测，但用在陈述句增加了"疑"的成分，用在疑问句中增加了"信"的成分，祈使句用了"吧"比不用时增加了"商量"的成分。我们只要将这些语气词拿掉后进行比较就能感受出来。

下面是一些常用语气词所表达的主要语法意义：

呢：表示不容置疑(用于陈述句)、疑问(用于疑问句)、夸张(感叹句)。例见上。

吧：表示猜测(用于陈述句、疑问句)或商量(用于祈使句)。例见上。

啊：增加感情色彩，舒缓语气。例见上。

吗：表示疑问，希望得到证实。例如：

① 你不认识他吗？难道他不是你的初中同学吗？

② 食堂的饭好吃吗？

么：表示可疑，常带有反问的意味。例如：

① 他不上班就有工资，你也能么？

② 这门技术有那么难掌握么？

的：表示情况本来如此，加强肯定语气。例如：

① 别担心，没事的。

② 这次考试，是我亲自监考的，不会有问题。

罢了：表示把事情往小里说(由于谦虚、轻视或安慰人等)。例如：

① 没什么大不了的，不过是举手之劳罢了。

② 就一个小厂长罢了，有什么好怕的？

③ 不用紧张，电脑不过是中了小病毒罢了。

了：表示已经如此、出现新情况。它肯定事态出现了变化或即将出现变化，表示一种确定的语气，以提请听话人注意"了"句所表达的新信息、新情况。例如：

① 下雨了！

② 都已经是春天了，你还穿得这么厚。

③ 我早没有这份闲心了。

④ 大会开始已经十五分钟了，你怎么还不来？

⑤ 老师今天不能来了，他病了。
⑥ 老了，眼花耳聋了。
⑦ 《红楼梦》我已经看了十遍了。

语气词"了"有成句的作用。如说"他擦了黑板"，句子意思还没有表达充分，而说成"他擦了黑板了"，句子就完整了。

四、动态助词"了"和语气词"了"的区分

由于"了"既可以做动态助词(如"吃了晚饭、天阴了半个月")，也可以做语气词(如"吃晚饭了、下雪了")，二者有时不好区别。这里将它们单独拿出来比较说明。

动态助词"了"表示动作的完成或变化的实现，一般记做"了$_1$"；语气词"了"指新情况的出现，一般记做"了$_2$"。二者有一些关键的区别之处：

1. 凡是句中的"了"都是"了$_1$"。例如：

做了$_1$报告　　看了$_1$三遍　　做了$_1$一个小时的实验

2. 当"了"位于句尾时，如果出现在名词性成分(名词、代词、数量词)之后，都是"了$_2$"。例如：

做报告了$_2$　　找到你了$_2$　　实验已经两天了$_2$

这样，两个"了"就有可能同时出现在一个句子中。例如：

做了$_1$报告了$_2$　　批评了$_1$他了$_2$　　看了$_1$三天了$_2$

当我们强调动作或状态的变动情况本身时，实际就是在强调一种"动态"过程，这就是动态助词；而当我们强调新情况、新状态跟现在的联系时，这就是语气词。如"吃了晚饭"，重在强调动作过程的完成，吃晚饭的事件结束了；"吃晚饭了"，强调吃过晚饭这种新情况跟现在的联系，不着眼于吃晚饭事件的过程，而是意味着现在饱着、不需要再吃了之类。所以，当两个"了"配合使用时，前面的"了"是动态助词，后面的"了"是语气词。因为动态跟事件动作有关，所以靠近动词；而语气词是用来表示整个表达的语气的，所以放在句末。

如果句尾"了"前边是个动词，如"我吃了"中的"了"，可能有三种情况：(1)"了"既可能是动态助词，"我吃了"来自于"我吃了饭"的省略，如"我吃了就走"；(2) 也可能是语气词，如"我吃了，现在不饿"，"我吃了"来自于"我吃饭了"的省略；(3) 还可能同时包含这两种用法，"我吃了"来自于"我吃了饭了"的省略，省去"饭"后两个"了"合而为一。又如"妹妹哭了"有两种意思：一种是，妹妹刚

才没哭，现在开始哭了，此时是"了₂"；另一种是，妹妹刚才哭了，现在已经不哭了，此时是"了₁+了₂"。例如：

① 你看，妹妹都哭了₂，快去哄哄吧。
② 刚才妹妹哭了₁₊₂，哭得好伤心，这会儿又笑得很开心，真是不可思议。

五、语气词的连用

表示不同语气的语气词是可以连用的。两个表示不同语气的语气词如果连用，有时直接将两个语气词依次说出。如果后一个语气词是元音开头，就可能合成一个音节，如上面提到的"啦、哪、喽、嘛、呗"等。甚至有三个语气词连用的，此时大多出现合音情况。

语气词的连用是有层次的，语气词之间在结构上没有直接的关系。如"下雨了吧"的结构关系是"下雨了／吧"，而不是"下雨／了吧"。这就意味着不同语气词连用的顺序是有很强的规则性的。根据语气词所表达的功能的差异，可以分成这样几组：

Ⅰ 表示时态(情况本来如此)：的
Ⅱ 表示时态(情况发生变化)：了
Ⅲ 表示语气(陈述、疑问或祈使)：呢(陈述且略带夸张、疑问)、么(疑问)、吗(疑问)、吧(疑问、祈使)
Ⅳ 表示说话人的态度或情感：啊、欸

两个或三个语气词连用时，总是Ⅰ组在前，Ⅱ次之，接着是Ⅲ，Ⅳ在最后。例如：

① 我再也不能躲着藏着的了。　　　　　　　　　　（Ⅰ+Ⅱ）
② 你能肯定这样做是明智的吗？　　　　　　　　　（Ⅰ+Ⅲ）
③ 他的心肠，真是铁石铸成的啊。　　　　　　　　（Ⅰ+Ⅳ）
④ 咱俩没缘分，白好了一场，过去的就过去了吧。　（Ⅱ+Ⅲ）
⑤ 辞职可不是小事，你可要想明白了啊！　　　　　（Ⅱ+Ⅳ）
⑥ 你想来就来，不想来就不来呗。　　　　　　　　（=吧欸，Ⅲ+Ⅳ）
⑦ 你也老大不小的啦，怎么还玩儿游戏呢？　　　　（=的了啊，Ⅰ+Ⅱ+Ⅳ）
⑧ 你不是不可救药，还挺聪明的嘛。　　　　　　　（=的么啊，Ⅰ+Ⅲ+Ⅳ）
⑨ 这东西丢了就丢了呗，再做一个也不难。　　　　（=了吧欸，Ⅱ+Ⅲ+Ⅳ）

语气词的连用层次所呈现出的规律性跟不同语气词的性质有关，即它们的顺序体现了跟事件的关系：表示事态(跟事件本身有关)的在前，表示对事件性质的说明的在次，最后是说话者对整个事件的评价。这体现了语言结构的规则跟交际者的认知结构有一定的关联。

第六节 叹词

叹词是表示感叹、呼唤、应答的词。例如：

表示感叹：唉 啊 哼 呸 咦 嘿 喔 哟 哦 噢 咳
　　　　　哎哟 哎呀 哈哈

表示呼唤：喂 哎 嗳 嗨

表示应答：嗯 哎 唔 啊

一、叹词的语法特征和使用

叹词很特殊，常做感叹语，独立于句子基本结构部分之外，也能独立成句。它在句子中的位置比较灵活，但通常位于句子的开始。书面上通常用逗号或叹号将叹词跟句子的主体隔开。例如：

① "哎呀，哎哟！好痛啊！"她大叫起来，紧抱住自己的膝盖。
② 韩信说什么，哈哈哈哈，哎呀呀，我没想到，我韩信落到和樊哙（Fán Kuài）这种人来往的地步。
③ "嗨！同学，请问教二楼怎么走？""噢，顺着这条路直走。"

另外，同一个叹词可以用于表示不同情感的场合。例如：

④ 哎呀，这真叫漂亮！　　　　　（表示赞美）
⑤ 哎呀，还有几本宋代的书呢。　（表示惊喜）
⑥ 哎呀，你怎么在这儿？　　　　（表示吃惊）
⑦ 哎呀，你怎么才来！　　　　　（表示不满）
⑧ 哎呀，原来如此。　　　　　　（表示醒悟）

注意，不少叹词没有固定的书写形式，但我们要尽量采取比较通行的写法。

二、叹词和语气词的区别

像"啊、呀、哟"等词既可做叹词,也可做语气词。两者的区别在于:叹词不跟句中其他成分发生结构关系,语气词则一定要附着在句子或其他词语的后面。

第七节　虚词的辨析和使用

虚词虽然数量不是很多,但个性很强。用与不用、用这个与用那个,语法结构上和表达功能上往往有区别。虚词在造句中的作用特别重要,因此掌握好虚词是学好汉语的关键之一。

上面将各类虚词的基本语法特点作了一个简要的介绍。这里再简要地介绍一下虚词辨析和使用时要注意的方面。

一、用与不用的差别

在具体使用时看用或不用某个虚词在表达语义上有什么差别。例如:

① A. 他是教授?怎么看着一点儿都不像呀。

　　B. "他是教授吗?""当然是啦,不然怎么当博导?"

② A. 今天做不完,明天接着做。

　　B. 今天做不完,明天接着做好了。

③ A. 黑板擦干净了。

　　B. 黑板被擦干净了。

在这三组句子中,加点的词用与不用,句子都能成立,但意思上有差别。例①中"他是教授?",没有使用语气词,带有几分疑惑;而"他是教授吗?"添加了语气词"吗"后,就有要求对方证实的意味。例②中没有用语气词"好了",表示一般的陈述;而用了"好了",就有不介意、没关系的意味。例③中的两个句子都表示被动,但语义上有些差别。没有用"被(他)"的句子(即受事主语句),表示受事在某种方式("擦")的作用下出现了某种结果("干净");但用"被"的"被"字句则表示受事遭受某个方式的作用而出现某种结果,也就是说,它比受事主语句多一些蒙受的意味在里边。汉语中,如果不特别强调这种蒙受的意味,只要语义能通,就可以不用"被",这也就是汉语被动表达系统中,形式上常不需用被动形式的原因。

117

二、替换的可能性

看在相同的位置上不同的虚词能不能替换。如果能够替换，看看它们语义上有什么差别；如果不能替换，找出不能替换的条件是什么。例如：

① A. 外面下雪了。
　　B. 外面下雪呢。
② A. 大家赶紧下车，快步跟了上去。／大家赶忙下车，快步跟了上去。
　　B. 危险，赶紧撤离！／*危险，赶忙撤离！

例①中，"了"和"呢"都表示时态，但语义有所不同。语气词"了"表示新情况的出现，使用时说话的背景是"原来没有下雪"；语气词"呢"表示持续的状态，使用时说话的背景是"原来就在下雪"。例②中，"赶忙"和"赶紧"都是副词，意思都是赶快、从速，两者在陈述句中可以换用，但在祈使句中，只能用"赶紧"。也就是说，两者的差别在于适用的句子类型有别，"赶忙"只用于陈述句，而"赶紧"可用于陈述句和祈使句。

三、共现成分的相容性

看跟要分析的虚词共现的成分是什么。

凡是能够同现的内容，语义上就有相关性、相容度；共现成分的类型不同，往往意味着表达的侧重点不同。例如：

① A. 他们已经吃了饭。
　　B. 他们正吃着饭。
② A.（这可是）几千块钱呢，你一顿饭就给吃没了！
　　B.（只不过）几千块钱罢了，没什么了不起的。

例①中，动态助词"了"表示动作的完成，因此可跟副词"已经"同现；动态助词"着"表示动作正在进行，因此可跟副词"正、在、正在"同现。例②中，"呢"和"罢了"都是口语中的常用语气词，都带有夸张的语气。但是，"呢"是把事情往大里说，"罢了"是把事情往小里说。前面括号里的内容和后边接着的句子，提供的是它们的合适的语境，从中可以看出它们共现成分的差别。

四、适用位置的异同

对语义相同或相近的虚词，还要看其适用的句法位置有无不同。例如：

① A. 你既然跟他有约，就该赴约。/你既跟他有约，就该赴约。
  B. 既然你跟他有约，就该赴约。/*既你跟他有约，就该赴约。
② A. 黄金价格会多少有些上扬。/黄金价格会稍微有些上扬。
  B. 黄金价格多少会有些上扬。/*黄金价格稍微会有些上扬。

例①中，"既然"和"既"这两个连词基本同义，但"既"只能出现于主语之后，而"既然"没有这个限制，在主语的前后都可出现。可见汉语虚词（其实不仅是虚词）的音节数量对句法表达有影响。像连词"虽"和"虽然"、"一面"和"一方面"，副词"明"和"明明"、"忽"和"忽然"、"渐"和"渐渐"等等，都是如此。例②中，副词"多少"和"稍微"都表示程度浅，而且都能跟能愿动词"会""该"共现，但"稍微"只能用在能愿动词的后面，"多少"没有这样的限制。

总之，越是比较"虚"的东西，越需要放在结构关系中、放到特定语境中去比较、辨析、概括，把它们的句法特征、语义特征和语用特征抽取出来。

上面讲的这几个方面并不是要大家死记硬背，而是告诉我们分析问题时如何入手，在教学中遇到问题时如何处理，如何在学习过程中深化自己的理论知识和提高自己发现问题、分析问题、解决问题的能力。这些方面实际上也是我们分析语法现象时经常采取的思路和方法。我们常常觉得语法知识比较散，很难掌握，其实有不少语法知识是有较强的规律性的，关键在于我们是否把它放到系统中看。

第八节　词的兼类和活用

上面介绍实词和虚词的各类词的特点时，都是从一个词一个功能类型的角度来说明的。没有考虑到一个词可能兼有两个或多个词类的情况，也没怎么考虑词语临时借做他用的情况。实际上，有的词能够兼有两类或几类词的语法特征，分属不同的功能范畴；有的词虽然通常属于某个词类，但在特定的语境中可以临时被借用做其他功能。这便是词的兼类现象和活用现象。

一、词的兼类

词的兼类就是指一个词兼有不同类型的句法功能，也叫跨类现象。所谓**兼类词**，就是指经常具备两类或几类词的主要语法功能的词。例如：

① 语言学是一门领先科学。
② 这样的设计方案非常科学。

例①中的"科学"受数量词"一门"修饰，做宾语的中心语（带了定语），因此属于名词。例②中的"科学"受程度副词"非常"修饰，做谓语的中心语，因此属于形容词。而且，这两处的"科学"在语义上有联系，因此我们把它看做一个词而兼有两类词的语法功能，即"科学"是一个兼类词。"标准、道德、典型、烦恼、规则、规矩、关键、精神、经济、困难、矛盾、秘密、痛苦、危险、文明、艺术、自然"等词都跟"科学"一样，是名词兼形容词的兼类词。又如：

③ 只有勇敢地面对困难，才能积极地战胜困难。（名词）

④ 在干草堆里找一根针很困难。（形容词）

名词兼动词的情况也很常见，如"病、画、锁、圈、编辑、代表、裁判、参谋、导演、翻译、工作、关系、活动、计划、教授、决定、领导、签证、通知、习惯、移民、指示、组织"等。例如：

⑤ 他们一共派来了三位代表。（名词）

⑥ 大家一致推举她代表全体新生发言。（动词）

形容词兼动词的用法在汉语里也不少，如"滑、累、忙、热、清楚、纯洁、端正、繁荣、方便、丰富、固定、活跃、健全、明确、密切、普及、疏远、坦白、协调、严肃"等。例如：

⑦ 我清楚我真正的舞蹈生涯从现在起才算正式开始。（动词）

⑧ 我能用中文交流，说得很流利，写得也很清楚。（形容词）

⑨ 我特别清楚目前我们处于怎样的处境。（动词）

例⑦中的"清楚"带宾语，是动词。例⑧中的"清楚"做补语，受程度副词修饰，是形容词。例⑨中的"清楚"，既带宾语又受程度副词修饰，也是动词（带宾语是及物动词的基本特征）。因此"清楚"兼有两类词的语法功能，是一个兼类词。当然，就形容词兼动词而言，大多数倒是只有⑦⑧两类特征，像"纯洁、端正、繁荣、丰富、固定、活跃、健全、密切、普及、疏远"等都是如此，如可以说"活跃思想"和"思想很活跃"，但不能说"很活跃思想"。同时具有例⑨这两类特征共现的情况比较少。这些兼类词中动词的语义都是形容词的使动用法，如"活跃思想"就是"使思想活跃"。

像"规范、保险、便宜"等则是兼有名词、动词、形容词三种属性，如"制定规范、规范管理行为、行为很规范"。

不但实词内部不同类型之间可以兼类，实词和虚词之间也可以兼类。如"实在、非常"都兼有形容词和副词的特征，"在、比、朝、向、给、对"都兼有动词和介词的特征。虚词内部不同类型之间也可以兼类，如"和、跟、同、与"都兼有连词和介词的特征。

确定兼类词，需要将兼类词和同音词加以区别。兼类词属于同一个词而兼不同的语法类，它们声音相同，词义有联系，词形上也一致。而**同音词**属于不同的词，只是声音相同，词义没有联系，词形上可能相同也可能不同。词形相同的同音词如：

⑩ 农民们在打井。

　　打今天起，你就是我们中的一员了。

⑪ 他在办公室里别文件。

　　你别走，我还有事要麻烦你。

　　除了他，别的人都走了。

例⑩中，"打井"中的"打"带宾语，是"挖掘"义，是动词；而"打今天起"中的"打"引介时间，是"自、从"义，是介词。两者语义上没有关联，只是声音偶然相同，因此是不同的词。例⑪中，"别文件"中的"别"带宾语，指用别针把几样东西附着、固定在一处，是动词；而"别走"中的"别"修饰动词，表示劝阻，意思是"不要"，是副词；"别的人"中的"别"修饰名词，意思是"另外、其他"，是代词。三者也没有语义关联，属于不同的词。由此可见，意义上是否有密切关系是区分兼类词和同音词最为关键的因素。

同音词中还有不但意义没有关联，甚至词形也不相同的情况。例如"攻势—公式—工事—公事—宫室"，它们的读音都是 gōngshì，但语义并没有相关之处。

二、词类活用

词类活用指的是甲类词在特定条件下临时用做乙类词。例如：

① 一艘木船，桨来几多欢乐、几多悲壮和离别的乡愁。

② 我同时机械地拧转身子，用力往外只一挤，觉得背后便已满满的，大约那弹性的胖绅士早在我的空处胖开了他的右半身了。

③ 沙发几上供着一插康乃馨，窗外盛开着满树芙蓉。

例①的"桨"本是名词，指划船的工具，这里活用为动词，指用桨划。例②的"胖"本是形容词，指身体肥，这里活用做动词，指因胖而使身体把空间塞满了。例③的"插"本是动词，指在沙发几上插康乃馨这一动作，这里活用为量词，用做所插的康乃馨的物量词。词类活用属修辞现象，往往能取得生动形象的表达效果。

词类活用与词的兼类相似之处就是活用前后、所兼两类在语义上有内在联系，不同之处是：词类活用中句法功能的转变只是临时的，而词的兼类中一个词所具有的几种句法功能都是一种常态。如果词典标注词性的话，兼类词要标注出不同的词性，词类活用只能标注出本用的词性。

思考与练习五

一、用短竖线"|"把下面一段话的词划分开，并指出每个词的词性。

我很客气但更坚决地送走了他。站在阳台上，看着他在街的拐角处消失，一种淡淡的忧愁袭上我的心头。唉，他还会回来吗？也许永远也不会再来了，我想。

二、指出下列各组中加点的词各属于什么词类。

1. 在
    ① 他们在图书馆查资料。
    ② 你知道他在哪儿吗？
    ③ 他整天都在看《三国演义》。
    ④ 他在这个问题上一直拿不定主意。

2. 比
    ① 孩子想跟爸爸比个子，爸爸没同意。
    ② 这小伙子长得比姚明还高。

3. 把
    ① 两手把着门框站着。
    ② 妈妈抓了一把米喂鸡。
    ③ 你去把黑板擦干净。

4. 给
    ① 赵老师给我们开了一门写作课。
    ② 赵老师给每个学生一本他的专著。
    ③ 我把借书证给弄丢了。
    ④ 我刚买的自行车又给人偷走了。

5. 要
    ① 他的情况你要关心关心。
    ② 我有要事跟你商量。
    ③ 孩子要了一本美术书。
    ④ 孩子要买一本美术书。
    ⑤ 明天要下雨，你就不必去了。
    ⑥ 他要去，你就答应他吧。

6. 拿

　　① 快点儿把这些东西拿走。

　　② 别总是拿我开玩笑。

7. 好

　　① 他跑得好快，我根本追不上。

　　② 这孩子真是个好孩子。

8. 丰富

　　① 这次教学实践，丰富了我们的学习经历。

　　② 这个留学生掌握了丰富的汉语文化知识。

　　③ 我们留学生的业余文化生活丰富多彩。

9. 一起

　　① 我们一起走吧。

　　② 他俩在一起生活了近五十年。

10. 光

　　① 他把家具擦得很光。

　　② 他经常在烈日下光着脚走路。

　　③ 事情这么多，光靠我一个人肯定不行。

三、下列各句中的副词"就"在表意上有什么不同？

　1. 这孩子，不管什么事，你不让他做，他就要做。

　2. 既然所有人都答应了，就这么着吧。

　3. 就剩下一张奥运会开幕式的门票了。

四、举例说明如何区分连词和起关联作用的副词。

五、根据下列例句归纳介词"除了"的语法意义。

　1. 考试抄袭，除了成绩记做零分，还要给予处分。

　2. 一到周末，我除了睡大觉，什么都不干。

　3. 旧日的龙须沟，除了苍蝇，就是蚊子。

　4. 这趟香港之行，我除了参加一些学术活动之外，还见了几个老朋友。

六、"和""跟"有时是连词，有时是介词，如何判定？

七、归纳下列短语中"和""并""而"连接并列项时的用法(前加*的句子表示不能说)。

　1. 和

　　① 工人和农民　中国和阿根廷　今天和明天

②北京、天津、上海和重庆。

③他的话是那样明确和有力。（*他的话是明确和有力。）

④事情还要进一步调查和了解。（*事情还要调查和了解。）

⑤我还要说明和补充几句。（*我还要说明和补充。）

2. 并

①讨论并通过　描写并解释

②要继续保持并发扬优秀的民族传统。

③这些错误他们都发现并改正了。

3. 而

①少而精　严肃而认真　光荣而伟大

②这篇散文的文笔简练而生动。

③他计算得快而准确。

八、根据下列例子，指出"千万"和"万万"在意义和用法上的区别。

1. 这件事你千万不要泄漏出去！

2. 这件事你万万不可泄漏出去！

3. 过马路千万要小心！（*过马路万万要小心！）

4. 他万万没想到。（*他千万没想到。）

九、指出下列词语误用的地方，并改正。

1. 我关于北京申办奥运会的情况非常熟悉。

2. 苏轼出生在北宋和南宋？

3. 我们班除那个李泽生，都去过杭州。

4. 我这个中国学生都听不懂他的课，况且这些留学生呢？

5. 我每个周末都把房间收拾的干干净净。

6. 这个月我们班又插进了两个留学生们。

7. 劫持人质的歹徒最后对警察投降了。

8. 这个星期彼得为了生病，一直没来上课。

十、用结构助词"的""地""得"填空。

1. 呼呼（　）狂风刮（　）破旧的门框格格（　　）响。

2. 几句热情（　　）话，说（　）大娘心里热乎乎的。

3. 生活是一张空虚（　　）网，轻轻（　　）把我笼在网中央。

4. 树叶儿绿（　　）发亮，小草儿也青（　　）逼你的眼。

5. 他把所有(　　)记录都一句一句(　　)检查了一遍，没有发现问题。

6. 听了他的一番话，我激动(　　)不知说什么好。

7. 在我(　　)家里，珍藏着一件白色(　　)的确良衬衫。

8. 这个小姑娘穿着一件破破烂烂(　　)衣裳，冻(　　)嘴唇发紫。

十一、用"了""着""过"填空。

1. 白大夫翘(　　)胡子的嘴角上浮起了微笑。

2. 大年初一，孩子们都穿(　　)新衣服，高兴极(　　)。

3. 房角上高高地悬(　　)一块金字招牌"当"。

4. 刚看(　　)的东西，一会儿就忘(　　)。

5. 孩子兴奋地唱(　　)这学期学(　　)的一首首儿歌。

6. 我在北京语言大学学习(　　)四年汉语，今年暑假就要毕业(　　)。

7. 以前，我只是在画册上看见(　　)艾菲尔铁塔，今天终于登上(　　)。

8. 这个统计表好像被人改(　　)，你再核对一遍。

十二、给下列句子填上适当的语气词。

1. 别嚷嚷，上课(　　)。

2. 答题要求我不是都说清楚了(　　)，你怎么还问(　　)?

3. 给他这么重的处分，他可能有点儿想不通(　　)。

4. 今年暑假，你是去台湾(　　)还是去香港?

5. 快吃(　　)，不然饭菜都凉了。

6. 妈妈很快就会回来(　　)。

7. 你的毕业论文写完了(　　)?

8. 你是问我(　　)? 我最讨厌装腔作势的人。

9. 你要是真的想去(　　)，就一块儿走(　　)。

10. 月亮下去(　　)，太阳出来(　　)。

11. 说(　　)，不好意思；不说(　　)，心里又忍不住。

12. 他(　　)，就喜欢民歌，不喜欢流行歌曲。

13. 他参加工作已经快一年(　　)。

14. 我看你有点儿面熟，你是图书馆馆长(　　)?

15. 我忙到现在还没有吃饭(　　)。

16. 要想学好外语(　　)，可得下一番工夫。

第六章
短语系统

第一节 短语的内涵

短语指的是由两个或两个以上的词按照一定方式组合起来构成的语法单位。短语也叫**词组**或**句法结构**、**结构**。它是介于词和句子之间的语法单位。例如：

春天来了　制造飞机　　高脚酒杯　非常怀念

琴棋书画　谦逊而大方　擦干净　　跑得气喘吁吁

屋顶上　　在泰山脚下　新来的　　去黑龙江考察

命令队员向前推进　　　伟大的发明家爱迪生

从上面这些例子来看，短语内部有较大的差异。有的短语是实词与实词直接组合，有的短语是实词与实词之间加有虚词的组合，有的是实词与虚词的组合。一个短语如果能够独立，那么加上语调后就能造出一个句子。例如：

① 春天来了。

② （孩子跑到哪儿去了？）屋顶上。

③ （这些都是谁的著作？）鲁迅的。

我们分析短语，可以从两个角度来认识。一是根据内部结构关系的差异，可以将短语大体分为两大类：基本短语和特殊短语，它们下面又各包含若干小类。基本短语包括：偏正短语、主谓短语、述宾短语、述补短语、联合短语；特殊短语主要包括：连谓短语、兼语短语、复指短语、方位短语、介宾短语、"的"字短语等，其中后三类是带有特殊标记(方位词、介词、"的"字)的短语。一是根据整体语法功能的差异，我们可以将短语大体分为三类：名词性短语、动词性短语和形容词性短语。下面将依次说明。

需要说明的是，"短语"和"词组"这两个术语一般没有什么区分，但"短语/词组"和"结构"有时则被区分开。有的教材用"短语/词组"来指基本短语的几种类型，用"结构"来指特殊短语的各种类型，尤其是指由特殊词类或标记性词语(主要为虚词)跟其他实词性成分组合而成的短语，如"的"字结构、"所"字结构、"在"字结构、介词结构、方位结构等。有的教材则统称为"结构"。本书一般都称做"短语"，只在需要突出或区别它们的内部结构关系时，才称做"结构"。

第二节　基本短语结构类型

本书第三章中分析了一些基本句子成分：主语、谓语、述语、宾语、定语、状语、补语以及中心语、修饰语。其中，定语、状语、补语属于修饰语，由它们所修饰的成分是中心语。基本短语就是这些句子成分之间的组合。

一、主谓短语

(一) 主语和谓语之间的语法关系

主谓短语由主语和谓语两个部分组成，主语在前，谓语在后。两者之间是陈述关系，主语是被陈述的对象，指出要说的是谁或什么；谓语是对主语的陈述，说明主语是什么或者怎么样。例如：

小鸡‖在吃食	他‖去拿	太阳‖出来了
汽车‖修好了	阳光‖灿烂	论文‖十篇
付出‖不求回报	食品卫生‖很重要	一斤‖十五元
牛顿‖英国人	昨天‖国庆节	汉族人‖黑头发黑眼睛

大多数情况下，主语由名词性词语充当，谓语由动词性词语或形容词性词语充当。少数情况下，主语也可以是非名词性词语，谓语也可以是名词性词语。

跟其他各种句法结构比较起来，主语和谓语之间的结构关系最松散，通常可以在主谓之间加上停顿或者插入别的成分。例如：

孩子，睡着了　　孩子呀睡着了
孩子已经睡着了　　孩子是不是睡着了(？)

跟印欧系语言比较起来，汉语的这个特点是比较显著的。这个特点往往被当做判定主谓结构的标准。

另外，汉语的句法结构还有一个特殊之处，就是主谓结构做谓语。例如：

  春天 ‖ 万物复苏 梧桐树 ‖ 叶子很大 橘子 ‖ 五块钱一斤

以"春天万物复苏"为例，这个结构中充当谓语的是主谓结构"万物复苏"，而不是"复苏"。也就是说，它不能切分成"春天万物 ‖ 复苏"。因为这个结构首先要陈述的对象是"春天"，"万物复苏"是用来说明"春天"怎么样的。换个角度看，这里的"春天"实际上是个话题，后面的"万物复苏"是来陈述这个话题的。汉语跟日语、韩语一样，是个话题特征比较显著的语言。

（二）主语和谓语之间的语义关系

先介绍后面经常用到的两个概念：施事和受事。**施事**指动作行为的发出者，如"我吃了一碗饭"和"陆老师休息了"中的"我"和"陆老师"；**受事**指动作行为的承受者，如"我吃了一碗饭"和"张华修自行车"中的"一碗饭"和"自行车"。

汉语的主语和谓语之间的语义关系很复杂，大体可以区分出下面三种关系：

1. 施事 + 动作行为

谓语表示一种动作行为，主语表示动作行为的发出者(**施事主语**)。例如：

  妹妹 ‖ 哭了 我 ‖ 买了一台电脑

  牛儿 ‖ 吃草 月亮 ‖ 升起来了

2. 受事 + 动作行为

谓语表示一种动作行为，主语表示动作行为的承受者(**受事主语**)，即动作行为支配、影响的对象。例如：

  电脑 ‖ 买来了 这本书 ‖ 看完了

  马路 ‖ 铺好了 房子 ‖ 被他卖掉了

上面这两种语义关系是主谓之间的最典型的语义关系。

3. 其他语义关系

对谓语而言，有的主语无所谓施事或受事，主要有工具主语、时间主语、处所主语等。例如：

  这支笔 ‖ 用来写大字   （主语表工具）

  明天 ‖ 是国际禁毒日   （主语表时间）

  门上 ‖ 贴着一幅春联   （主语表处所）

其他还有如：

  他 ‖ 是哈佛大学的学生

这段话 ‖ 漏掉了几个字

2 加 3 ‖ 等于 5

院子里的玫瑰花 ‖ 鲜艳无比

张丽丽 ‖ 长头发，大眼睛

不去 ‖ 是不对的

汇报检查结果 ‖ 要及时

美丽 ‖ 不是唯一的资本

为了方便，一般笼统地称施事主语与受事主语之外的主语为**中性主语**。

通过上边的分析，我们可以了解到：在语义上，汉语的主语不一定都是施事，受事以及时间、处所、工具、数量等等也都可以充当主语。其实，汉语的主语的作用基本上都用来充当话题，谓语就是对话题的说明。有了这种基本认识，会加深对汉语主语和谓语的结构关系和语义关系的了解。这是汉语的一个重要特点。这种语义关系的说明，在对外汉语教学中有时很有用。

二、述宾短语

（一）述语和宾语之间的语法关系

述宾短语由述语和宾语两个部分组成，述语在前，宾语在后。两者之间是支配、涉及的关系。述语表示一种动作行为或关系，宾语是受这种动作行为支配、影响的对象或关系涉及的对象。由于做述语的常是动词，所以述宾短语有时又称**动宾短语**。例如：

削铅笔　送外卖　逛公园　坐飞机　走了一个人

回老家　想念亲人　选举代表　教她怎么利用网络

唱美声　忙出国　知道该怎么做　喜欢游山玩水

愿意前往　是这么回事　像她妈妈　予以沉重的打击

述语和宾语之间一般可以插入"了、着、过"，而结构性质不变，如"削了铅笔、送过外卖、逛着公园"。上面例子中最后一行的述语动词由能愿动词、判断动词、关系动词、形式动词构成，不能插入"了、着、过"。

（二）述语和宾语之间的语义关系

汉语的述语和宾语之间的语义关系也很复杂，大体上也可以区分出下面三种关系：

1. 动作行为 + 受事

述语表示一种动作行为，宾语表示动作行为的承受者(**受事宾语**)。例如：

  修电视 切土豆 卖房子 吃中药

  关电脑 灭苍蝇 解决问题 保护环境

这是述宾之间最典型的语义关系。

2. 动作行为 + 施事

述语表示一种动作行为，宾语表示动作行为的发出者(**施事宾语**)。例如：

  住人 来客人了 去了一个人 出太阳了 晒太阳

  坐一个人 (床上)躺着病人 (墙角)蹲着一个乞丐

  病了一头牛 跑了一个犯人 (笼子里)飞了一只鸽子

  (天上)飘着一朵白云 (一锅饭)吃十个人

这里的宾语成分常常可以移到动词之前做主语，如"客人来了"。如果其中的名词成分前面有数量表达，一般要在名词成分前加上指示代词，或者带上"有"，如"那头牛病了""有一头牛病了"。

3. 其他语义关系

对谓语而言，有的宾语无所谓受事或施事，主要有结果宾语(宾语所表示的事物是由述语所表示的动作行为产生的)、工具宾语、时间宾语、处所宾语等。例如：

  写推荐信 建大楼 打家具 做菜 (宾语表结果)

  吃大碗 抽烟斗 写毛笔 吹笛子 (宾语表工具)

  过春节 欢度国庆 熬夜   (宾语表时间)

  坐火车 去食堂 在这儿 站旁边 (宾语表处所、方位)

其他还有如：

  跑项目 (为项目而跑关系) 排电影票 (为电影票而排队)

  避雨 (因雨而躲避)   缩水 (因水而抽缩)

  寄特快 (用特快的方式寄) 唱男高音 (用男高音唱)

  繁荣市场 (使市场繁荣)   端正态度 (使态度端正)

  当干部 是个军人 像领导 (树上)有一只小鸟

  跑第一 踢前锋 演主角 知道你会来 保证明天不迟到

一般笼统地称施事宾语和受事宾语之外的宾语为**中性宾语**。

特别值得关注的是，上面很多结构中的宾语，在很多语言中并不看做宾语，而是用介词等形式标示出来,所以这在对外汉语教学中是一个难点。在汉语结构分析中,只要动词后面的名词性成分没有用介词引出,一般就看做宾语。这样,宾语与动词的语义关系就相当复杂了。

(三) 双宾语

大多数及物动词只带一个宾语,也有一些动词可以带两个宾语。例如:

① 给她一张电影票
② 送图书馆几本他自己写的小说
③ 抢了他几百块钱
④ 考你几道地理知识题

在这两个宾语中,放在前边紧挨动词的通常指人,放在后边远离动词的通常指物。一般分别称这两种宾语为间接宾语(近宾语)和直接宾语(远宾语),称这种结构为**双宾结构**或**双宾语句**(也简称**双宾句**)。

下面这样一些词常带双宾语:

1. 表取得义的:

　　差　夺　讹(é)　罚　该　缴　考　坑　扣　诓(kuāng)
　　买　瞒　拿　骗　欠　抢　求　收　偷　问　要　赢　占
　　赚　缴获　浪费　骗取　请教　请示　贪污　讨还　糟蹋

2. 表给予义的:

　　拨　补　传　递　发　分(东西)　付　给　供　还　寄
　　嫁　奖　交　教　卖　派　赔　让　扔　赏　输　送　吐
　　托　献　找(钱)　补贴　偿还　答复　答应　分配　告诉
　　归还　奖励　赔偿　通知　退还　托付　委托　孝敬　赠送

3. 表称说的:

　　称　封　喊　叫　选　评　称呼
　　夸　赞扬　骂　说(批评义)　损

三、联合短语

联合短语由并列在一起的几个成分组成,各成分之间地位平等,没有主次之分。例如:

天文地理　　语言和心智　　文科或理科
　　调查研究　　前进或退缩　　考虑并同意
　　严肃大方　　活波、开朗　　勤劳而勇敢

它们内部的语义关系还可以细分为并列(如"语言和心智")、选择(如"前进或退缩")、递进(如"考虑并同意")等。

联合短语各成分之间有时候没有语音停顿，有时候有语音停顿，书面上用顿号表示，有时候用"和、或、并、而"等关联词语连接。

上面举的联合短语都只包含两个部分，其实联合短语可以包含两个以上的部分。例如：

　　摸爬滚打　　工农兵学商　　更高更快更强
　　有志向、有勇气、有毅力、有办法
　　讲文明、讲礼貌、讲卫生、讲秩序、讲道德

四、偏正短语

偏正短语由修饰语和中心语两个部分组成，修饰语在前，中心语在后。两者之间是修饰或限制的关系。根据修饰语性质的差异，偏正短语包括两种类型。

（一）定中式偏正短语

由定语和中心语构成。例如：

　　红花　新气象　极乐世界　塑料薄膜　汉语世界
　　两支笔　一群山羊　波士顿的春天　自由的国家
　　方案的选择　这座山的绿化　历史的辉煌

定语和中心语之间常用"的"来连接，特别是定语的结构或语义比较复杂的时候。例如：

　　对方的意见　狡猾的狐狸　平静的生活　获得的奖品
　　很好的材料　明明白白的道理　戴着墨镜的人

当然，有的并不能加"的"，如数量词修饰名词（"一朵花、几个周期"）等。

（二）状中式偏正短语

由状语和中心语构成。例如：

　　非常喜欢　慢慢走　精心挑选　很香　完全合适

没有发现　不怎么样　有点儿像　都可以　十分愿意

从海外归来　到海底探险　(今天)才周一　已经这么高了

状语和中心语之间常用"地"来连接，特别是状语的结构或语义比较复杂的时候。例如：

反复地考虑　细心地照顾　非常高兴地答应

有条不紊地进行　偷偷摸摸地离开　大口大口地吃

当然，如果状语由副词、介词短语充当，一般不能加"地"。

五、述补短语

述补短语由述语和补语两个部分组成，述语在前，补语在后，补语是补充说明述语的。述补短语也叫正补短语。例如：

瞄准　哭醒　扫干净　站出来　高兴起来

热极了　恨得要命　检查一遍　活了十年

扫得干净　放在抽屉里　生活在几千年前

拿不出来　甩得胳膊都酸了　穿得整整齐齐

跑得满身大汗　(他)吓得孩子大气也不敢出

从上面的例子可以看出，述补短语中的述语比较简单，通常由单个动词或性质形容词充当，状态形容词不能充当述语。补语则复杂得多，既可以由单个词充当，如形容词、动词、副词等，也可以由短语充当，如数量短语、状中短语、介词短语、述补短语、主谓短语以及形容词的重叠形式等。

有时述语和补语直接结合(由数量词和介宾短语充当的补语都必须跟中心词直接结合)；有时要用"得"来连接，尤其是补语比较复杂的，都要用"得"。补语除了自身的构造比较复杂多样外，跟述语的语义关系也很复杂。可以这样说，复杂的补语系统是汉语区别于其他语言的一个重要特点。

（一）述语和补语之间的语义关系

述补短语是汉语中比较特殊而且又很重要的一种类型。述语和补语之间的语义关系比较复杂。从补语对述语进行补充说明的内容来看，主要有下面这样一些语义关系：

1. 有的补语补充说明述语。例如：

捆紧　跑快了　走得很慢　好得很　气极了

2. 有的补语补充说明述语动词的施事。例如：

  吃饱了 喝醉了 哭醒了 走累了

  (孩子)吓得瑟瑟发抖 (我)搬得腰都直不起来

3. 有的补语补充说明述语动词的受事。例如：

  (桌子)擦干净了 (饭)吃完了 (树)砍光了

  (操场)修得很平整 (把他)骂得大气都不敢出

4. 其他语义关系，如补语补充说明述语动词的工具、动作的时间、次数等。例如：

  (钢笔)写秃了 (刀子)砍钝了 看了三天 检查一遍

上面这样的语义关系，我们通常用"**语义指向**"这个术语来说明，即补语的语义跟句子中哪个成分有联系，这个成分一般出现在句子中，有时也隐含着。如"(桌子)擦干净了"中的补语"干净"指向述语动词"擦"的受事，"(刀子)砍钝了"中的补语"钝"指向述语动词"砍"的工具。这种说明方式在教学中可以比较方便地说明大多数述语和补语之间的语义关系。

(二) 补语的类型

从述语跟补语的语义关系中可以看出，补语可以说明动作行为的结果、趋向、可能性、状态、数量，或者说明性状的程度等。这样，我们可以把补语分成结果补语、趋向补语、可能补语、状态补语、程度补语、数量补语等六类。

1. 结果补语

结果补语表示述语动作行为所产生的结果。述语由动词充当，结果补语一般由形容词充当，少数单音节动词如"完、成、懂、会、走(离开义)、飞(飞离义)、住、坏、断、折(shé, 折断义)、死、倒、翻、丢、掉、肿、瞎、聋、赔、输、赢、醒、睡、哭、笑"等也可以充当。例如：

  吃完 写好 变冷 赶跑 弄折 撞倒 捆紧

  想清楚 看仔细 站整齐 收拾利落 抄写工整

  走丢了 哭醒了 吃饱了 请来了 哭肿了(眼睛)

"动词＋结果补语"后面常带"了"，尤其是当补语表示的不是动作的自然结果，而是非常规的结果、具有偏离义的结果时。例如：

  (菜)炒咸了 (衣服)买贵了 (看书把人)看傻了

结果补语跟述语结合得很紧密，动态助词"了、过"只能放在整个结构之后。述语和结果补语之间不能插入"得／不"(如果插入"得／不"就变成了可能补语，见下)，更不能插入别的成分。

结果补语的否定式是"没／没有＋述语＋(结果)补语"，否定的是结果。如"没想清楚"，指想了，但没有清楚。

介宾短语做补语，表示动作发生或到达的时间、处所。由于大多数情况下表达一种结果，因此也放到这里来说明。例如：

① 这部小说定稿<于2010年>。
② 他们生活<在另一个世界里>。
③ 赵小曼写报告文学一直写<到深夜>。
④ 我把收到的垃圾邮件一股脑儿删<到垃圾箱>。

此时，述语和补语之间也不能用"得"。如果可以加动态助词"了"，则只能加在介词之后。如"写到了深夜、(他们的辉煌)留在了20世纪、删到了回收站、(把他们)挡在了大门外"。这些方面的表现都跟典型的结果补语一样。

2. 趋向补语

趋向补语表示述语动作行为的运动方向。述语一般由动词充当，趋向补语由趋向动词充当。前面说过，趋向动词有单纯趋向动词和复合趋向动词(单纯趋向动词＋来／去) 两类。单纯趋向动词直接加在述语后面做补语，动态助词"了、过"也只能放在整个结构之后。例如：

站上　扔下　跑进　冲出　逃回　飞过　想起
送来　拿去　上来　回去　带进了(教室)　送来了(一本书)

复合趋向动词通常也直接加在述语后面做补语。如果这种述补短语带宾语的话，宾语可以放在整个述补短语之后，也可以插在述补短语的中间。例如：

爬上来　掉下去　冲上去　溜出去　跨过去　压下去
递过来一本书　递过一本书来　递一本书过来

但是如果所带的宾语是表示处所的，则只能放在复合趋向动词的中间。例如：

上楼来　回教室去　跑进办公室来　走回卧室去

注意，有时趋向动词并不表示动作的实际趋向，而是在用法上有了引申，意义变得比较虚了。这就是趋向补语的引申用法，其中的趋向动词都读轻声。例如：

① 张教练挑上了这几个孩子。
② 我一口气写下了几千个大字。

③ 他就这样一直讲下去，连自己都被感动了。
④ 陈丽娜终于回想起来了昨天被灌醉的情形。

"挑上"是"挑中"的意思，"写下"是"写出、写成"的意思；"讲下去"是"继续往下讲"的意思，"回想起来"是"开始回想到"的意思。"下去""起来"的这种引申用法实际都是表示一种状态，所以也可以跟在形容词的后面构成述补短语。例如：

⑤ 你这样强硬下去，可就没有回旋的余地了。
⑥ 春暖花开之后，天气就渐渐地热起来了。

"强硬下去"就是指"继续强硬"，"热起来"就是指"开始热"。

跟结果补语一样，趋向补语跟述语结合得也很紧密，中间不能插入"得/不"（如果插入"得/不"也变成了可能补语，见下）。

趋向补语的否定式是"没/没有+述语+（趋向）补语"，否定的是趋向行为。如"没跨上"，指跨了，但没有上去。

从语义和中间不能带"得/不"、用"没/没有"来否定的情况来看，将趋向补语看做结果补语的一种类型也是可以的，因为趋向本身就表明了述语所产生的结果。由于汉语趋向动词的特殊性，所以一般都将趋向补语独立作为一种类型来说明。

3. 可能补语

可能补语表示述语实现的可能性。述语基本上由动词充当。在述语动词和表示结果或趋向的补语之间插入"得/不"，表示动作的结果或趋向能不能实现。例如：

结果/趋向补语	可能补语
吃饱	吃得饱——吃不饱
看明白	看得明白——看不明白
调查清楚	调查得清楚——调查不清楚
抓来	抓得来——抓不来
下去	下得去——下不去
送出去	送得出去——送不出去

下面两种表达格式也用做可能补语：

"~得/~不得"，表示有无可能，例如"去得、拿得"意指"可以去、可以拿"，"去不得、拿不得"意指"不可以去、不可以拿"。如果述语是倾向于否定的意思，则只能用于"~不得"，如"大意不得、马虎不得、松懈不得、耽搁不得"。只有这时，其中的述语才可以是形容词，这些形容词都带有一定的动作性，如"大意、马虎、粗心、草率、轻浮"等。

"~得了(liǎo) ／ ~不了(liǎo)"，也表示有无可能，例如"去得了、拿得了"意指"能去、能拿"，"去不了、拿不了"意指"不能去、不能拿"。

可能补语的否定式是"述语＋不＋（可能）补语"，否定的是结果或状态出现的可能性。如"看不完"，指看了，但没有完。

注意，在实际的语言交际中，出现的可能补语绝大多数是它的否定式；可能补语的肯定式使用频率很低，而且主要用于应答句或肯定否定并列的疑问句中。

4. 状态补语

状态补语表示述语所呈现的状态，也叫**情态补语**。述语和状态补语之间必须用"得"，口语中还有用"个"的。例如：

站得高　　绷得很紧	（洗衣服）洗得腰酸背痛
夸得他都不好意思了	把她骂得脸上红一阵白一阵
兴奋得手舞足蹈	疼得眼泪簌簌地往下掉
说个没完没了	（三月里的小雨）下个不停
跑得一头热汗	悔得她一脸的沮丧

状态补语可以用"怎么样"来提问，如"兴奋得怎么样""跑得怎么样"。

状态补语的否定形式是"述语＋得不＋（状态）补语"，例如：

催得不急　催得不很急　聊得不投机

这不同于可能补语用"述语＋不＋补语"来表示否定（如"压不紧、洗不干净"）。

由于状态补语和可能补语的肯定形式的结构相同，都是带"得"式，这就容易发生混淆。下面是它们之间的区别（以"看得清楚"为例）：

	状态补语	可能补语
否定式	看得不清楚	看不清楚
疑问式	看得清楚不清楚？	看得清楚看不清楚？
扩展式	看得很清楚	——
格式意义	看的结果是清楚	能够看清楚

它们之所以在语法表现上有这样的差别，跟它们在语义表达中所起的作用有关。状态补语是对事件的结果状态进行肯定、置疑或否定，因此可以对表示状态的补语进行加工扩展，也就是说，否定词要加在结果成分之前、就结果进行提问，同样还可以

对结果成分进行扩展。而可能补语是对整个事件本身进行肯定、置疑或否定，因此如果要扩展的话就需要对整个动补式进行加工扩展，也就是说，否定式必须用"不"来替换"得"，疑问式是肯定式和否定式先后叠用，而且补语不能扩展。从这里看出，我们在分析语法现象时，要处理好形式和意义之间的关系，形式相同，意义可能有差别，这种意义上的差别可以通过分析跟它们相关的其他形式揭示出来。

我们还可以从这两个补语的使用条件来认识它们表达上的差异。可能补语一般是将要发生的动作的目标；状态补语则是对已经发生或正在发生的动作或事件及相关事物的评价。如"吃得饱"中，当"饱"做吃的目标时，便是可能补语；当"饱"是对吃后情况的描写时，就是状态补语。又如"起得早"有歧义，"早"既可以做可能补语，也可以做状态补语；而"起得晚"中的"晚"只能做状态补语，因为它一般不作为起床这一动作的目标。如果补语比较复杂，就只能是状态补语了。如"吃得饱饱的、吃得很饱、吃得满头大汗、(吃肥肉)吃得一见到肥肉就作呕"。如果我们了解了这些补语使用的语用条件，必然会大大提高使用汉语补语的正确率。

5. 程度补语

程度补语表示述语所达到的程度。能做程度补语的词很少，除了"很、极"，还有意义虚化了的"透、多、死、坏、慌、要死、要命"等几个表示程度很高或达到极点的词，以及表示程度很轻的"一点儿、一些"。"很、慌"和"要死、要命"前必须用"得"，"多"前可以用"得"也可不用，其他不能用"得"。例如：

    难吃得很 好得很 难吃极了 好极了 高兴极了

    失望透了 干净多了 忙死了 高兴坏了 难受得慌

    多得要死 吓得要死 气得要命 饿得要命

    想得多 想多了 厚一点儿 好一些

6. 数量补语

数量补语指用数量短语充当的补语。根据数量性质的差异，数量补语可以分为动量补语和时量补语两种类型。

动量补语表示动作发生的次数。例如：

    读了五遍 见过一次 去了一趟北京 跑了三圈 打了他一下

    看几眼 踢了他一脚 挥了几拳 打两枪 洗过两水

时量补语表示动作持续的时间长短，或者动作实现后状态持续的时间。例如：

    写了几个月 打了两个小时网球(了) 转了几秒

    来北京三年了 死了三天了 搁置不用一年了

（三）补语和宾语的区别

补语和宾语都是位于动词之后的成分。在有的短语中，两者通过构造方式就能区别开来，如动词或形容词加"得"之后所带的成分，肯定是补语，像"跑得快""吓得一身冷汗"之类；动词后所带的成分是介词短语，也肯定是补语，如"生于1989年""放在抽屉里"。注意，"赢得他的信任"是述宾短语，其中的"赢得"是动词；"赢得很开心"是述补短语，其中的"得"是补语标记。

当动词和后面的成分之间没有明显的标志的时候，就需要区别了。一般可以从下面几个方面来区别：

首先，看语义关系。这是最根本的区别。述语和宾语之间表示支配、涉及的关系，而述语和补语之间表示补充说明的关系。例如"动词＋形容词"中的形容词既可以做宾语，又可以做补语，但两者的语义关系不同。如"喜欢干净"和"打扫干净"，前者可以用"喜欢什么"来提问，后者可以用"打扫得怎么样"来提问。因此前者是述宾短语，后者是述补短语。

其次，看构成成分。名词(如"看电影")、人称代词(如"喜欢他")、物量成分(如"买一本")只能做宾语；介宾短语(如"站在门外")、动量成分(如"看一遍")只能做补语。

第三，看变换方式。例如表示时间的成分既可以做宾语("耽误了一年时间")，又可以做补语("徘徊了一年时间")，但述宾短语可以变换成"把"字句("把一年时间耽误了")、"被"字句("一年时间被耽误了")，而述补短语则不行("*把一年时间徘徊了""*一年时间被徘徊了")。

由于数量短语做宾语和做补语都很常见，因此再集中区别一下：

第一，看量词的性质。宾语中的量词一般是名量词，而补语中的量词一般是动量词。如"看一篇"和"看一遍"，前者是述宾短语，后者是述补短语。

第二，看述语的性质。如果述语动词是一个非动作动词，那么后边的数量短语一律是宾语而不会是补语，如"这是三本、等于四公里"和"总共有十次、(他读课文时)少了一遍"。

第三，看数量短语后添加名词的可能性。数量短语后如果可以补出相应的名词时则充当宾语，不能补出相应的名词时则充当补语。如"打了一发"可以说成"打了一发子弹"，而"打了一枪"不能说成"打了一枪子弹"，可见"发"是名量词，"枪"是动量词(这里是借用的)。

上面介绍了汉语短语（词组、句法结构）系统的基本结构类型，其中主谓、述宾、联合、偏正这四种结构关系在各个语言中基本上都存在，而述补短语则更多地体现为汉语的特点。而且在各种结构关系中，述补关系也最为复杂。

第三节　特殊短语结构类型

汉语短语的结构类型，除了上面分析过的五种外，还有一些特殊的结构形式，主要包含两大类：一是由句法成分结合而成的特殊结构，包括连谓短语、兼语短语、复指短语；一是带有特殊标记成分的短语，如方位短语、介词短语、"的"字短语等。

一、连谓短语

连谓短语由两个或几个成分陈述同一个对象，即连用的成分分别能够跟主语发生主谓关系。连谓短语也叫**连动短语**。例如：

> 背起书包冲出门外　　开着空调睡觉
> 去排队买票　　　　　有病不能上学
> 放书架上不看　　　　听了很激动
> (他)跳下床披上大衣拎起皮包冲出大门跨上了自行车

这实际是动词或以动词为中心的短语的连用。连谓短语内各个成分是按照时间顺序或逻辑顺序先后呈现的，各个成分的顺序不能颠倒，颠倒后或者不能说，或者基本意义发生了变化。组成连谓短语的动词词语间没有语音停顿(否则就成了复句)，也不用关联词语连接。

由连谓短语构成的句子，一般称做**连谓句**，也叫**连动句**。例如：

① 我们放了学去美术馆参观。
② 吴冠中摊开画布提起画笔作起画来。

二、兼语短语

兼语短语由三个部分组成，中间的部分既做前一部分的宾语，又做后一部分的主语。兼语短语也叫**递系短语**。例如：

> 派你去西藏　　请老师来北语　　让我很开心

推选他当代表　动员老百姓参加　命令闹事者赶快离开

有人找你帮忙　没有谁不喜欢他　是他做饭洗衣服

这实际是述宾短语和主谓短语的套用。兼语短语中的前一个动词常常是使令动词，如"使、令、请、派、叫、求、教(jiāo)、让、逼、托、催、劝、邀、要(yào)、要(yāo)求、请求、命令、吩咐、迫使、批评、禁止、组织、动员、发动、号召、鼓励、培养、追认、任命、选举、推选"等，还可以是"有"和"是"等。

由兼语短语构成的句子，一般称做**兼语句**，也有称做**递系句**。例如：

① 学校请了很多义工来管理孩子。

② 妈妈从不让孩子上网打游戏。

③ 政府鼓励毕业生到基层去服务。

④ 有一个人偷偷摸摸地溜进了仓库。

三、复指短语

复指短语由所指相同的两个部分组成，这两个部分合起来可以共同做一个句子成分。复指短语也叫**同位短语**、**同指短语**。例如：

中国的母亲河黄河　埃及首都开罗　朱德熙教授

他们几个　你们法学界人士　日月潭那儿　祥子他们

数理化这三门　H1N1 这种病毒　网络语言这种东西

书籍是人类进步的阶梯这句格言

复指短语的两部分互相补充，指称同一个对象。如"中国的母亲河黄河"，这里的"中国的母亲河"和"黄河"所指相同。又如"朱德熙教授"中"朱德熙"即这里的"教授"，而这里的"教授"就是指"朱德熙"。"祥子他们"较特殊，"他们"实际上指的是以"祥子"（老舍长篇小说《骆驼祥子》中的主人公）为代表的一类人。

四、方位短语

方位短语由两个部分组成，后一部分是方位词。方位短语一般表示处所、时间或范围。整个方位短语在功能上相当于一个名词。例如：

① 村外有一条小河。　　　　　　　　　　　（名＋方位，表示处所）

②（黑板上的）字模糊不清。　　　　　　　　（名＋方位，表示处所）

③ 春天里百花开。　　　　　　　　　　(名+方位，表示时间)
④ 我们[一周后]到达。　　　　　　　　(数量+方位，表示时间)
⑤ [开车之前]要检查刹车。　　　　　　(动宾+方位，表示时间)
⑥ 来的都是(七十上下)的老人。　　　　(数+方位，表示范围)
⑦ 组织上很关心你们的生活。　　　　　(名+方位，表示范围)

方位短语常常跟介词组成介宾短语，如"在黑板上、在春天里"。

五、介宾短语

介宾短语由两个部分组成，前一个部分是介词，后一部分是介词的宾语。介宾短语也叫**介词短语**。介宾短语主要做修饰语，其中做状语最为常见，主要用来标示跟动作相关的各种语义关系。例如：

[用电脑]打文章　　(标示工具)　　　[用民族唱法]演唱　　　(标示方式)

[为祖国繁荣]奋斗　(标示目的)　　　[在地震灾区]当志愿者　(标示处所)

[从海南岛]出发　　(标示起点)　　　[到最适合自己的地方]去　(标示终点)

[被示威者]推倒　　(标示施事)　　　[把他]请走　　　　　　(标示受事)

[比黄河]长　(标示比较的对象)　　　[向领导]提意见　　　　(标示针对的对象)

[关于毕业后的去向]，我想了很多。　　　　　　　　　　　　(标示关涉的对象)

有的介词构成的介宾短语可以做补语。例如：

工作<在第一线>　　来<到布达拉宫>　　奔<向远方>

来<自落后山区>　　看<到凌晨5点>　　出生<于19世纪20年代>

有少数介词构成的介宾短语带上"的"后可以做定语。例如：

(关于希腊神话)的研究　　(对考试方式)的意见

(朝北)的窗户　　(临街)的宿舍楼　　(靠边)的那一排

六、"的"字短语

"的"字短语指助词"的"附着在实词(数量词外)或短语后面形成的短语，用来指称人或事物。这个短语的作用相当于名词，能够做主语、宾语(动词的宾语和介词的宾语)。例如：

① 卖二手书的、做小买卖的、倒古董的，全在这条街上。

② 这辆车不是我买的，是他买的。

③ 在高科技领域上，<u>投资风险最大的</u>往往也是<u>获得回报最丰厚的</u>。

④ 树上的水果，<u>半熟的</u>反而比<u>熟透的</u>要好吃些。

"的"字短语如果后面添上相应的名词，就构成了偏正短语，如"卖二手书的小贩、我买的车、投资风险最大的领域、半熟的水果"。

除了上面介绍的这些特殊短语外，汉语句法系统中还有一些带有特定标志的短语也常见到。例如：

　　能愿短语：能去、肯帮人、会好、应该可以、可能他不来

　　量词短语：六位、两趟(属于数量短语)，这条、那次(属于指量短语)

　　比况短语：(跟／像)外星人似的、 (像)神话般的、 (跟／像)月光一样

　　"所"字短语：所写、所创造、所能控制

这些结构我们在介绍动词(能愿动词)、量词、助词时都已涉及，此处从略。

综上所述，汉语的短语(词组、句法结构)结构类型种类众多，功能多样，使用广泛。它们以词序和虚词为组合手段，大多数短语加上语调以后可以独立成句。由此可见，汉语短语的构造原则跟句子的构造原则基本一致。这是汉语语法的一个重要特点。

第四节　短语的功能类型

根据整体语法功能对短语所做的分类，最基本的有下面三类：

一、名词性短语

名词性短语指整体语法功能相当于名词的短语，也可简做**名词短语**。它的中心成分主要由名词或"的"字结构充当，在句中主要充当主语和宾语，也可做介词宾语；可以跟数量词组合，但一般不跟副词组合。这些语法特点跟名词相同。例如：

　　① 理想和现实　你们和他们　　(由名词成分或代词成分组成的联合结构)

　　② 学术报告　他的家庭　黄河的泛滥　黄山的优美　(定中结构)

　　③ 首都北京　我们三人　《回家》这首曲子　　(复指结构)

　　④ 河边　山顶上　长城内外　长江以北　　(方位结构)

　　⑤ 瑞典的　大家的　去参观的　非常耐看的　　("的"字结构)

⑥（日有）所思（夜有）所想　所受到（的打击）　　　（"所"字结构）
⑦一本　一点儿　这个　那几辆　　　　　　　　　（量词结构）

二、动词性短语

　　动词性短语指整体语法功能相当于动词的短语，也可简做**动词短语**。它的中心成分由动词充当，在句中主要用来充当谓语，有的还能带宾语；一般不受数量词修饰，但可以跟副词组合。例如：

①接受和改正　深入调查、认真研究并及时处理
　　　　　　　　　　　　　　　（由动词性成分组成的联合结构）
②爬山　观察气候变化　端正学习态度　　　（述宾结构）
③精细分析　立即答应　愉快地接受邀请
　　　　　　　　　　　　　（由动词性成分做中心语的状中结构）
④你过来　他写　孩子坐过山车　（由动词性成分做谓语的主谓结构）
⑤看懂　冲进来　清理干净　跑得比兔子还快
　　　　　　　　　　　　　（由动词性成分做述语的述补结构）
⑥带上门出去　上课看小说　睁着眼睛说瞎话　（连谓结构）
⑦会做　可以坐火车去　愿意加入　　　　　（能愿结构）
⑧请领导来　叫大家立即出发　夸奖他能干　（兼语结构）

三、形容词性短语

　　形容词性短语指整体语法功能相当于形容词的短语，也可简做**形容词短语**。它的中心成分由形容词充当，在句中主要充当谓语、状语、补语、定语。例如：

①温柔体贴　隆重而热烈　纯洁、忠诚而又坚定
　　　　　　　　　　　　　　　（由形容词性成分组成的联合结构）
②非常美　很悲伤　特别地愉快　（由形容词性成分做中心语的状中结构）
③路滑　层次清楚　他的书很难理解
　　　　　　　　　　　　　（由形容词性成分做谓语的主谓结构）
④好极了　忙得很　乐得合不拢嘴（由形容词性成分做述语的述补结构）

上面三大类短语功能类型都由不同的结构类型或其小类来充当。还有一类比较特殊的情况，就是介宾短语。它主要充当状语。例如：

① 孩子[从睡梦中]惊醒。
② 电脑发明以后，我们的生活[比以前]更忙碌了。
③ 所有的苦难都[被她]当做生活的插曲。
④ [关于这个方案]，我们已经讨论了不止二十遍了。

这时可以将它看做**副词性短语**(指整体语法功能相当于副词的短语，也可简做**副词短语**)。介宾短语除了充当状语外，还常充当定语、补语。例如：

⑤ (对《红楼梦》)的研究还需要深入。
⑥ 幸福的笑容又出现<在孩子的脸上>。

以前我们在说明修饰语的时候，主要是从它们跟中心语之间的关系来认识的。由于现在已经说明了各个短语的功能类型，这里便可以换个角度来更准确地说明，即：定语是指名词性短语里中心语前边起修饰作用的成分，状语是指动词性短语或形容词性短语里中心语前边起修饰作用的成分，补语是指动词性短语或形容词性短语里中心语后边起补充作用的成分。

第五节 层次分析法

一、复杂短语的层次性

为了便于理解，上面对各种结构类型的短语分别作了介绍。其实，这些短语通常是叠加在一起使用的，这样就形成了复杂短语。也就是说，短语内部还可以包含短语。这样，就需要考察复杂短语内部的结构层次。例如"青年创造美好未来"就是一个复杂短语，它是由四个词按照先后顺序排列起来的，这些词之间的关系有远有近，是按照一定的规则组织起来的。首先这是一个主谓短语，主语是"青年"，谓语是"创造美好未来"；谓语本身又是一个述宾短语，述语是"创造"，宾语是"美好未来"；宾语本身又是一个偏正短语，修饰语(定语)是"美好"，中心语是"未来"。所谓复杂短语，就是指短语套短语的情况。下面把这种层次关系图示如下：

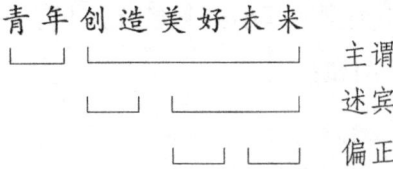

再如，"咬死了猎人的狗"这句话有两种理解，既可以指别的动物把猎人的狗咬死了，也可以指狗咬死了猎人。即"狗"既可以作为"咬死"的动作承受者（受事），又可以作为"咬死"的动作发出者（施事）。这两种理解正是这个句子可以有两种层次划分造成的。如果是第一种理解，它的结构层次应该是：

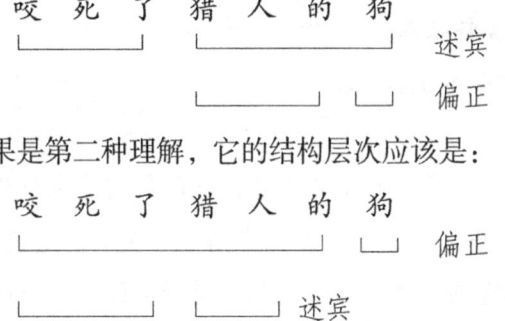

如果是第二种理解，它的结构层次应该是：

前面说过，主谓、述宾、偏正、述补等短语都是由两部分组成，只有联合短语可以包含多个部分。除了多成分的联合短语外，复杂短语尽管包含的词多了，结构复杂了，但整个短语仍然由两部分组成，它内部的各个短语也是由两部分组成。由此可见，短语的结构是一层套一层的。词在构成短语时是有一定先后顺序的，这种先后顺序实际上就体现了语言单位组合关系的层次性。这就是句法结构的层次性。

经过这样的层层分析，我们就能将词组成短语进而构成句子的过程看清楚。这种分析对我们归纳句型、了解句子中各个成分之间的语义关系大有好处。

二、层次分析法及其分析程序

层次分析法是指按照语言单位组合具有层次性这一特点，对语言结构进行逐层分析的方法。根据层次分析法分析过程的特点，它还有其他几种名称。除了联合结构可能有三个或三个以上的并列成分外，其余的结构都能切分出两个直接组成的成分。由于每一次切分都要找到这个层次上的两个直接构成成分，所以层次分析法也叫**直接成分分析法**。而且，由于每步分析都要进行二分，所以层次分析法也叫**二分法**。

在进行层次分析时，我们可以以最大的结构为分析的起点，逐步切分，分析到词；也可以以词为分析的起点，逐步组合，分析到最大的结构。这样，根据层次分析的具体方向和过程的不同,层次分析法便有"从大到小"和"从小到大"两种不同的操作步骤。为了简便起见,在下面分析过程中,像"的、地、得,着、了、过"这样的虚词暂时没有考虑,一般跟它们所附着的成分划在一起。

"从大到小"的层次分析(切分法)的步骤是这样的。首先找到分析对象的两个最大直接成分,如主语—谓语、述语—宾语等等。分别在它们的下边加上框线,同时标明两者之间的句法结构关系。照着这种思路,逐层切分出每个较大成分的两个直接成分,层层二分,一直分析到词为止。例如:

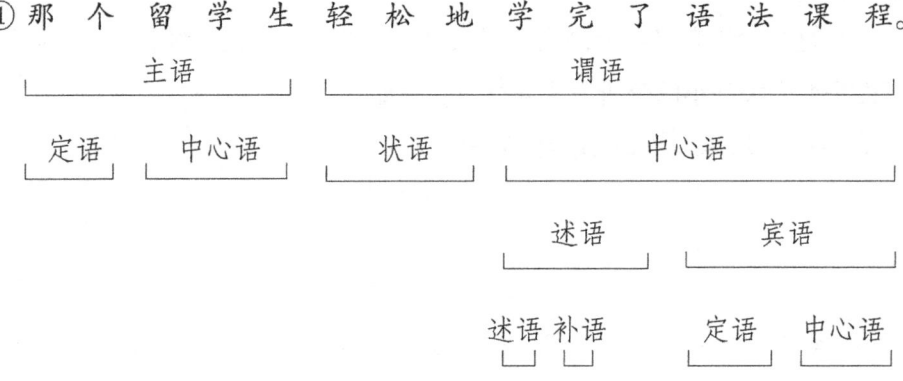

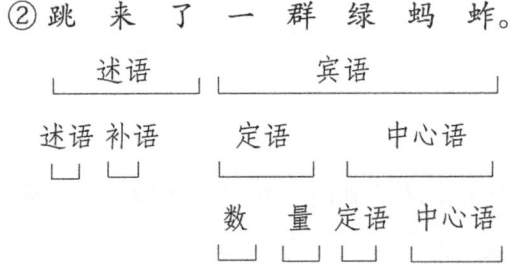

"由小到大"的层次分析(组合法)与此相反。它首先找出分析对象的各个基本单位,通常是词。然后按照组合的顺序,尝试着由两个词组合成一个短语,同时标明它们之间的结构关系。照着这种思路,再由两个较大的短语组合成更大的短语,直到组成整个分析对象为止。例如:

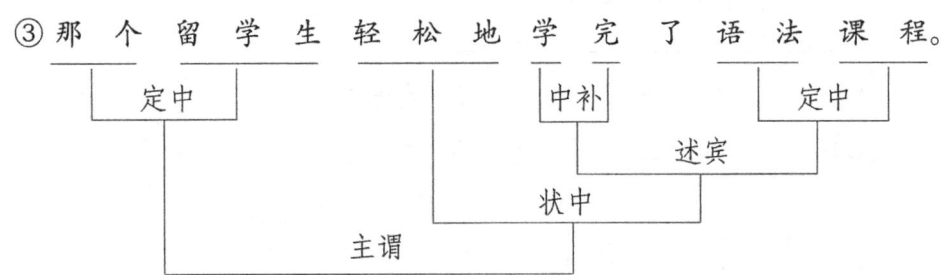

④ 跳 来 了 一 群 绿 蚂 蚱

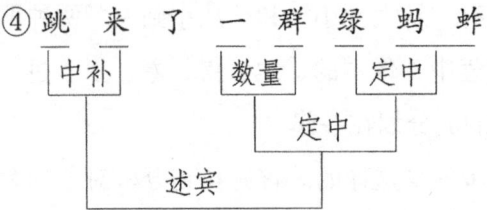

通过以上两个分析途径，我们可以明确分析对象的结构类型，如句①从大的格局看属于主谓句，从谓语的结构类型看属于述宾谓语句；句②从大的格局看属于非主谓句(无主句)，从功能看属于动词性非主谓句。

如果一个复杂短语有多层定语或多层状语，一般从外到内(此时为从前到后)依次组合。下面采取由大到小的分析方式来举例。例如：

⑤ 一座雄伟的二战纪念碑

⑥ 这学期一直在网上跟朋友交流

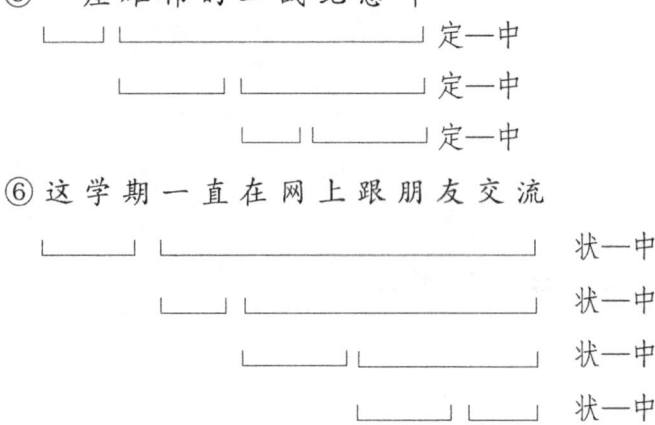

如果动词后既有宾语又有补语，一般也是从外到内（此时为从后到前）依次组合。例如：

⑦ 批评过她两次
　　　└─┴─┘　述—补
　　└─┴─┴─┘　述—宾、数—量

⑧ 卖给顾客五斤茶叶
　　└──┴──┘　述—宾
　　└─┴─┴─┘　述—宾、定—中
　　└┘　└┘　述—补、数—量

⑨ 掏 出 手 机 来

   述—补
   述—宾
   述—补

  如果动词前有状语，后面又有宾语或补语，一般先切出状语，后划分出宾语或补语，如上面的"轻松地学完了语法课程"。

  总之，这里的分析过程类似于剥笋，从外到内。实际上是看其管辖范围的大小，管辖范围大的成分必然处于结构的外围。

  这里补充说明一下兼语短语的层次划分问题。根据前面的说明，兼语短语是述宾短语和主谓短语的套用，中间的部分兼有前面述语动词的宾语和后面谓语部分的主语双重身份。因此，可以采取这样的划分方式：

⑩ 派 你 去 西 藏　　　请 黄老师 来给大家做学术报告
   述—宾　　　　 述—宾
   主—谓　　　　 主—谓

  如果述宾和主谓这两个短语内部仍有层次，就再按上面所说的分析方法分别对每个短语层层分析下去。

第六节　句子成分分析法

  上面介绍的层次分析法是适用面很广的语言结构分析法，只要有结构层次，就可以采用这种分析方法。语音、词汇莫不如此，甚至比句子更大的单位也可以。然而，传统的语言教学和研究中还采用过一种专门用于分析句子成分的方法，叫句子成分分析法。它基本上也是将句子成分分析为主语、谓语、宾语、定语、状语、补语这样一些成分，但术语的内涵跟上面介绍的层次分析法中的内容有一些差异，成分之间的关系也不完全一样。也就是说，两种分析方法大体使用的是同一套术语名称，可是所指有所不同。下面就来具体介绍这种句子分析方法。

一、句子成分分析法的内涵

  所谓**句子成分分析法**，是指把句子成分分析为主、谓、宾、定、状、补这六大类，然后按照这些成分的组合情况来确定句子的各种结构格式，说明结构规律。由于句子成分分析法在析句时需要找出句子的中心词(主干)及其附加成分或连带成分(枝叶)，只有找到了中心词，才算找到了句子成分，所以也叫**中心词分析法**。

注意，分析句子成分的方法(有时简做"析句法")并不只是句子成分分析法，上面讲的层次分析法(直接成分分析法)也是可以用来分析句子成分的。也就是说，这里所说的"句子成分分析法"是有其特定涵义的，它只是若干析句法中的一种。

二、中心成分和附加成分

句子成分分析法的关键就是区分中心成分和附加成分。以下面的句子为例：

那个留学生轻松地学完了语法课程。

这是一个主谓句。根据层次分析法的分析思路，应该首先划分出主语"那个留学生"和谓语"轻松地学完了语法课程"，这两个成分都是由短语构成。然而，在句子成分分析法的分析系统中，这两个短语并不是主语和谓语，主语和谓语应该分别是它们中的中心词"留学生"和"学"。"学"后面还有连带成分(即受动词支配的成分)，也应该找出来，这就是宾语，但句子成分分析法的宾语不是指整个"语法课程"，而是指其中的中心词"课程"。到此为止，我们找到了这个句子的所有中心成分：主语"留学生"、谓语"学"、宾语"课程"。找到了中心成分，剩下的就是附加成分。主语前面的附加成分"那个"和宾语前面的附加成分"语法"都是定语，谓语前面的附加成分"轻松"是状语，谓语后面的附加成分"完"是补语。这样就得到三个附加成分：定语、状语、补语。上面这个句子是中心成分和附加成分齐备的句子，实际上大多数句子都只包含其中的某些部分。

三、句子成分分析法的分析程序

从上面的实例演示可以看出句子成分分析法的基本分析程序。具体说来就是这样两个步骤：

首先找出句子的两个中心成分(中心词)：主语和谓语，在主语之后用双竖线"‖"隔开。主语下加双横线"＝＝"，谓语下加单横线"＿＿"。如果有宾语，接着找出来，下加波浪线"﹏﹏"。例如：

① 寒风‖呼啸。

② 悠久而灿烂的历史‖有时会成为包袱。

③ 那个行色匆匆的路人‖一不小心把路边的水果摊撞得飞了起来。

④ 机敏的孙悟空‖一棒子打死了变做老太婆的妖精。

找出中心成分后,再分别找出各个中心成分的附加成分,定语用"( )"标出,状语用"[ ]"标出,补语用"< >"标出。例如上面例②-④都含有附加成分,可以进一步切分出定语、状语、补语:

② (悠久而灿烂)的历史‖[有时][会]成为包袱。

③ (那个)(行色匆匆)的路人‖[一不小心][把路边的水果摊]撞得<飞了起来>。

④ (机敏的)孙悟空‖[一棒子]打<死>了(变做老太婆)的妖精。

在句子成分分析法中,如果中心成分前面有多个附加成分,则分别标出,如例②和例③。注意,划分句子成分时,句子中的"的""地""得"和"了""着""过"一般不划在句子成分当中,如果需要,可以在它们的下面点上着重号来标明(也可以像上面这样不加标记)。不过,也有人将"的""地"划入前面的定语、状语中,只是"得"和"了""着""过"一般还是放在句子成分外面。

句子成分分析法可以显示句子的整体结构。例如上面四句的结构是:

① 主—谓

② 定—主—状—谓—宾

③ 定—主—状—谓—补

④ 定—主—状—谓—补—定—宾

如果只考虑中心成分,例①和例③属于主谓句,例②和例④属于主谓宾句。

句子成分分析法在检查句子的搭配错误方面比较方便。下面留学生造的几个汉语句子都在句子成分的搭配上有问题:

⑤ *今年寒假我要旅游杭州。

先找出中心词"我—旅游—杭州",主语"我"跟谓语"旅游"能搭配,但谓语"旅游"不能带宾语。这句话宜改为:"今年寒假我要到杭州旅游。"

⑥ *上午我们访问了一个工厂。

先找出中心词"我们—访问—工厂",主语"我们"跟谓语"访问"能搭配;谓语"访问"可以带宾语,但这里跟宾语"工厂"不能搭配,因为"访问"是指有目的地看望别人并谈话,它的宾语大多是人。这句话宜改为:"上午我们参观了一个工厂。"(当然,也可以从词汇角度来分析,将它看做是词汇意义的搭配问题,但即便如此,也是做谓语的词跟做宾语的词不能搭配。)

⑦ *深夜,外面很漆黑。

先找出中心词"外面—漆黑",能够相互搭配;但状语"很"不能修饰谓语"漆黑",因为"漆黑"已经含有程度了,不能再受"很、非常、十分、特别"等表示程度的词语修饰。这句话宜改为:"深夜,外面很黑。"或者改为:"深夜,外面漆黑一片。"

跟层次分析法相比,句子成分分析法只能用来分析句子的结构成分(而且是单句),不能用来分析短语(如"我的那本签了作者姓名的长篇小说"),更不用说分析语音、词语等语言结构了。

这里附带说明一下"句子成分"和"句法成分"这两个术语之间的关系。为了方便,前面都将它们看做所指相同的术语,如我们在第三章说句子成分也叫句法成分。其实,两者的内涵虽基本相同,但也有些差异。大家已经知道,短语带上语调就可以形成句子。如果撇开语调这一句子构成要素,对句子的结构成分分析也就是对短语的结构成分分析。由于短语也叫句法结构,因此句子分析基本上就是句法分析,句子成分基本上就是句法成分。但是,句法结构(短语)可以层层切分,一直分析到词,每一个切分出来的单位都可以叫句法成分,如上面介绍的"层次分析法"在分析短语时得到的各个成分就叫句法成分。"句子成分分析法"只能分析出主、谓、宾、定、状、补,至于每个句子成分内部的结构,便不再分析了。如"一个戴着黑边眼镜的青年从后门悄悄地溜了进来",其中定语"戴着黑边眼镜"就不再作句子成分分析了。但从结构分析的角度来看,它还可以进一步分析出"戴着"和"黑边眼镜"这两个句法成分(述语—宾语),"黑边眼镜"还可以分析出"黑边"和"眼镜"这两个句法成分(定语—中心语)。也就是说,在说明层次分析法时,人们更多地用"句法成分"这个术语;在说明句子成分分析法时,人们更多地用"句子成分"这个术语。不过,通常情况下,为了说明和理解的方便,在说明主、谓、宾、定、状、补以及中心语这些成分时,一般不作区分。

第七节　多义短语

有的短语有几种意思,这便形成了多义短语。通常将这种多义现象称做歧义。**歧义**指的就是一个语言单位可以作出不同解释的现象。

歧义可以因词语的多义而引起。如"他已经走了十几分钟了",其中的"走"既可以理解为行走,也可以理解为离开。又如"张三借李四一本书",其中的"借"既可指表示取得义的"借入",也可指表示给予义的"借出"。这些都属于词汇歧义,"走"和"借"这样的词在词典中都立有不同的义项。

我们这里主要说明**句法歧义**现象,即由于句法层次不同或句法关系不同而引起的歧义。它主要有三种情况。

一种情况是由于层次构造不同而引起的歧义。如我们在"层次分析法"一节中分析过的"咬死了猎人的狗(咬死了猎人的／狗、咬死了／猎人的狗)"就是这样一种歧义形式,如果不放到特定的语境中,它的组合层次便不明确。同类的如"告别山区的青年、热爱人民的总理、赠荷兰图书、撞倒妹妹的自行车"和"看了三天了、放大了一点儿、没有必要的批评(是有害的)、运了一个月的煤、准备了一个星期的干粮、骑好车、新职工宿舍、两个工厂的工人、弟弟和妹妹的同学、关于韩寒的评论"等。层次分析法可以分化因内部结构层次差异而造成的歧义现象。例如:

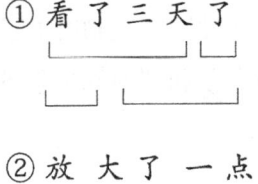

我们可以通过提供不同的语境来分化歧义,如"看了三天了""放大了一点儿"在下面的句子中都只有一种意思:

③ A. 看了三天了,连书都不知道扔哪儿去了。　　(看了三天／了)
　　B. 看了三天了,还没看完。　　　　　　　　　(看了／三天了)
④ A. 照片放大了一点儿,正合适。　　　　　　　(放大了／一点儿)
　　B. 照片放大了一点儿,还得再缩小点儿。　　　(放／大了一点儿)

另一种情况是由于语法结构关系不明确而引起的歧义。它们的结构层次相同,但可以存在两种结构关系。如"经济困难、食堂卫生、教学规范"既可理解成偏正结构,也可理解成主谓结构;"我们工人、他们学校、你们领导"既可理解成偏正结构,也可理解成复指结构。又如"学习文件(很重要)、出租汽车、表演节目、复印材料、进口机电设备、烤红薯、炒饭"都可以兼有偏正和述宾两种结构关系。我们同样可以通过不同的语境来分化歧义。例如:

⑤ A. 这份学习文件很重要,不要弄丢了。
　　B. 这次学习文件很重要,不要迟到了。

还有一种情况是由于语法成分之间语义关系不明确而引起的歧义。它们的结构层次相同,但可以存在两种语义关系。如"通知的人还没有来",其中"通知的人"既可以理解成通知这个动作的发出者(施事);也可以理解成通知这个动作的接受者(受事)。同类的如"王老师已经问了、今天我上课、鸡不吃了、鲁迅的书、母亲的回忆"。我们也可以通过提供不同的语境来分化歧义。例如：

⑥ A. 去通知的人还没有来。

　　B. 被通知的人还没有来。

对不是层次构造不同而造成的歧义，常见的分化歧义的方法是变换分析法。**变换分析法**就是通过添加、删除、移位、替换等手段来分析句法结构的方法。如"我打破了杯子"可以通过移位（"杯子"）和添加（"被"）构造出"杯子被我打破了"；"杯子被我打破了"可以通过删除（"我"和"被我"）构造出"杯子被打破了"和"杯子打破了"；还可以通过替换（"我"→"谁"）构造出"杯子被谁打破了"。对上面介绍的后两种歧义而言，变换分析法是一种有效的分化歧义的方法。如"学习文件"可以通过添加不同的指量结构来分化歧义："这份学习文件"和"这次学习文件"；"通知的人"可以通过添加动作的发出者或接受者来分化歧义："他们通知的人"和"通知他们的人"。又如"河边种着树"有两种意思，可以通过变换分析来认识：

⑦ 河边种着树→

　　A. 河边正在种树

　　B. 树种在了河边

需要说明的是，从上面的分析可以看出，这里所说的歧义都是作为一种抽象格式而存在的，如果放到特定的语境中，常常不再出现歧义。有时换个特定的词语，这种歧义也就不存在了。如"两位工厂的工人／两座工厂的工人、死了三天了；学习围棋、存档文件；采购的人还没有来、今天我教书"便都没有歧义了。

思考与练习六

一、指出下列画线的短语分别属于什么类型，并说明这些短语在句子中做什么成分。

1. 我不知道<u>风从哪个方向吹</u>。
2. 我只<u>觉得呼吸急迫</u>。
3. <u>梁山伯和祝英台的故事</u>优美感人。
4. 请大家<u>十个人一排</u>排好队伍。
5. <u>真诚待人</u>必然获得别人的真诚。
6. 他一大清早就<u>出去卖白菜</u>。
7. <u>他的诉说</u>感动了所有的人。
8. 这场雨来得<u>又突然又猛烈</u>。
9. <u>住院一个月的医疗费</u>可不小啊。
10. 天热得<u>人心里发慌</u>。

二、指出下列短语的结构关系类型。

　　抄写清楚　一个（人）　积极主动　请他参加

　　比你（高）　他们三位　向他看齐　明天星期天

　　愿意去西藏工作　知道得不少　老师找他谈过话

　　听不大懂　诗词两首　北京交通发达　平凡而伟大

　　高兴极了　请人帮忙　给人帮忙　出来看　看出来

　　语言学理论这门课　看三本　抄三遍

　　新买的裙子　买新的裙子　裙子新买的

　　去了一趟北京　去了北京一趟　北京去了一趟

三、找出下列句子中的主语，并说明主语跟谓语之间的关系（施事／受事／其他—动作）。

　　1. 今年的花生、油菜都榨了油。

　　2. 狂风吹折了五根电线杆。

　　3. 卖火柴的小女孩赤着脚走在冰冷的雪地里。

　　4. 那台录音机已经给人借走了。

　　5. 你的解释并没有消除他的疑虑。

　　6. 实践是检验真理的唯一标准。

　　7. 由于广告的宣传，所有的货物都卖掉了。

　　8. 赵先生收到了一封出席国际学术会议的邀请函。

　　9. 这台录音机专门学习外语。

四、指出下列述补短语中补语的类型。

　　穿破　坏得很　走一遭　平静下去　捆得牢牢的

　　走开　去不得　讲明白　踩在地下　等了一小时

　　来不了　拿得出　气得要死　抄写清楚　瘦得皮包骨头

　　坚持不下去　痛得他满地打滚　奔向大门外

五、指出下面句子的宾语和补语。

　　1. 老栓走到家，店面早已收拾干净。

　　2. 然而这一回，她的境遇却改变得非常大。

　　3. 我累得骨头都散了架，话都不想说了。

　　4. 这场大火烧掉了许多珍贵的手稿。

　　5. 阳光火一般地喷下来，我热得气都喘不过来。

6. 竟然从屋顶上掉下一个人来。

7. 我到达山脚时已经是午夜了。

8. 大门上贴着一副对联。

9. 国庆长假期间,我一连在家看了七天小说。

六、用层次分析法和句子成分分析法分析下列句子的结构。

1. 这些来自欧洲的中国历史的研究者非常了解中国。

2. 屋檐下挤满了躲雨的人们。

3. 泉水一路欢唱着跑下山去。

4. 我为买奥运会开幕式门票的事忙碌一个星期了。

5. 想买新电脑的实在接受不了这个价格。

6. 我知道她喜欢爸爸给她讲神话传说。

七、下列每个结构都有两种意思(即歧义),请分别划分出它们的结构层次并说明结构关系。

1. 成百上千个社区的居民

2. 对领导的指责

3. 看打乒乓球的中学生

4. (孩子)看见妈妈笑了

5. 你们两人一屋

6. 十五日前去开会

7. (我敢)打死老虎

8. (他)没有一次看完

9. 我想她已经成习惯了

10. 我做不好

11. 他离开了我如释重负

12. (步子)迈快了一点儿

八、用变换分析法分化下列歧义现象。

1. 我正在考虑修订方案

2. 连蔡校长也不认识

3. 山上架着大炮

4. 开刀的是他的爷爷

5. 他的笑话说不完

第七章
句子系统(上)——单句

　　句子是由短语或词加上合适的语调而形成的。在认识了词和短语的基础上，就可以来讨论比它们更大的语法单位——句子了。

　　分析句子，既可以从结构上来考察，看它由哪些成分组成，各个成分的性质和关系怎样；也可以从功能上来考察，看它整体上可以起什么作用。据此，我们既可以根据句子的结构特点给各种句子归纳类型，也可以根据句子的功能特点给各种句子归纳类型。另外，在句子系统中，有一些表达格式在结构和功能上都有些特殊之处，如"他把那幅古画捐给了中国美术馆"这样的"把"字句、"那幅古画被他捐给了中国美术馆"这样的"被"字句等。这些特殊的句子格式往往引起人们更多的关注，人们常常根据这些特殊表达格式中的一些标志性特征来给它们归纳类型。

　　这样，我们就可以从三个不同而又相互关联的角度来认识句子系统。我们通常将句子的结构类型称做**句型**，将句子的功能类型称做**句类**(本章专指按句子的语气这一功能所分的类)，将具有特殊表达格式的句型称做**句式**。学习句型，有助于我们了解和掌握汉语句子的基本结构；学习句类，有助于我们了解和掌握汉语句子的不同交际职能；学习句式，有助于我们了解和掌握汉语句子的最为特殊的地方。下面依次介绍句型、句类和句式。

第一节　句型——句子的结构类型

一、单句和复句

　　句型就是按照句子的结构划分出来的句子类型。我们可以首先根据句子结构的复杂程度将句子分为单句和复句,单句由若干句子成分直接构成,复句由几个单句形式(即分句)构成。去掉关联词语后(如果有的话),复句的每个分句独立出来(如果可以独立的话)就是单句。这里先讲单句,而将复句另立一章(第八章)进行分析。

具体地说,**单句**就是指表达一个相对完整意义的、结构独立并具有特定语调的语言单位。

所谓表意的相对完整,指的是单句能够独立地表达说话人的某种意图。特定的语调就是说话人意图的反映。例如:

① 春天来到了人间。　　　　　　　　(说明一种事实情况)
② 人类什么时候登上月球的?　　　　(提出一种疑问)
③ 让暴风雨来得更猛烈些吧!　　　　(表达一种请求)

所谓结构独立,指的是单句不能被包含在其他成分之中,否则只是更大结构的一个句子成分。例如:

④ 他问人类什么时候登上月球的。

这句中的"人类什么时候登上月球的"就不再具有独立性(同时也不能表达一个相对完整的意义),而是做"问"的宾语。整个句子才是一个单句。

二、单句的结构类型

在分析句子成分或者说切分句法结构时,首先看这个句子是否包含主语和谓语,然后再看它们内部的构造情况。也就是说,可以根据单句能不能分析出主语和谓语而将句子分为主谓句和非主谓句。

(一) 主谓句

主谓句指由主语和谓语两个部分组成的句子。汉语句子的谓语部分往往比较复杂,可以再根据谓语部分性质的差异给主谓句划分出四种下位类型:

1. **动词性谓语句**(也常简称**动词谓语句**):由动词性成分充当谓语的句子。例如:

① 孩子‖睡了。
② 鲁迅‖创作了中国第一部白话小说。
③ 战争的消息‖在草原上传开了。
④ 科学技术‖是第一生产力。
⑤ 这孩子‖像她妈。

这种句子的否定形式一般在主谓之间加上"没有／没"(例①②③,同时要拿掉述语动词后的"了")或"不"(例④⑤),如"孩子没睡""鲁迅没有创作中国第一部白话小说""科学技术不是第一生产力"等。

2. **形容词性谓语句**(也常简称**形容词谓语句**):由形容词性成分充当谓语的句子。例如:

① 这人‖老实。

② 四川九寨沟的水‖特别美。

③ 今年夏天‖热得坐在家里吹电扇都出汗。

④ 乞力马扎罗山‖雄伟而壮丽。

⑤ 雨后的天空‖湛蓝湛蓝的。

这种句子的否定形式有的可以在主谓之间加上"不"。如"这人不老实"。但这种直接加"不"来否定谓语的情况并不太多,基本上限于谓语是由单个形容词充当的。我们在前面第四章介绍形容词中的"性质形容词"时指出,汉语性质形容词单独做谓语的能力比较弱,前后要加上一些别的成分才能提高句子的可接受程度。上面的例②③就是如此。它们的否定形式有两种,一个是拿掉形容词前后的附加成分后再加"(并)不",如"四川九寨沟的水(并)不美""今年夏天(并)不热";一个是仍然保留形容词前面的程度副词,直接加"并不",如"四川九寨沟的水并不特别美"。而像例③谓语中带有情态补语的情况,变成否定句时就必须将情态补语拿掉(同时拿掉"得")。例④的谓语是性质形容词的并列形式,它的否定形式一般用"并不",如"乞力马扎罗山并不雄伟而壮丽"。例⑤的谓语是状态形容词,它的否定形式跟性质形容词相同,如"雨后的天空并不(特别)蓝"。由此可见,形容词谓语句的否定形式本身并不复杂,但它跟肯定形式的对应关系比较复杂。由于我们平时的汉语教学对此没有给予足够的重视,因此常常出现偏误。

3. **名词性谓语句**(也常简称**名词谓语句**):由名词性成分充当谓语的句子。例如:

① 今天‖星期六。／下一站‖王府井。

② 小王‖已经副教授了。／张军‖快团长了。

③ 鲁迅‖浙江人。／苏轼‖宋朝人。

④ 汉族人‖黄皮肤。／这本书‖硬封皮。

⑤ 张教授‖六十五岁。／这本书‖二十五块钱。

⑥ 一个孩子‖十本书。／一只青蛙‖一张嘴。

名词一般不能直接做谓语，但在一些特殊情况下可以。上面例①和例②谓语中的名词所表示的意义通常出现于一种顺序中(即表示顺序义)，如时空顺序(时间顺序如：星期一、……星期五、星期六、星期日；空间顺序如某路公共汽车站点依次为：西单、天安门、王府井、东单……)、职衔等顺序(职称：助教、讲师、副教授、教授；军衔：班长、……营长、团长、师长……)、社会层级地位等顺序(如：小学生、中学生、大学生、研究生；群众、干部；小孩子、大人)、变化顺序(如：阴天、晴天)。这些名词做谓语时都表示一种变化，因此后面都可以带"了"，表示某种变化。表示时空顺序、变化顺序的可以不带"了"，因为它们自身带有某种变化。而表示职衔、社会层级地位等顺序义的名词做谓语时必须带"了"，这样才能将这种变化突出出来。另外，如果一个顺序是单向的，作为顺序起点的名词则没有上面这种用法。如"小孩子→大人"，只能有"他(已经)大人了"这样的表达，一般不说"他小孩子了"。像"星期一→……星期天→星期一"这样的循环序列，就没有这样的限制。例③和例④，实际做谓语的是偏正结构，分别表示籍贯、时代，器官、部件等方面的特征，单个名词则不能直接做谓语。例⑤表示数量，如年龄、钱数。例⑥表示分配或拥有的关系。由这些例子可以看出，表面上纷繁复杂的现象，实际有很强的一致性、规律性。

上述这些句子如果变成否定句，一般需要在谓语部分的名词性成分前加上"不是"(例①至⑤)或"没有"(例⑥)，如"今天不是星期六""汉族人不是黄皮肤""一个孩子没有十本书"等。如果变成正反问句，则用"是不是"(例①至⑤)或"有没有""没有"(例⑥)来提问，如"今天是不是星期六？""汉族人是不是黄皮肤？""一个孩子有没有十本书？"等。这样，有人便将这种结构看做是省略了"是"或"有"的句子。其实，在汉语中，上面这些类型的句子如果不是突出强调判断或领有的话，一般以不加"是"或"有"为常。而且，即便看做是"是"或"有"的省略，也需要说明为什么能够省略、省略的条件是什么。因为有些用"是"或"有"做述语的句子，并不能省略，如"这是一本书""门外有一条河"等。我们在教学中要特别关注现象和条件之间的关系。遇到汉语中特殊而又常见的现象时，不要轻易地将特殊现象看做其他现象的省略之类。特殊现象自有其特殊之处。

4. **主谓谓语句**：由主谓短语充当谓语的句子。例如：

① 这批货物 ‖ 海关人员都一一检查过了。

② 我 ‖ 什么世面没见过。

③ 骗你的家伙，‖ 我以前也跟他打过交道。

④ 这个记事本，‖ 你可以用来记日记。

⑤ 梧桐树‖叶子很大。

⑥ 我们学校的学生‖一多半是外国人。

⑦ 这个提议,‖我们都没有意见。

⑧ 这份报纸,‖每个版块一个责任编辑。

为了区别,我们常常称主谓谓语句中全句的主语、谓语分别为大主语、大谓语,称充当大谓语的主谓短语中的主语、谓语分别为小主语、小谓语。它们之间的结构关系是:

⑨ 这批货物‖海关人员都一一检查过了。

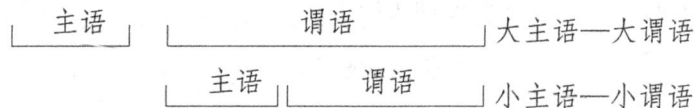

大主语和小主语之间的语义关系有多种。如①②③④的大主语分别是小谓语中动作的受事、施事、与事(动作的参与者)、工具;⑤⑥的大主语和小主语之间有领属关系或者整体与部分的关系;⑦⑧中的大主语是大谓语陈述的方面或范围。

在大主语和小主语之间有领属关系或整体与部分的关系时,似乎可以在它们中间加"的"。例如:

⑩ 梧桐树的叶子‖很大。

此时,这个句子就变成了形容词性谓语句了。其实,加不加"的",陈述的对象和表达的重点是不同的。在"梧桐树叶子很大"中,陈述的对象是"梧桐树",陈述的内容是"叶子很大";两者之间可以插入其他词语,如"梧桐树确实叶子很大"。而在"梧桐树的叶子很大"中,陈述的对象是"梧桐树的叶子",陈述的内容是"很大"。

主谓谓语句一般不能直接在大主语和大谓语之间用否定词来否定。如果要表达否定的意思的话,一般在小主语和小谓语之间使用否定形式,如例②和例⑦,又如"这批货物海关人员没有一一检查""我们学校的学生一多半不是外国人"等。可见,这种否定,并不是否定话题跟陈述之间的关系,而是对陈述的情况进行否定,话题的特征仍然保留着,只是从否定的一面来陈述话题罢了。

汉语主谓谓语句结构灵活、类型多样、使用广泛,这跟汉语表达中注重话题有很大关系。前面第三章介绍句子成分中主语和谓语之间的关系时就已经指出,所谓话题,就是谈话的起点。主谓谓语句这样的话题结构表达,在写作教学中显得尤为重要,看所写的文章像不像汉语表达,一个标志就是看文中主谓谓语句的使用情况。我们将在第十章分析"现代汉语语法的特点"时,再对汉语句法系统中话题特征凸显的情况作出说明。

（二）非主谓句

非主谓句指由非主谓短语加语调形成的句子。这种句子可以由主谓短语之外的其他短语充当，也可以由一个单词充当。主要有下列几种类型：

1. 动词性非主谓句：由动词性词语构成。例如：

   ① 回去！　　　　　　　② 请勿拍照！
   ③ 刮风了。　　　　　　④ 走吧。
   ⑤ 有一种幸福叫随意。　⑥ 让世界充满爱！

2. 形容词性非主谓句：由形容词性词语构成。例如：

   ① 好！　　　　　　　　② 棒极了！
   ③ 真好看。　　　　　　④ 真的好吓人！

上面这两种类型的句子并不是省略了主语，而是不需要说出，或者无法补出主语。

3. 名词性非主谓句：由名词性词语构成。例如：

   ① 一张动物园票。　　　② 多美妙的音乐！
   ③ （向人介绍时）张教授，李先生。
   ④ 五十年前。客厅。一张桌子。两把椅子。两个小孩。

4. 特殊非主谓句：包括叹词句、拟声词句、招呼语句、副词句等。例如：

   ① 喂！／哎呀！／啊？　　　　　　　　　　（叹词句）
   ② 砰！／咔嚓嚓！／哗啦——哗啦——　　　（拟声词句）
   ③ 爸！／老李呀！／卖水果的！　　　　　　（招呼语句）
   ④ 不！／（你可得想着我的事呀。）当然。　（副词句）

对语言结构类型（尤其是主谓句）的分析、归纳和不同语言之间的句型比较一直是语言研究的重要方面，在语言教学中句型练习也是教学的重点。

当然，上面提到的主谓句，并不意味着交际中每句话都要主语谓语齐全，常常是根据上下文可以只出现其中的一部分。如果将主谓齐全的句子看做整句的话，主谓不齐全的句子(非主谓句)则可以看做零句。零句经常出现在对话、祈使、赞叹、发现新情况、场景说明等语境中。

注意，看做整句的句子，也不一定都是主语在谓语之前，在实际交际中，还有倒装的现象，将主语后置。例如：

① 快进来吧，你。
② 修好了没有，那辆车？
③ 真有意思，这个人！

当然，倒装不仅仅指主谓倒装，还有其他形式。例如：

④ 十二点了，都。　　　　　　　　　　（状语后置）

⑤ 他去孔子学院教书了，我知道。　　（宾语前置）

⑥ 腰都直不起来了，累得。　　　　　（补语前置）

⑦ 去天安门了，领着外宾。　　　　　（连谓结构前后两个直接成分的顺序颠倒）

这些倒装现象在口头表达中比较常见。这些句子中语句的重音都在前面的部分，因为它是句子的语义重心；后置的部分都必须轻读，在句子中只起追加、补充的作用。

书面语中还有一类倒装现象，将要强调的地方后置，此时不能轻读。这往往是作者有意安排的，具有鲜明的文学色彩。例如：

⑧ 小草偷偷地从土里钻出来,(嫩嫩的),(绿绿的)。　　　　　（定语后置）

⑨ 他们应该有新的生活,(为我们所未经生活过的)。　　　　（定语后置）

⑩ 我要写下我的悔恨和悲哀,[为子君，为自己]。　　　　　（状语后置）

⑪ 我失去了今生和他会面的机会，留下了无法弥补的遗憾,[永远永远]！

（状语后置）

既然将上面这些现象看做倒装，就意味着倒装的句法成分可以复位，复位后除了修辞色彩有所不同外，句子意思没有发生变化。

第二节　句类——句子的功能类型

句类就是按照句子的功能(即句子在交际中所起的作用)所做的分类。如通常所说的叙述句、描写句、判断句等就是一种功能分类。目前的汉语教学中比较多地关注按照句子的语气划分出来的句子种类。因此，本书的句类也是指句子的语气类型。根据句子的语气类型，句类可以分为陈述句、疑问句、祈使句、感叹句四种。

一、陈述句

陈述句用来叙述或者说明事实。陈述句全句语调平直，句末语调略降。例如：

① 学校九月就开学了。

② 历史的尘埃终究盖不住英雄的光辉。

③ 重走长征路是有特殊含义的。

④ 起大风了。

陈述句有时可以带语气词"啊、嘛、呢、的、了、罢了"等，表示某种和缓的语气或者心绪。此时句末语调一般缓降。例如：

⑤ 这件事你一定要认真对待啊。

⑥ 这可是最好的茶叶呢。

有时候，可以用"双重否定"的方式来表示肯定的意思，一般在语义上加重了。例如：

⑦ 没有一个人说不好吃。　　　（≈人人都说好吃）

⑧ 我们非争这口气不可。　　　（≈我们一定要争这口气。）

⑨ 村子里的人无不笑容满面。　（≈村子里的人都笑容满面。）

⑩ 他这样做无非是想要挟我们。（≈他这样做只是想要挟我们。）

但有的双重否定式语义上有所减弱。例如：

⑪ 这个技术国外未必没有掌握。（≈这个技术国外可能已经掌握了。）

⑫ 他的成功与你不无关系。　　（≈他的成功与你多少有些关系。）

有的"不+能愿动词+不"双重否定式跟相应的单纯肯定式在意思上有较大的差别，这种双重否定式表示"必须、只能、一定"的意思，从而加重语义。例如：

⑬ 我们不能不通知你。　　　　（≈我们必须通知你。≠我们能通知你。）

⑭ 做生意不可不讲诚信。　　　（≈做生意必须讲诚信。≠做生意可讲诚信。）

⑮ 现在他不敢不说出真相了。　（≈现在他只能说出真相了。≠现在他敢说出真相了。）

有的"不+能愿动词+不"双重否定式跟相应的单纯肯定式在意思上相差不大，如"不会不来、不该不去"即表示"会来/肯定来、该去"。

二、疑问句

疑问句用来提出问题。疑问句大都用升调。例如：

① 你们知道孩子真正想要的是什么吗？

② 今年的气候怎么这么反常呢？

③ 你是选择安逸的生活呢还是艰苦地奋斗？

④ 大家听没听过这首苏格兰民歌？

疑问句的内部情况比较复杂，上面四句分别代表了不同的疑问句类型。提问的方式有多种，有的直接用疑问的语调，有的同时还用疑问词、语气副词、语气词等，还有一些特殊格式可以表示疑问。有时只用一种方式来提问，有时两三种方式综合运用。下面根据疑问句的结构及语义分成四类来说明。关于各个语气词表示什么语气，参见本书第五章"词类系统（下）——虚词"中关于"语气词"的说明。

（一）是非问句

把陈述句的语调改成明显上升的疑问语调，要求对方直接作出是或非的回答的句子叫**是非问句**或**是非疑问句**，简称**是非问**。是非问句句末可以加上语气词"吗"，还可以用"吧、啦、啊"，但不能用"呢"。它通常要求对方用"是／不是""有／没有""对／不对""嗯"之类的方式来作答，甚至可以只用点头、摇头等体态语来回答。例如：

① 你的素描画完了？
② 这个长着络腮胡子的人大家认识吗？
③ 参加晚会的嘉宾都到了吧？
④ 大家都商量好啦？
⑤ 他就是校篮球队的前锋啊？
⑥ 杰米来自澳大利亚，是吧？

需要注意的是汉语是非问句的回答方式。虽然有的句子可以用"是／不是"之类的回答（如例⑤⑥），但大多数情况下常常是用重复问句中的谓语或谓语中心成分等方式来回答；如果有时态标记，一般要带上。例如：

⑦ "你的素描画完了？""画完了／没画完。"
⑧ "这个长着络腮胡子人大家认识吗？""认识／从来没见过。"

实际上，即便是例⑤和例⑥，也是通过重复谓语或谓语中心成分等来回答的。由于汉语没有英语 do 之类的助动词，因此动词的作用就比较明显。

（二）特指问句

用疑问代词指出要求回答的内容的句子叫**特指问句**或**特指疑问句**，简称**特指问**，也称做**特殊疑问句**。用来特指的疑问代词有"谁、什么、哪(哪儿、哪里)、几、多少、怎么、怎(么)样、为什么"等，说话人希望听话人就句中的疑问点作答。句末常用语气词"呢、啊、啦"，但不能用"吗"。例如：

① 动物园里的老虎喂什么？
② 多少财富才能满足你的欲望啊？
③ 你为什么总喜欢打听别人的消息呢？
④ 事情进展得怎么样啦？
⑤ 搁哪儿？

有的问句没有用疑问代词指明疑问的内容，但实质上跟使用疑问代词的疑问句一样，也规定了回答的内容，所以也是特指问句。例如：

⑥ "邮票呢？"（=邮票放在哪儿了？）"桌子上呢。"
⑦ "她不愿意呢？"（=要是她不愿意怎么办？）"别管那么多了。"

（三）选择问句

在一个疑问句中并列几项内容让听话人选择一项来回答的句子叫**选择问句**或**选择疑问句**，简称**选择问**。选择问句常用"(是……)还是……"来连接选择项。如果句末用语气词，只能用"呀、呢、啊"，不能用"吗"。例如：

① 退休后，你是选择回到乡下住，还是继续待在城里呀？
② 是他自愿退出比赛的呢，还是被淘汰了呢？
③ 你骑自行车去呢还是坐公交？
④ 瞧你这副表情，是哭还是笑啊？
⑤ 微积分的发明者，是牛顿呢，还是莱布尼茨呢，还是其他人？

（四）正反问句

在一个疑问句中将一项内容的正反两个方面并列起来让听话人选择一项作肯定或否定回答的句子叫**正反问句**或**正反疑问句**、**反复问句**，简称**正反问**。跟选择问一样，如果句末用语气词，只能用"呀、呢、啊"，不能用"吗"。例如：

① 全球的气候是不是在一天天地变暖呀？
② 你喜欢不喜欢二胡啊？
③ 理想和现实的距离远不远呢？
④ 你掌握了这门课的基本知识没有？
⑤ 孩子想家不想？
⑥ 晚上的演唱会你去不？
⑦ 他从垃圾堆里捡到了一件古董，是不是？

由于正反问句是让听话人在并列的正反两项之间选择一项来回答，跟选择问句在实质上相同，可以看做是选择问句的一种特殊形式，因此可以将它归入选择问句。

（五）关于反问句

上面四种类型的问句都是"有疑而问"的句子，希望听话人作答，可以叫询问句。还有一种句子虽然用问句的形式来表现，但是不需要听话人作答（答案已包含在问话当中），而是为了加强语气。这种"无疑而问"的句子，通常叫**反问句**。上面四种类型的疑问句都可以用来当做反问句的形式。例如：

① 难道世界上灵魂与生命的交融，也还有等级的区分吗？
② 都读了二十遍了，怎么还让我读？
③ 你这是在教他学好呢，还是教他学坏呢？
④ 这么好的书，你说该读不该读？

注意，汉语的疑问句不需要将句中的任何成分向前移动，而英语等语言一定要将某个成分(如判断动词或能愿动词)往前移才能构造出疑问句，特指问句还要将特殊疑问词或短语移到句首。

三、祈使句

祈使句用祈使语气表示请求、劝阻或命令、禁止等。祈使句一般用降调。表示请求、劝阻时语气较和缓，句末可用语气词"吧""啊"。例如：

① 让和平之梦成为现实吧！　　　（请求）
② 快给我解释解释啊。　　　　　（请求）
③ 小心，别往后看。　　　　　　（劝阻）
④ 找对象的事，甭听他的。　　　（劝阻）

表示命令、禁止时语气较强硬，一般不用语气词。例如：

⑤ 立正！　　　　　　　　　　　（命令）
⑥ 举起手来！　　　　　　　　　（命令）
⑦ 军事禁区，严禁闯入！　　　　（禁止）
⑧ 闲人免进！　　　　　　　　　（禁止）

四、感叹句

感叹句用感叹语气抒发某种强烈感情。感叹句一般用降调。感叹句中常用"真、好、可、多么、何等、怎样"之类有强调意味的词，句末一般可用语气词"啊"。例如：

① 电脑技术的发展速度真快呀！
② 多么宏伟的建筑！

③ 何等令人心痛的结局！

④ 多么奇妙啊，这科学的世界！

⑤ 哎哟！瞧把你们折腾的。

第三节 句式——句子的特征类型

　　句型系统中有一些具有特殊的结构特征的句子，需要特别引起重视。**句式**就是根据句子的某种局部特征划分出来的句型。有时为了强调，也叫特殊句式。一般情况下，句式都有一些特殊的标记形式，以体现这种局部特征。在汉语句型中，主谓句比较复杂，主谓句中，动词谓语句又最为复杂，往往牵涉到汉语的基本特点。所以，对句式的分析重点落在对动词谓语句，尤其是对谓语部分中特殊之处的分析。

　　汉语的特殊句式，我们在前面分析各类句法单位时已经介绍过连谓句（也叫连动句）、兼语句、双宾语句、主谓谓语句、名词谓语句等句式，这里不再重复。下面重点介绍其他一些常用句式："是"字句、"是……的"句、"有"字句、存现句、"把"字句、被动句、"连"字句和比较句。

一、"是"字句

　　"是"字句指述语动词使用判断动词"是"的句子，也叫**判断句**。"是"是个及物动词，它的基本意思是表示肯定判断。"是"字句的结构模式是：主语＋是＋宾语。

　　"是"字句中的"是"具有一般动词所具有的一些特点，如：能受副词修饰，能用肯定、否定并列的方式提问，能单独回答问题。例如：

　　① 她已经是高中生了。

　　② 河那边是不是古战场？

　　③ "这就是当年丝绸之路上的一个重镇吗？""是。"

　　但它也有一些特殊之处，如：由于不表示动作或状态变化，所以后面不能用"了、着、过"等动态助词及各种补语；只能用"不"否定；不能重叠。

　　能充当"是"字句主宾语的词语多种多样，几乎所有的实词和短语都可以。同时，"是"所连接的内容也比一般动词要宽泛得多。下面按主语和宾语之间的关系来分析各类"是"字句在表义上的差异。

(一) 表示等同或归类、分类。例如：

① 一年是 365 天。　　　　　　　　　　（表示等同）
② 中国长城是世界七大奇迹之一。　　　（表示等同）
③ 老舍是伟大的作家。　　　　　　　　（表示归类）
④ 这款手机是新款的。　　　　　　　　（表示分类）

表示等同关系的主语和宾语可以互换位置而句义不变，表示归类、分类关系的则不能。另外，"是"可以用做比喻中的联系词，这可以看做一种特殊的等同。例如：

⑤ 说到底，在这个小团体中你还只是一只小蚂蚱呀。

(二) 宾语从某个方面对主语加以说明。这方面的关系最为复杂。例如：

① 白种人大多是蓝眼睛。　　　　　　　　　　　　（说明身体特征）
② 这个家伙是个牛脾气。　　　　　　　　　　　　（说明性格特征）
③ 这部戏，他是男一号。　　　　　　　　　　　　（说明角色）
④ 人家是飞机，哪像咱们，还是汽车，当然慢了。　（说明工具）
⑤ 这座塔楼的外墙全是玻璃，很晃眼。　　　　　　（说明材料）
⑥ 开幕式，北京奥运会是 2008 年 8 月 8 日晚 8 时。（说明时间）
⑦ 我们要去监考了，你是一号考场，我是二号考场。（说明处所）
⑧ 他是不把集体荣誉当回事儿。　　　　　　　　　（说明情况）

这些句子中虽然用了"是"，但既不表示等同也不表示归类、分类，因此不要跟别的语言中的判断动词(系动词)简单对应。在汉语中，宾语只要是用来说明主语所具有的某方面特征、情况或处于某种状态的，就可能用"是"字句来表达。当然，"是"的判断功能仍然存在，如我们可以这样来理解上面的部分句子："白种人的(特征)大多是蓝眼睛、他(演的)是男一号、人家(乘的)是飞机、他(这样做)是不把集体荣誉当回事儿"等。可见，在意思表达上，主语的某些内涵有所隐含。这种表达简洁生动，是汉语特有的句式之一。

(三) 表示存在，主语通常是表示处所的词语。例如：

① 学校西边是家电影院。
② 到处都是热血青年。

关于表示"存在"义的"是"字句，还可参见下文关于"存现句"的说明。

(四) 用于解释说明原因、目的等，有时带有申辩的意味。这种情况下"是"的宾语大多由动词(短语)、形容词(短语)、介词短语充当。例如：

①你没留在国外是怕父母在国内孤单吧？　　　　（说明原因）
②你是来旅游，我可是来学习。　　　　　　　　（说明目的）
③不是不想帮你，是实在没办法。　　　　　　　（带申辩意味）

（五）用在主谓句前，加重语气，强调主语在整个事情中的作用。例如：
①是你直接导致了这次违约。
②是可爱的孩子给了他继续生活下去的勇气。

这是汉语表示强调的一种方式。如果在句末或述语动词后加上"的"，就构成"是……的"句的一种类型（强调主语型），如"是你直接导致了这次违约的"和"是你直接导致的这次违约"。

（六）表示坚决地肯定，相当于"的确、确实"的意思，"是"必须重读。例如：
①我们查看了监控录像，她是没有在现场。
②今天的天气是很奇怪，一会儿大雨如注，一会儿又艳阳高照。

这也是汉语表示确认语气的一种方式，即对先前别人提出的某种看法加以确认。如例①蕴涵的意思是此前有人认为"她没有在现场"，现在认为确实如此；说出例②的前提是有人说"今天的天气很奇怪"，现在看来确实如此。

（七）"是"前后用相同的词语，可以表示确认、让步等。例如：
①你错了就是错了。　　　　　　　　　　　　　（表示确认）
②小孩子可爱是可爱，就是有时太淘气了。　　　（表示让步）

有时可以对举性使用，如"丁是丁卯是卯""鼻子是鼻子眼是眼""头是头，脚是脚""你是你，我是我" "一是一，二是二" "山是山来水是水"等，表示两者分明，整体上清楚，一点儿不含糊，描写的意味很重。

汉语"是"字句中"是"所连接的内容之所以如此丰富，与汉语注重话题表达有关。"是"之前的成分作为话题，"是"后的成分可以从不同的方面对这个话题进行陈述。

二、"是……的"句

这是一种突出焦点的句式。"是……的"句用来表示肯定、确认的语气。除强调主语时"是"放在主语之前外，其他情况下"是"都用在主语和谓语之间；"的"则总是出现在述语动词后面的某个位置，起到圈定强调范围的作用，基本上在句尾，绝大多数情况下所强调的内容出现在"是"和"的"之间。下面就按这两种强调格式来分别说明（下面各例都在强调的内容下画上横线）。

（一）强调主语。格式是：是＋主语＋谓语(的)。这里的主语基本上就是动作的发出者（即施事）。此时，述语动词后面如果带了宾语的话，"的"可以放在宾语之前或之后。例如：

① 是陕西农民在打井时发现秦始皇兵马俑的。
② 是陕西农民在打井时发现的秦始皇兵马俑。
③ 这个消息是内部人走漏出去的。

（二）强调谓语中的某个成分。格式是：主语＋是＋谓语(的)。由于谓语的内部成分多样，语义关系复杂，因此强调的内容和方式也比较多样。根据结构和功能的差异，大体可以分为两种类型。

1. 强调跟述语动词相关的成分，如动词的修饰成分、动作的对象(即受事)，即强调充当状语或宾语的成分。

（1）强调充当状语的成分。

能做状语的语义成分多种多样，如时间、处所、参与者、工具、材料、方式、条件、目的、对象等，这些都可以成为强调的内容。为了强调，便将"是"直接放在它们的前面；述语动词后面如果带了宾语的话，"的"可以放在宾语之前或之后。例如：

① 我们是今天早上才知道你来北京的。　　　（强调时间）
② 我是在图书馆找到的他。　　　　　　　　（强调处所）
③ 大家都是跟亲友团一起来的。　　　　　　（强调参与者）
④ 这些痕迹都是用刀子划的吗？　　　　　　（强调工具）
⑤ 小姑娘是用彩纸做的小房子。　　　　　　（强调材料）
⑥ 几百多个人名她是一个一个背下来的。　　（强调方式）
⑦ 我是在家人的鼓励下完成学业的。　　　　（强调条件）
⑧ 农民工是为了有更好的生活才进城打工的。（强调目的）

（2）强调充当宾语的成分

此时"是"和"的"的中间是动词，"是"大部分情况下都可以省略，而强调的内容放在"的"之后。这是"是……的"句在强调内容的安排上的唯一特殊之处。例如：

① 他(是)考的本科，我(是)考的大专。
② 这次大选，我们家都(是)投的在野党。

从上面的说明来看，这种类型的"是……的"句，无论强调的是主语成分还是状语、宾语，都表示这样的事实：动作已经在说话之前发生或完成，并且这一事实已成为交际双方所共知的信息。这时，说话人为了突出跟动作有关的某个方面，自然就需要把这个内容用某种方式体现出来。这就是"是……的"句的使用背景和结构安排上的要求。"是"的作用就是指明它后面的成分是全句的表达重点。

既然是表达的重点，往往就意味着有对比的地方存在，肯定一方面，实际就意味着否定了其他方面，如"我是在网上订的飞机票"，突出了订票事件的处所是"在网上"，就否定了其他处所如"在飞机场""在预售处"等。当然，用于对比的项目可以出现，也可以不出现。上面都没有出现对比项，下面是出现对比项的例子：

① 我是在网上而不是在预售处订的飞机票。
② 他不是用美声唱法而是用民族唱法唱的这首歌。
③ 我是挤公共汽车去接的人，不是打的去的。
④ 不是电视冲击的报纸，是网络。
⑤ 这次选举，你是投的赞成票，还是投的反对票？

表达重点总是通过重音形式显现出来，上面各句的重音都落在画横线的成分上。

2. 强调整个谓语部分

这种"是……的"句，在表达上全句带有肯定的语气，有说理的意味，突出说话人对主语的评议、叙述或描写。此时，"的"用在句尾，"是……的"中间是动词性成分或形容词性成分。例如：

① 这种新技术是可以提高粮食产量的。
② 汉语和英语在有些方面是相似的。
③ 本来她是准备好好比赛的，可偏偏又扭伤了脚。
④ 你要真的这么做，也是可以的。
⑤ 中医理论是很讲究阴阳平衡的。
⑥ 相互理解和尊重在处理国际关系时是特别重要的。

这种结构省略掉"是"和"的"后，整个句子就成为一般的主谓句了，以陈述事实为主。

其实，"是……的"句中的"是"有时可以略去，而只保留"的"，仍然起到加强语气的作用（不过有时略去"是"后，读起来不是太顺当，如例①②⑥）。如果略去"的"而只保留"是"，则"是"应该重读，对"是"后成分强调的意味更重。

需要说明的是，不是句子中有"是……的"就表示该句属于"是……的"句。比较下面两个句子：

⑦ 这件古玩是马未都先生的。

⑧ 这件古玩是马未都先生收藏了半个世纪的。

例⑦中的"的"是结构助词，跟前面的"马未都先生"组成"的"字短语，做"是"的宾语。这类句子中的"的"是必不可少的，少了便不成话。整个句子实际属于"是"字句，表示一种判断。例⑧中的"的"是语气词，跟"是"配合表示强调。这类句子中的"的"可以抽去(一般需要将"是"同时抽出)而不影响原意。这种句子才是"是……的"句。

三、"有"字句

"有"字句是指由动词"有"带宾语构成的句子。例如：

① 全世界已经有60多亿人口了，仅中国和印度就有20多亿。

② 一年之后，他们的情况有了很大变化。

"有"的否定形式是在"有"之前加副词"没"，如"这种人没有良心"；也可直接用"没"，如"这种人没良心"。

"有"的基本意思是表示"领有"或"存在"，同时还有一些引申意义和用法。根据"有"的不同意义、用法，可以将"有"字句归纳为下面五种类型。

（一）表示领有、具有。根据主语和宾语之间的语义关系，可以具体区分为这样一些情况：

1. 主语和宾语是整体和部分的关系。例如：

① 人有习得语言的器官。

② 学术论文一般有标题、摘要、正文、附注和参考文献。

2. 主语和宾语之间存在领有关系。有的领有关系比较直接，有的比较间接。例如：

① 我有许多农民朋友。

② 有这样好的学习氛围，你要好好珍惜。

3. 宾语表示主语的某种属性。例如：

① 湖边的垂钓者都特别有耐心。

② 搞创作要有灵性。

这里的"有+名词"带有性质形容词的特点，如能受"很、特别"修饰等，又如"有钱、有条件、有朝气、有头脑、有勇气、有毅力、有胆量、有威信、有信心、有决心、有干劲、有风度、有气派、有规格、有效果、有情绪、有脾气"和"有危害、有危险"。有的名词本身是中性的，用到这种结构中以后便具有了描写的性质。这种结构大多表示正向的意义，如"有钱"指钱多，"有条件"指条件好，"有头脑"指脑子活，"有规格"指规格高，"有个性"指个性强，"有经验"指经验多；少数表示负向的意义，如"有情绪"指情绪差，"有脾气"指脾气差。

（二）表示存在。句首常常是表示处所、时间的词语，宾语表示某个处所或某个时间存在的某人某物。例如：

① 路的两旁有很多高耸入云的大楼。
② 后天有一个露天舞会。

当句首表示处所的词语是介宾结构时，为了强调，后边可以有停顿。例如：

③ 在北美、欧洲和大洋洲，有很多读博士学位的中国学生。
④ 沿着城墙，有一排年代久远的柏树。

在一定的语境中，当处所不言自明或无法说出时可以不出现。例如：

⑤ 有人敲门，去看看是谁。
⑥ 有种花叫百合。

有时也可以将表示存在的事物放到"有"的前面做主语，有突出存在物的作用。例如：

⑦ 我们最多只能给对方一点儿高兴，而这种高兴在大街上到处都有。

关于表示存在义的"有"字句，还可参见下文关于"存现句"的说明。

（三）表示发生或出现。例如：

① 情况一有变化就立即通知大家调整方案。
② 从本科读到硕士又读了博士，研究能力总该有了很大进步吧。

其中的"有"通常可以用"出现"来替换。值得注意的是，这种结构中的"有"后边常带"了"，突出状态的变化。这是"有"的特殊用法。

（四）表示列举或包括。例如：

① 廊子有多种，粗分有抄手廊、窝脚廊、一步廊、双步廊等名目。（表示列举）
② 历史如同一场戏，有上台的，有下台的。（表示列举）
③ 一年有十二个月。（表示包括）
④ 这套书共有亚洲哲学、美洲哲学、非洲哲学和欧洲哲学四卷。（表示包括）

（五）表示达到或比较。例如：

① 西安大雁塔已经有一千四百多年的历史了。　　　　　　（表示达到）
② 现在长江有6211.3公里长，比公认的6300公里短了80多公里。（表示达到）
③ 他还没有我岁数大呢。　　　　　　　　　　　　　　　（表示比较）
④ 外星人有人类这么聪明吗？　　　　　　　　　　　　　（表示比较）

"有"字句的这五种用法实际上有很高的相关性，它们的根本意义和用法表示主语对宾语的"领有、具有"关系。

四、存现句

存现句是表示某个事物存在、出现或消失的句子。它的基本格式是：处所词语＋存现动词＋表示存现事物的词语。例如：

① 门楼上挂了两个大红灯笼。　　（表示存在）
② 海上升起了一轮明月。　　　　（表示出现）
③ 书架上少了一本书。　　　　　（表示消失）

我们可以根据句中存现动词的种类把汉语的存现句分为两类：表示存在意义的句子(存在句)和表示出现、消失意义的句子(隐现句)。

（一）存在句及其语法特点

存在句是说明某处存在某个事物的句子。存在句又根据句子意思是表示静止的状态还是表示动作，可以分为静态存在句和动态存在句。

1. 静态存在句

(1) 有／是

① 唐僧取经路上有一座火焰山。
② 大街上到处是欢乐的人群。

关于"有"字句和"是"字句表示存在的情况，上文已有说明，请参看。

(2) 动词＋满

③ 观礼台上坐满了观看国庆阅兵的嘉宾。
④ 天上布满了星星。
⑤ 墙角处堆满了新到的服装。

(3) 动词 + 着

⑥ 玻璃上贴着一对大红喜字。

⑦ 瓶子里插着一束鲜花。

⑧ 黄牛背上横骑着一个牧童。

2. 动态存在句：动词 + 着

① 花丛中飞舞着几只美丽的蝴蝶。

② 小姑娘的眼睛里闪烁着晶莹的泪花。

③ 夜晚清凉的空气中浮动着浓郁袭人的花香。

④ 天空中盘旋着一架银色的飞机。

"动词+着"既可以构成静态存在句，也可以构成动态存在句。这样的动词不少，构成静态存在句的如"贴、挂、放、摆、插、缀、堆、穿、写、画、刻、围、挤、坐、耸立"，"动词+满"中的动词与此相同；构成动态存在句的如"飘、飘扬、飘浮、浮动、闪烁、闪动、飞舞、盘旋"等。由"动词+着"构成的静态存在句和动态存在句的区别是：静态存在句中的"着"能够用"了"替换，例如：

⑤ 玻璃上贴着一对大红喜字。→ 玻璃上贴了一对大红喜字。

由于这种句式表示动作发生后一物体附着在另一物体上，因此可以进行下面这样的转换：

⑥ 玻璃上贴着一对大红喜字。→ 一对大红喜字贴在玻璃上。

而动态存在句中的"着"不能用"了"替换，但可以转换成一般陈述句，用"正在"等来修饰。例如：

⑦ 花丛中飞舞着几只美丽的蝴蝶。→ 几只美丽的蝴蝶正在花丛中飞舞(着)。

从这些例子可以看出存在句的语法特点：

第一，存在句的主语一般由表示方位处所的词语充当。

第二，表示存在义的动词除了直接表示存在义的"有"和"是"外，都由动作动词充当，这些动词所表示的动作都跟某个位置有联系。如"坐"指"把臀部放在椅子、凳子或其他物体上"，"贴"指"把薄片状的东西粘在另一个东西上"，"飘扬"指"在空中随风摆动"。

第三，宾语一般是无定的，常常含有"一个、几个"这样的数量修饰语。如上面各例中除了"动词+满+了"外，大多如此。有时，宾语是一个专有名词，前边也可以出现"一个"之类的数量词（数词一般限于"一"，可省略），但有时也可以不用：

① 北京有个天安门。

② 天安门广场上耸立着(一座)人民英雄纪念碑。

(二) 隐现句及其语法特点

隐现句是指某处出现或者消失了某个事物的句子。根据隐现句中动词的不同,也可以大体分为两种情况:

1. 述语动词是跟人体或物体位置移动有关的动词,如"来、飞、钻、掉、丢、走(走失义)、跑"等。例如:

① 迎面来了一个撑着油纸伞的姑娘。　　(表示出现)

② 树洞里跑出了一只小松鼠。　　(表示出现)

③ 笼子里连着飞走了两只鸽子。　　(表示消失)

④ 回家的路上丢了手表和钱包。　　(表示消失)

2. 述语动词是表示状态的出现、消失的动词,如"发生、出现、透、飘、刮(风)、响、冒、涌、浮现、弥漫,少、死、失去"等。例如:

① 2008年中国西部发生了一次大地震。　(表示出现)

② 远方传来一阵阵悠扬的旋律。　　(表示出现)

③ 展览馆里又少了一幅名画。　　(表示消失)

④ 王冕七岁上死了父亲。　　(表示消失)

从这些例子可以看出隐现句的语法特点:

第一,跟存在句一样,隐现句的主语一般由表示方位处所的词语充当。

第二,隐现句中的动词都能表示位置或状态的变化。动词后常带趋向补语或者动态助词"了"。

第三,宾语大多是动作行为的发出者,也可是产生状态变化者。跟存现句一样,宾语一般是无定的,常常含有"一个、几个"这样的数量修饰语。有时宾语不含数量词组,但末尾带语气词"了"。例如:

① 妈妈,来客人了。

② 这个月美术馆又丢国画了。

五、"把"字句

"把"字句就是指"A+ 把 B+ 动词 +C"这样的句子。例如:

① 他一脚就把瓦罐子踢破了。

② 牧童把黄牛赶到了对面的山坡上。

③ 教练把队员训斥得连一点儿声音都不敢出。

"把"字句是汉语中使用频率很高的一种句式，也是极具特殊性的句式。它的结构和用法都比较复杂，一直是汉语作为外语教学的重点和难点。

需要特别指出的是，上面格式中的 C 主要是从"把"字句所表达的语义关系来考虑的，而不是单纯指用在动词后面的成分。它的存在和性质对"把"字句的合格与否影响很大。C 一般指用在动词后面的成分，但特殊情况下也可以指其他情况，如"把门一关"中的"一"、"把碗洗洗"中的动词重叠形式。下面在用例分析时会作出具体说明。

（一）"把"字句中各成分之间的关系

"把"字句的特殊性体现在这种句式的各个成分之间的关系中。主语 A 通常是述语动词的动作发出者，如上面各例中的"他、牧童、教练"；介词"把"后宾语 B 通常是述语动词影响的对象，如上面各例中的"瓦罐子、黄牛、队员"。C 是动作的结果，如上面各句中的"(瓦罐子)破了、(黄牛)到了对面的山坡上、(队员)连一点儿声音都不敢出"分别是"踢、赶、训斥"的结果。

上面各个例子中的动词都是及物动词，其实有时也可以是不及物动词或形容词。当它是不及物动词或形容词时，这时"把"后宾语 B 就不是述语的对象（受事）了。例如：

① 别哭了，都快把死人哭活了。

② 连续的干旱把所有的庄稼都干死了。

例①中的动词"哭"不能支配"把"后宾语"死人"（"*哭死人"），"死人"在这里只是"活"的主体（"死人活了"）；例②中的形容词"干"也不能支配"把"后宾语"所有的庄稼"（"*干所有的庄稼"），"所有的庄稼"在这里只是"死"的主体（"所有的庄稼死了"）。

即便其中的动词是及物动词，"把"后的宾语 B 也不一定就是述语动词的对象。例如：

③ 你该不会读这些书把脑子读傻了吧？

这个时候动词和宾语常常在"把"前重复出现一次。这种情况下，有时动词都可以不出现。例如：

④ 你该不会是这些书把脑子读傻了吧？

我们可以用一个简单的图示将"把"字句中各个成分之间的关系表示清楚：

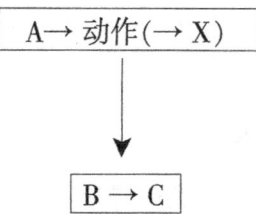

其中，"X"是可选项，可以出现(由及物动词做述语构成的"把"字句)，也可以不出现(由不及物动词或形容词做述语构成的"把"字句)；"X"既可以跟B相同（此时构成比较典型的"把"字句），也可以不同。

由此可见，"把"字句实际上可以看做是由两个表达合成的句子，两个表达之间存在着一种"致使"的关系，这种致使关系突出的是结果。以"他把瓦罐子踢破了"为例，这句话的意思是"他踢瓦罐子"致使"瓦罐子破了"，由于要突出结果"破"，"瓦罐子"便用"把"提到动词前，从而构造出这个"把"字句。

(二) "把"字句的含义

我们可以将"把"字句的语义结构概括为：动作行为的发出者（即A），通过某个动作行为，使某个特定对象(即B，一般是动作的对象) 受到影响，从而发生某种变化，产生某种结果(即C)。这里的关键是"使……产生结果"。把握了这点，对正确理解和构造"把"字句大有启发。这在上面的分析中就可以看出。试比较下面的主谓宾句和"把"字句：

① 妈妈晾干了衣服。

② 妈妈把衣服晾干了。

例①是对"妈妈晾干了什么"这件事进行陈述；例②突出的是妈妈对衣服怎么样了。因为"把"字句强调的是通过某个动作行为使"把"的宾语产生某种结果。如例②意思是妈妈晾衣服，结果使"衣服干了"。又如"我把饭吃了"意思是我吃了饭，结果是饭没有了；"我把所有的书都放在桌子上了"意思是我放了所有的书，结果是所有的书都在桌子上了。由此可见，"把"字句不是一般的陈述，而是强调对"把"的宾语处置或影响的结果。

也就是说，"把"字句实际表达的是一个由原因和结果合成的意思，要突出的是结果。汉语实际上就是结果比较突出的语言，很多表达的使用跟如何突出结果有关。如果需要有结果而结果没有表达出来，句子就不能成立。汉语表达结果的手段有很多，例如：

③ *她把诗写。

④ 她把诗写好了。

⑤ 她把诗写在信笺上。

⑥ 她把诗写得回肠荡气。

⑦ 她把诗写得没有一个人能看得懂。

例③不能成立，因为没有出现结果；例④的"(诗)好了"、例⑤的"(诗)在信笺上"、例⑥的"(诗)回肠荡气"、例⑦的"(诗)没有一个人能看得懂"都是"写(诗)"而产生的结果。

理解了这点，对我们正确理解、使用"把"字句以及下面要讲到的"被"字句等特殊句式很有帮助。

(三) "把"字句的特点

"把"字句这种格式对构成"把"字句的几个主要成分有许多限制，下面以述语动词为核心讨论一些比较重要的方面。

1. 述语动词不能是光杆动词，前后一般要有别的成分。例如：

① 这话激怒了众神，神后赫拉便派一只毒蝎把他咬伤了。　　（动词+补语）

② 早有准备的叙拉库斯人乘胜追击，把雅典人打得一败涂地。

（动词+得+补语）

③ 他把所有的苹果都削了皮。　　（动词+宾语）

④ 她把工资都花了。　　（动词+了）

⑤ 你把事情前前后后说一说／说说。　　（动词重叠）

⑥ 他有意把病情往轻里说。　　（状语+动词）

⑦ 把门一关，就是自己的天地。　　（一+动词）

动词前后的成分实际上就是帮助动词将"结果"表达出来。当然，结果的呈现，有的比较直接显明，如例①中的"伤"、例②中的"一败涂地"。这是比较常见的表达，前面提到的一些例子都是如此。有的结果则比较隐含，如例③中"削了皮"的结果是苹果没皮了，例④中"花了"的结果是工资没了，例⑤中"说一说／说说"的结果是情况清楚了，例⑥中"往轻里说"的结果是病情显得轻了，例⑦中"一关"的结果是门关上了。只有某些词义本身已经表示某种结果的动词可以单独出现，如"把队伍解散"中的"解散"。另外，在诗词歌曲等韵文中，由于受到韵律的限制，动词可以单独出现，如"夫妻双双把家还""我抬起腿来把楼上"。这里的动作都没有完成，即还没有结果。

2. 述语动词通常是及物动词，语义上能够支配"把"后的宾语。有时也可以是不及物动词或形容词，此时一定带补语，这个补语在语义上一定跟"把"后宾语有联系。例如：

① 他把众人笑傻了。（表示的是"他笑（致使）众人傻了"）
② 侯宝林的相声把大家乐得心里像开了花。（表示的是"侯宝林的相声（致使）大家心里像开了花"）

这种语义联系实际也就是跟结果的联系。

当然，并不是所有的及物动词都能用做"把"字句中的动词。能充当"把"字句述语动词的基本上是动作性较强的动词和一些心理动词（如"气、怕、吓"等），那些对别的对象不能产生影响的动词（如使令动词、存现动词、判断动词、趋向动词、能愿动词、关系动词、形式动词等），基本上都不能进入"把"字句。请大家参看本书第四章"词类系统（上）——实词"中"动词"部分关于动词分类的说明。

3. "把"的宾语一般都是表示已知的、确定的人或事物，因此可以受"这个""那个"之类的表确指意义的词语修饰。例如：

① 他打跑了（那个）坏人。→ 他把（那个）坏人打跑了。
② 他打跑了一个坏人。→ ?他把一个坏人打跑了。

像"把房子卖了"中的"房子"并非任何一所房子，而是确定的某所房子。

4. 能愿动词、否定词、时间副词一般不放在"把"之后，而是放在"把"之前。例如：

① 大家应该把心态放好，不要总想着获得好名次。
② 我从来没有把你的话当耳旁风。
③ 我国已经把扬子鳄列为国家一级保护动物，严禁捕杀。

不能说成"把心态应该放好、把你的话没有当耳旁风、把扬子鳄已经列为国家一级保护动物"等。

最后还需要说明的是，"把"字句的实际使用情况比上面介绍的还要复杂。就上面那个简单的图示而言，还可以构成 X 出现在"把"字前面的情况，此时 A 和 B 所指相同。例如"这些书把孩子读傻了"这个句子的意思是："孩子(A)读这些书(X)"致使"孩子(B)傻了(C)"，其中的"这些书"也是造成"孩子傻了"的原因，因此可以当"把"字句的主语。这种"把"字句在日常交际中也很常见。另外，"把"字句中的"把"有时可用"将"来替换，如"他把／将礼物交给了朋友"。不过，"将"字句更多地用于书面语，如"将历史和现实相结合"。

六、被动句

（一）被动句和"被"字句

被动句是指表示被动意义的句子。汉语中的被动句可以用介词"被"，也可以不用。如果用"被"引进动作发出者，构成"A＋被B＋动词＋C"这样的句子，就是**"被"字句**。例如：

① 气球被我踩破了。——气球踩破了。
② 门前的大树被人砍了。——门前的大树砍了。
③ 腊玛古猿的肢骨没有被发现过。——腊玛古猿的肢骨没有发现过。
④ 香蕉皮被那位老人扔到了垃圾桶里。——香蕉皮扔到了垃圾桶里。
⑤ 书房被阿姨收拾得井井有条。——书房收拾得井井有条。
⑥ 刚买的新车就被他蹭掉了一块皮。——刚买的新车就蹭掉了一块皮。

上面所有的句子都是被动句，而用了"被"字的句子才叫"被"字句。介词"给、叫、让"表示被动时作用跟"被"大体相当，人们也归入"被"字句。例如：

⑦ 突然觉得手给什么东西划了一下。
⑧ 花瓶叫她给打碎了一个。
⑨ 我们的谈话让他听去了。

不过，由介词"给、叫、让"构成的被动句带有较多的口语色彩，而用"被"构成的被动句往往具有较强的书面语色彩。

像①至⑥中"——"后的没有用"被"的句子，通常被称做**受事主语句**。它是意义上的被动句，形式上没有体现。这是很有汉语特色的一种句式。由于这种句式虽然表示被动的语义，但没有被动的形式标记，因此母语为非汉语者初学时不容易掌握。其实，汉语受事主语句很普遍，如果被动的语义关系很明确，而又不需要引出动作发出者的话，被动句反而以不用"被"字标记更为常见。

（二）"被"字句的意义及各成分之间的关系

"被"字句表示某个事物由于受到动作行为的影响而发生某种变化，产生某种结果。这里的关键是"受影响而产生结果"，目的也是突出某种结果。跟"把"字句致使某种结果出现不同的是，"被"字句突出的是遭受某种结果。

在语义关系上，主语A通常是述语动词影响的对象，"被"后宾语B通常是述语动词的动作发出者，C是致使关系的结果。如"气球被我踩破了"的基本意思也是

"我踩气球"致使"气球破了",突出的还是结果,只不过这是遭受行为产生的结果,所以将"气球"这个遭受的对象提到了句首,并用"被"来引出动作发出者"我"。

与上面各例不同的是,在"孩子被大家吵哭了"中,主语"孩子"不是"吵"的动作对象(这里"吵"是不及物动词),而是"哭"的动作发出者。它的基本语义关系是:"大家吵"致使"孩子哭了",这跟其他被动句没有什么根本的不同。

(三)"被"字句的几种格式

1. 介词"被"后带宾语。上面各例都是如此。

2. "被"后不带宾语,"被"直接放在述语动词前。这时"被"字的作用只是表示被动。例如:

① 孩子被逗乐了。
② 这台电脑被修好了。
③ 100米的世界记录被提高到9秒58。

这里的"被"一般看做助词。"把"字句没有这种用法。其实,如果没有特别的强调,这里的"被"一般不用,形成上面所提到的受事主语句;尤其是受事主语为无生命物,这种句式就更容易表达,如"这台电脑修好了、100米的成绩提高到9秒58"。用不用"被",就看表达的时候是强调受到影响的结果(用"被")还是不强调这种遭受情况,而只突出事件出现某种结果(不用"被")。

3. "被／为……所……"式,主要用于书面语。其中述语动词通常是双音节的,后面一般不再有其他成分。例如:

① 灵魂没有飞远是因为被那一片稻香所吸引。
② 那颗缺乏水分的心,为知音人的友情所滋润,他感动得流下泪来。

这里的"被／为"是介词,"所"一般看做助词,后面直接跟动词性成分。

4. "被／让／叫……给……"式,常用于口语。例如:

① 他滥交朋友,结果被朋友给出卖了。
② 那个安放在收音机上端的小酒盅,最后还是让我给打碎了。
③ 一没留神,叫水果刀给切到了手指上。

这里的"被／让／叫"是介词,"给"一般看做助词,后面直接跟动词性成分。

还有一种"受事＋动词＋起来＋形容词性成分"的句式,跟被动句有相近之处。例如:

① 这种大飞机坐起来很舒服。

② 这辆车开起来很快。

③ 这种人哄起来很容易。

④ 这本书看起来很深奥。

⑤ 古今中外的儿歌念起来总能朗朗上口。

⑥ 表扬的话听起来很舒服，批评的话听起来很难受。

这种句子在交际中很常见，它的结构和语义很接近受事主语句，如主语是动词的受事。但它不能加上"被"或"被+宾语"，如不能说"这种大飞机被（我们）坐起来很舒服"。一般说来，这种句子并不是叙述某件事情的发生，而是着重说明主语具有某个方面的属性。如例①并不是强调在某一时刻坐上某一架大飞机很舒服，而是说这种大飞机的设施好，有让人乘坐时感到舒服的条件。从这方面看，这种句子又有主动句的特点，拿掉其中的"动词+起来"就更明显了（当然，有的拿掉后不怎么通顺）。由此可见，这种句式在结构上和语义上都处于主动句和被动句之间，既像两者又不是两者，因此可以看做中动句。另外，句子中的动词"起来"有时可以用"上去"来替换，这时述语动词基本上是感官动词，如"看、听、念、闻"等。例如：

⑦ 这本书看上去很深奥。

⑧ 这句话听上去很刺耳，但也提醒人们在留学热中要保持冷静。

⑨ 这个词念上去就像酸醋胡椒的味道呢。

⑩ 这种水果闻上去有一股巧克力味儿。

这种句子中的趋向动词"起来"和"上去"意义已经很虚了。

(四) 被动句的特点

像"把"字句一样，被动句（尤其是"被"字句）在结构和语义上也有一些限制，而且这种限制跟"把"字句有很高的相关度。

1. 述语动词一般不能是光杆动词（尤其是单音节的），前后一般要有别的成分。例如：

① 电脑被他修好了。　　　　　　　　　　　　（动词+补语）
② 这孩子被父母训得连话都不敢说。　　　　　（动词+得+补语）
③ 那栋百年老屋竟然被人拆了。　　　　　　　（动词+了）
④ 所有的新书都被他撕了封面。　　　　　　　（动词+宾语）
⑤ 你一旦被朋友往坏里想，就很难取得信任了。（状语+动词）
⑥ 好事被你一说，也就不值得做了。　　　　　（一+动词）

但少数双音节动词有时可以单独出现。例如：

⑦ 这样的解释很难被人接受。

⑧ 有时，对别人的尊重也会被人家误会。

2. 能进入被动句的动词通常是动作性较强的及物动词和一些心理动词，语义上能够支配受事主语。例如：

① 他卖了历年收藏的所有古画。→历年收藏的所有古画都被他卖了。

② 我们察觉到了他的意图。→他的意图被我们察觉到了。

跟"把"字句一样，被动句的动词有时也可以是不及物动词，此时一定带补语，这个补语在语义上一定跟主语有联系。例如：

③ 他忍不住突然笑了起来，大家都被他笑傻了。（大家……傻了）

④ 好好一双球鞋，就这么被他跑丢了。　　（一双球鞋……丢了）

⑤ 妈妈被孩子哭醒了。　　　　　　　　　（妈妈……醒了）

3. 被动句的主语一般都是表示已知的、确定的人或事物。例如：

① 他修好了(这台)电脑。→（这台)电脑被他修好了。

② 他修好了一台电脑。→ *一台电脑被他修好了。

像"房子被公司装修好了"中的"房子"并非任何一所房子，而是已知的某所房子。

4. 能愿动词、否定词、时间副词不能放在"被"之后，只能放在"被"之前。例如：

① [可以]被消灭，但[不能]被打倒。

② 他的公司还在，还没有破产，关键是他人还在，并[没有]被一时的困难所击倒。

③ 这本书[已经]被译成 80 多种文字在世界上广泛流传，成为全人类的精神财富。

这些方面的特点，跟"把"字句的特点十分相近。当然，这不是说"把"字句和"被"字句都能一一变换，其中一些更具体的条件还需要具体说明。

有一点值得注意，就是"把"字句中可以有"单个动词＋了"的用法，而"被"字句中既可以带"了"，也可以带"过"。例如：

① 他把难题解决了。——难题被他解决了。（动词＋了）

② 我这一生从来就没有被人表扬过。　　　（动词＋过）

还需一提的是，在口语中，大多数"被"字句表示的是遭损害、不愉快、不希望发生的情况。在书面语中往往范围要宽一些。

七、"连"字句

"连"字句指由"连……都/也……"构成的一种强调句式。

(一) "连"字句的语义结构关系

"连"用在要强调的成分之前,含有对比的意味,意思与"甚至"近似。后面要有"都"或"也"配合使用。例如:

① 他是剧院资格最老的人,连院长都敬他三分。
② 我迷失在浩淼无边的波涛中,连回去的路都已经找不着了。
③ 他几乎连想都来不及想,更不用说采取什么对策了。
④ 这种连3岁小孩也骗不了的瞎话,她竟然还好意思说得出口。
⑤ 在这种情况下,不仅原子的外壳被压破了,而且连原子核也被压破了。
⑥ 我没想到这个世界会抛弃我,更没想到就连自己也产生了抛弃自己的念头。

"连"字句的基本语义结构关系是:在一系列可能或不可能出现的情况中,某个处于极端的情况出现了;这样就在跟其他所有情况的比较中,强调了极端的情况。强调了极端的情况,其他非极端的情况也就莫不如此了。如例①,在剧院敬他的人当中,有一般的人,有比较不一般的人,还有剧院领导等。其中院长在这个序列当中处于某种"极端"位置,因此,如果院长都敬他三分,何况其他的人呢。也就是说,肯定了最不可能的,也就肯定了整体。又如例④,在3岁小孩子、大一些的孩子、成年人等序列中,辨别能力最弱、最容易受瞎话蒙骗的自然就是3岁小孩子了,如果3岁小孩子都不相信她所说的瞎话了,更不用说年龄更大、辨别能力更强的人了。因此,否定了最有可能的,也就否定了全部。因此,这种句式就是用超出常规、常理或常态的情况来强调说明某种情况所达到的程度。

由于这些句子的意义是在对比中强调,虽然对比项未必出现,但也蕴含其中;因为肯定了最不可能的项目自然就蕴含着其他情况都包含在内,否定了最有可能的项目自然就蕴含着其他情况都排斥在外。如果对比项出现在上下文的话,往往用"甚至、更不用说、更没想到、何况、竟然、不仅……而且……、无论……都……"等表示递进关系的词语来强调两者之间的关系。

(二) "连"字句的肯定形式和否定形式

根据"连"字句的语义结构关系就能说明"连"字句中是用肯定形式还是用否定

形式了。当"连"字后的内容表示可能性最小的情况时,该"连"字句必须用肯定形式,如上面的例①⑤⑥;又如"连国家主席都来了、连残疾人都做得到的事、连那么生僻的字都认识、这个北京人连南极洲都去过"。当"连"字后的内容表示可能性最大的情况时,该"连"字句必须用否定形式,如上面的例②③④;又如"连眼皮都不眨一下、连最擅长的跳投也投不准、连26个字母都不认识、这个北京人连天安门都没去过"。如果"连"字后的内容不能明确显示是否为极端的情况,则该"连"字句用肯定形式或否定形式相对自由,如"连南京都去过/连南京都没去过"。

当然,这种可能性的大小不是指客观上的可能性,而是说话人主观上认为的可能性。

八、比较句

比较句指用来对事物、性状的同异或性质、程度的差别、高下进行比较的句子。例如:

① 一切都跟当初一样,只是旁观者却在患得患失的过程中迷失了本心。
② 小树快有一人高了。
③ 繁体字比简化字笔画数多。
④ 小时候,我看过许多新娘子,总觉得哪个新娘也没有眉嫂漂亮。
⑤ 空气质量真是一年不如一年了。

两相比较的结果有两种:或有同异(相同、相似或不同),或相差。这样,比较就可以分成同异比较和相差比较。这反映到语言中也有相应的表达方式。

(一) 比较句的构成要素

汉语比较句一般包括四个要素:比较对象(包括比较主体和比较基准)、比较点、比较结果、表示比较关系的成分(即用来标示比较的标记词)。如"飞机比火车票价贵"这句话中,用来比较的对象是"飞机"(比较主体)和"火车"(比较基准),用于比较的方面(比较点)是"票价",比较的结果是"贵",表示比较关系的成分是"比"。

在汉语比较句的这些构成要素中,一个很重要的特点也是学生不好把握的方面就是比较点的出现与否以及出现的位置。有时比较点可以不出现,这或者是由于不言自明而省略,如"这孩子快有他爸爸那么高了"省略了比较点"个子","飞机比火车快"省略了比较点"速度";或者是由于不容易指出来,如"她办起事来一定跟她本人一样漂亮",比较点似乎应该是某种样子(办事的样子及办事的结果和本人长的样子)。而且比较点还可以出现在不同的位置上,例如(画线词语):

① 发达国家比发展中国家科学技术先进。

② 发达国家的科学技术比发展中国家先进。

③ 发达国家比发展中国家的科学技术先进。

④ 科学技术发达国家比发展中国家先进。

另外，在汉语比较句(尤其是下面要谈到的"比"字句)中，为了表达的简练，只要语义上允许就可以将比较对象中相同的成分省略。例如（括号中的内容为省略的部分）：

⑤ 这些开错了季节的花朵看上去没有春天(的花朵)那么鲜艳，只有浅浅一抹淡红。

⑥ 佛罗里达的迪斯尼公园比香港的(迪斯尼公园)大。

⑦ 波士顿秋天的风景比(波士顿)春天(的风景)还要迷人。

(二) 同异比较

同异比较就是比较事物、性状的相同或相异。主要有下面几类格式：

1. "A 跟 B 一样"

① 名人跟凡人一样，都要吃喝拉撒睡。

② 他跟你一样，都是校合唱队的。

③ 她买家具跟找对象一样精挑细选。

④ 高尚跟卑劣怎能一样呢？

⑤ 你来跟他去都一样，只要把事情办好就行。

其中的介词"跟"可以换成介词"和、同、与"而意思不变。从上面例子可以看出，用做比较对象的词语，可以是名词(短语)和代词，也可以是动词(短语)、形容词(短语)、主谓短语等。这种格式还可以用做定语、状语、补语。例如：

⑥ 请再找一本(跟这本一样的)书来。

⑦ 他也希望他的战士们能[跟他一样地]去受考验，并且受得住考验。

⑧ 她长得＜跟那个女明星一样＞。

"A 跟 B 一样"的否定形式是"A 跟 B 不一样"。例如：

⑨ 你算的结果跟他算的不一样。

⑩ 骑牛跟骑驴根本不一样，骑驴跟骑骆驼也不一样。

与"跟……一样"相关的格式还有"跟……相同／不同""跟……相似／近似／类似""跟……差不多"等。例如：

⑪ 但这个魔法师的长相跟他以前遇到过的都大不相同。
⑫ 它在西北极普遍，不被人重视，就跟北方的农民相似。
⑬ 一来看他年龄跟我差不多，二来他只是个没挂星的新民警。

2. "A 有 B 那么／这么……"

① 两个光着上身的大汉，一个手执长鞭，鞭梢有手指这么粗，一个空手。
② 实际的情况有当初估计的那么糟吗？

这种比较句中，A 和 B 两相比较时，以 B 为标准，A 达到了 B 在某个方面所具有的程度。"那么""这么"表示程度。它的否定形式是"A 没有 B 那么／这么……"，参见下面相差比较(高下比较)中的类型。

(三) 相差比较

相差比较也叫高下比较，就是比较性质、程度的差别、高低。表达相差比较的格式中，最主要的就是"比"字句，还有一些其他格式。

1. "A 比 B……"

这就是一般所言的**"比"字句**。例如：

① 鄱阳湖比洞庭湖大。
② 他比我能吃苦。
③ 这个画家比所有人都喜欢用线条。
④ 飞机比火车速度快得多。
⑤ 他做田野调查工作的经验比我多一些。
⑥ 棉花产量，今年比去年提高了百分之十五。

用来表示比较结果的可以是动词(短语)、形容词(短语)，例如上面各例中的"大、能吃苦、喜欢用线条、快、多、提高"。如果还要表示比较之后的差别多大，可以再加上表示程度或数量的补语或宾语，如例④中的补语"多"，⑤中的补语"一些"，⑥中的宾语"百分之十五"。另外，前三句的比较点都没有出现，是不言自明的；④的比较点"速度"在谓语当中，⑤的比较点"做田野调查工作的经验"在主语当中，⑥的比较点"棉花产量"在句首，做主谓谓语句的大主语。

在"比"字句中，还可以在表示比较结果的词语前用副词"更(更加)、还、再"等修饰 (用"再"时，表示比较结果的词语后面要有"一些"或"一点儿")，或后面用"(得)多、多(了)"，表示 A 比 B 程度进了一步。但前面不能加"很、挺、非常、十分"，后面不能加"极、不得了"，因为这些词都不含有比较的意味，而"更(更加)、还、再"和"多"都能表示比较，而且也都只用来说明两项事物之间的比较。例如：

⑦ 我觉得游泳比散步更有趣。／我觉得游泳比散步有趣得多。

⑧ 妹妹比姐姐还漂亮。／妹妹比姐姐漂亮多了。

⑨ 颜色可以涂得比这再浓一些。

注意：在表示比较结果的词语前面加"更(更加)、还、再"跟后面加"(得)多、多(了)"，意思上有区别。以例⑧为例，"妹妹比姐姐还漂亮"，指的是妹妹和姐姐都漂亮，但妹妹在漂亮的程度上要超过姐姐；"妹妹比姐姐漂亮多了"，指的是妹妹漂亮，而且在程度上要超出姐姐许多，但姐姐是不是漂亮，没有说明。

"A 比 B……"句的否定形式是"A 没有 B……"，而不是"A 不比 B……"。如"洞庭湖没有鄱阳湖大""我没有他能吃苦"。这时表示比较结果的词语前后不能用其他成分修饰。

2. "A 不比 B……"

这种"不比"句的基本意思是"A 跟 B 差不多"。例如：

① 外面也不比这屋里暖和。　　（可能还冷一点儿）

② 外面也不比这屋里冷。　　　（可能还暖和一点儿）

③ 她们挑得不比男人少，走得不比男人慢。

这种句子一般用于别人提出了某个看法，自己认为并不如此，带有一点儿反驳的意味。因此，"不比"前常常用"并""绝""丝毫"等修饰来加强语气。例如：

④ 在茫茫的大自然中，一个人的生命力并不比一只幼小的昆虫强大多少。

⑤ 他虽然身体瘦小，但肩负的生活重担绝不比任何人轻。

⑥ 有时他这样单腿走路丝毫不比双腿走得慢。

3. "A 没有 B……"

这是"A 比 B"的否定形式。例如：

① 你讲的故事没有爷爷讲的有趣。

② 这小两口，女的没有男的健谈。

在表示比较结果的词语前面，常常用"那么／这么""那样／这样"来修饰，强化比较的程度。例如：

③ 在回忆那天的情景时，他表妹没有别人那样激动，她显得十分冷漠。

④ 在唐代诗人中，谁都没有李白、杜甫这么著名。

4. "A 不如 B……"

这个句式表达的意思跟"A 没有 B……"差不多。例如：

① 这姐妹俩，妹妹不如姐姐长得漂亮。

② 马不如骆驼耐渴。

③ 你根本不如他讲得生动形象。

由于"不如"是动词，所以常常做谓语构成完整的句子。

④ 人不如树，树不如石，而石不如天，天不如佛。

⑤ 我总是固执地以为，花香不如草香。

⑥ 天时不如地利，地利不如人和。

汉语的句式系统内容丰富，除了前面分析的八种常用句式(包括其内部小类)以及在介绍短语类型时曾经涉及的连谓句、兼语句、双宾语句、主谓谓语句、名词性谓语句、形容词性谓语句等之外，还有不少。例如：

"对"字句：我一直对你很尊重。

对这个问题，我考虑过很多次。

"给"字句：老师给了他一本书。

老师送给了他一本书。

他把桌子给掀翻了。

桌子被他给掀翻了。

"得"字句：他穷得叮当响。

这篇论文写得有深度。

他笑得我们浑身起鸡皮疙瘩。

"让"字句：你这样说让他太难堪了。

别让客人等的时间太长了。

她太累了，让她休息休息。

衣服让雨淋湿了。

"在"字句：圆明园在北京大学北边。

你的钢笔在地上。/他们都在北京。

重动句(动词拷贝句)：妈妈洗衣服洗累了。

汤姆踢足球踢得不太好。

孩子起床起晚了。

使令句：一场大旱使所有的庄稼都干死了。

你这样做令我们很难堪。

供用句：一锅饭吃十个人。

一个房间睡三个人。

一辆汽车坐两位来宾。

显然，由于分类角度不同，句式之间有交叉。如"给"字句跟双宾语句、"把"字句、"被"字句都有交叉；存现句跟"是"字句、"有"字句等有交叉。这些句式都有自己的句法、语义、语用方面的特点，大家对此可以作进一步的了解。

学习任何语言的语法，除了学习一些基本句子类型之外，还必须特别注意把握一些特殊的句子格式。句式教学是语法教学尤其是第二语言教学过程中的重点，同时也是难点所在。汉语句式中越是特殊的句式，非汉语背景的学习者用得越少，使用时的偏误率也比较高。如"把"字句，它是极具汉语特色的句式，一直是汉语研究和教学中的一大难题。非汉语背景的低年级学生常常较少使用"把"字句，即便到了高年级用得也不十分到位，该用的时候不用，不该用的时候却使用了。例如下面的"把"字句用得都不正确：

① *我一定要把中国画学。

② *请你在柜子里把衣服放。

③ *大风把门口的自行车倒了。

④ *你看看，你把我的裙子都脏了。

⑤ *教练要把他成为世界冠军。

⑥ *我们终于把老师的话懂得了。

⑦ *你把我的朋友见面了没有？

⑧ *我的朋友把收音机没有修好。

⑨ *他把这本英文书看得懂。

⑩ *我每天把饺子吃在留学生食堂。

又如被动句、比较句，在各种语言中都有一些比较相近的表达形式，所以理解和使用起来比"把"字句要方便一些。但是，这些句子在各种语言之间的对应关系错综复杂，因而第二语言学习者也会常常出现偏误，需要细加辨析。

思考与练习七

一、分别举例说明句型、句类、句式的内涵。

二、是否具备了主语和谓语的句子就是主谓句？

三、根据结构特点分析下列句子的句型。

[示例] 这件衣服质量很好。 （主谓句——主谓谓语句）

1. 他的学识十分渊博。

2. 站住！

3. 一颗流星划破了夜空。

4. 哎哟哟！

5. 好大的胆子！

6. 你的这个问题我不想回答。

7. 出太阳了。

8. 大米一块三毛钱一斤。

9. 他已经三天没来了。

四、指出下列句子的语气类型。

1. 这些材料难道还不能说明问题吗？

2. 好漂亮的书法啊！

3. 请勿大声喧哗！

4. 你为什么就不能宽容地对待你不喜欢的人呢？

5. 特别的爱给特别的你。

6. 多么富有诗情画意呀！

7. 你过来一下。

8. 先去图书馆呢，还是先休息一会儿？

五、指出下列疑问句分别属于哪一种类型。

1. 你们留学生喜欢不喜欢看中国武术？

2. 朗宁是哪个年级的学生？

3. 你想去香格里拉旅游吗？

4. 北京是不是2008年举办的奥运会？

5. 今年暑假，你是去旅游，还是回国休假？

6. 现在快到中秋节了吧？

7. 她的汉字写得怎么样？

8. 你说的是英国英语还是美国英语？

六、"把"字句有哪些特点？使用时要注意些什么？

七、"被"字句有哪些特点？使用时要注意些什么？

八、下列哪些句子是存现句？

1. 夏夜的天空中缀满了闪闪的星星。

2. 墙角里放着一台黑白电视。

3. 操场上孩子们兴高采烈地嬉闹着。

4. 路的左边是繁华的闹市，右边却是贫民窟。

5. 天空飞过一群南来的大雁。

6. 玉米地里走出几个累得摇摇晃晃的人。

7. 上有天堂，下有苏杭。

8. 她身后出现了一位英俊潇洒的青年。

九、指出下列句子的错误，并改正。

1. 玛丽刚刚出去了开门。

2. 王鸣我校跑得最快的运动员。

3. 明天上午9点有开会。

4. 劳拉让我在图书馆不等她。

5. 她把图书馆的书没弄丢。

6. 他终于把那件不愉快的事知道了。

7. 孩子的作业被做完了。

8. 那些珍贵的字画被她都卖了。

9. 在桌子上放着很多香蕉。

10. 前两天太热了，今天最热。

11. 他跑得快3秒钟比那个外国运动员。

12. 他们是去年冬天的爬长城。

13. 请明天上午你到我办公室去一下。

14. 对不起，我现在不没时间。

15. 我们把您要的材料在图书馆里查到了。

16. 摩托车被开得太快了，容易出事。

第八章
句子系统(下)——复句

第一节 复句及其关联方式

一、复句的内涵

复句是由两个或者两个以上意义上相关、结构上互不包含的分句组成的句子。这里所说的分句，就是结构上像单句但没有独立语调的单位。分句之间有停顿，书面上用逗号、分号或冒号表示。例如：

① 逻辑用于证明，直觉用于发明。
② 你可以不同意他的思想，但是需要了解他的观点。
③ 只要有一个人被奴役，全世界都不自由。
④ 争取，挫折，奋进。

从结构上看，充当复句的分句可以是短语(例①②③)，也可以是词(例④)；短语充当时，可以是主谓短语(例①、例②的前半句、例③的后半句)，也可以是非主谓短语(例②的后半句、例③的前半句)。分句之间的主语可以相同(例②③)，也可以不同（例①）；可以都出现（例①），也可以省略（例②的后半句、例③的前半句）。尽管复句内部各个分句的构成多种多样，但有一点是共同的，即"结构上互不包含"，也就是说，几个分句互相不做句子成分。例如：

⑤ 我理解，但是他不想让别人知道。
⑥ 我理解他不想让别人知道。

例⑤中"我理解"和"但是他不想让别人知道"在结构上互相独立，因此这是一个复句；例⑥中的"他不想让别人知道"是"理解"的宾语，因此这是一个单句。

从意义上看，复句内部不论包含几个分句，各个分句之间必须有语义上的联系，否则就不能成为一个"句子"。例如：

⑦ *暴雨造成了泥石流和塌方，暴雨已经连续下了两天。

这种"句子"是无法起到正常的交际作用的。

复句由几个分句构成，但复句中各个分句的主语不一定都出现，既可能承前省略，也可能蒙后省略。例如：

⑧ 他衣服笔挺，面料很讲究，鼻梁上架着一副金丝眼镜。

⑨ 每天放学回家，他都首先将作业做完，然后开始练钢琴。

例⑧中后两个分句都有承前省略的情况，"面料很讲究"承第一句（主谓谓语句）中的小主语"衣服"而省略；"鼻梁上架着一副金丝眼镜"承第一句中的大主语"他"而省略。例⑨中第一句蒙第二句主语"他"而省略，第三句承第二句主语"他"而省略。

二、复句中的关联方式

复句既然是由几个分句构成的，就必然牵涉分句之间的关联问题。有的分句之间通过一些关联词语来连接，有的则直接通过语序来表示。前者可以叫关联法，后者可以叫意合法。

（一）关联法

关联法属于一种形合法，就是通过关联词语来表示分句之间关系构成复句的方法。所谓**关联词语**，就是句子中起连接作用的词语，也叫关系词语。关联词语常常由连词充当，一些起关联作用的副词也可以充当关联词语，如"也、都、又、才、就、还、却、越"等；还有一些关联短语，如"不是、还是、一方面、另一方面"等。例如：

① 因为华山的北部是平坦的渭河平原，所以显得特别高峻。

② 不在沉默中爆发，就在沉默中灭亡。

③ 一方面抓紧治理老污染源，另一方面严格控制新污染源的产生。

有时同样的分句，所用关联词语不同，复句内部的关系也就不同。如"有人写书"和"有人读书"可以通过不同的关联词语组成下面这样几个复句：

④ 有人写书，也有人读书。　　　（表示并列关系）

⑤ 因为有人写书，所以有人读书。　（表示因果关系）

⑥ 不但有人写书，还有人读书。　　　（表示递进关系）

⑦ 如果有人写书，就有人读书。　　　（表示假设关系）

⑧ 只要有人写书，就有人读书。　　　（表示充分条件关系）

⑨ 只有有人写书，才有人读书。　　　（表示必要条件关系）

由此可见，关联词语的使用在复句中的作用比较大。下文在介绍复句类型时都要说明每种复句经常使用的关联词语。

关联词语虽有单个使用的情况，但多数情况下是配合使用的。成对的关联有一定的搭配习惯，不能任意组合。值得注意的是，有些关联词语可以用于多种关系（如例⑦⑧中的"就"），必须根据具体的配合情况加以区别。

（二）意合法

所谓**意合法**，指的是不用关联词语而靠意会构成复句的方法。由于不用关联词语，从形式上看句子比较简单，往往需要根据语境来判断分句之间的关系。例如：

① 白杨树实在是不平凡的，我赞美白杨树。

② 有的人死了，他还活着；有的人活着，他已经死了。

③ 这种线绨(tí，厚绸子）被面太粗，花样不好，价钱也不便宜，顾客不喜欢，老卖不出去。

例①的两个分句之间是因果关系。例②分号前后的两个大的分句是一个并列的关系，其内部是转折关系(如"有的人虽然死了，但是他还活着"）。例③中，除了第三个分句用了一个"也"外，其他四个分句都没有用关联词语，其内部关系是：前三个分句之间是并列关系，它们合起来与第四个分句"顾客不喜欢"构成因果关系，这四个分句合起来又跟第五个分句"老卖不出去"构成进一步的因果关系。

意合法的关联靠分句之间的逻辑关系或某种特定顺序关系（如时间、空间、层级等）来组织。汉语表达中这种利用意合方式直接将分句组织在一起的用法比较多(尤其是在口语中），这是汉语表达的一个特点。

当然，也有的复句，用不用关联词语，意义上没有多大差别。例如：

④ 天气这么冷，我身上还出汗呢。

⑤ 天气虽然这么冷，但是我身上还出汗呢。

如果仔细体味，一般来说用了关联词语的句子语意上要重一些，更强调两个分句之间的逻辑关系。

需要说明的是，一般人所说的意合法，除了指复句中分句之间不靠关联词语来组合（即没有形式上的连接，只有可以意会的意义间的关联）这种情况外，还包括其他一些形式上可以省略的表达形式。如只要语义关系明确，句子成分能省略就省略。又如前面在分析"被"字句时提到的受事主语句，没有用表示被动的形式标记来标示被动关系。凡是跟印欧语比较在造句过程中形式上显得"简单"一些的表达方式，都被人看做意合表达。这些都有鲜明的汉语特色，用得适切与否往往是判断汉语水平高低的重要标志。当然，意合法并不是随意的组合，同样有很强的结构规则。我们相信，语言系统是一个规则系统，语言交际也必然在规则系统中交际。即便是那些被看做修辞用法的特殊现象，也是有条件的，往往并非"无理而妙"，而是"有理而妙"。对条件的分析就是寻找交际的规则，认识交际的理。我们的教学和研究就是要分析清楚这种规则／条件和现象之间的关系。

第二节　复句的类型

根据分句之间语义上的地位，我们可以把复句分为两大类：联合复合和偏正复句。**联合复句**中各分句在意义上是平等并列的，没有主次之分。**偏正复句**中各分句在意义上并不平等，而是有主次之分，即有正句和偏句的区别。例如：

① 科学重在寻找规律，历史重在描述事实。　　　（联合复句）
② 科学重在寻找规律，但是历史重在描述事实。（偏正复句）

一、联合复句

联合复句通常包括并列复句、承接复句、递进复句、选择复句、解说复句。

（一）并列复句

并列复句中几个分句分别述说相关的几件事或同一件事的几个方面。分句间或者是平列关系，各分句表示的内容并存共现；或者是对举关系，各分句表示的内容相反、相对。例如：

① 感情的短处在于会使人迷失方向，科学的长处在于它是不动感情的。（平列）
② 它既不需要谁来施肥，也不需要谁来灌溉。　　　　　　　　　　（平列）
③ 我们是来指导工作的，同时也是来学习的。　　　　　　　　　　（平列）
④ 在开放小学里，教室不是集中在一处，而是按学科或课程划分区域。（对举）
⑤ 他学平面设计，而我学环境设计。　　　　　　　　　　　　　　（对举）

一般情况下，并列复句中的几个分句可以前后换位。当然，换位前后意思上或表达侧重点上有时会有一些变化。

经常用于并列关系的关联词语有：成对使用的如"既……，又/也……""又/也……，又/也……""一方面……，（另）一方面……""一边/边/一面……，一边/边/一面……""有时/时而……，有时/时而……""一会儿……，一会儿……""一来……，二来……"和"不是……，而是……""是……，不是……"等；可以单独使用的如"也、又、还、同时、同样、另外"和"而、而是"等。并列复句有时也可不使用关联词语(如例①)。

需要注意的是，由"(不是……，)而是……""……，而……"构成的表示对立、对照关系的复句(如例④⑤)属于并列复句，不要看做偏正复句的转折复句。

(二) 承接复句

承接复句中几个分句依次述说连续发生的动作或相关的情况，也叫**连贯复句**、**顺承复句**。例如：

① 他扫了大家一眼，就昂着头走了出去。
② 他们起初沿着小径往西走，然后离开小径往左转，悄悄地走上草原。
③ 他们俩手拉着手，穿过树林，翻过山坡，回到草房。
④ 风儿吹醒了树儿，树儿摇醒了鸟儿，鸟儿叫醒了心儿，心儿唱起了欢快的歌儿。
⑤ 眼前是一片小树林，树林过去是一大片农田，农田尽处是那座不高的山。
⑥ 村头住着一个老大爷，老大爷有个儿子叫顺顺，顺顺娶个媳妇叫秀秀。
⑦ 中国有个安徽省，安徽省有个青阳县，青阳县有座佛教圣地九华山，九华山上有九十九座美丽的山峰。

承接复句中的几个分句是按时间顺序(如例①—④)、空间顺序(如例⑤)或事理顺序(如例⑥)依次展开的，例⑦则是既有空间顺序也有事理顺序。因此，承接分句的各个分句之间顺序不能颠倒。

表示连续发生的动作的几个分句之间如果既没有关联词语也没有停顿，便成了单句(连谓句)。例如：

⑧ 他们俩手拉着手穿过树林翻过山坡回到草房。

经常用于承接关系的关联词语有：成对使用的如"首先/先/起先/起初……，然后/随后/后来/再/又……""刚……，就/便……""一……，就/便……"等；可以单独使用的如"然后、就、便、于是、又、再、后来、接着、跟着、终于、继而"等。它们常用于时间上的承接关系，空间上或事理上的承接关系常用相同或相近的句型来体现。承接复句有时也可不使用关联词语(如例③—⑦)。

(三) 递进复句

递进复句中后一分句比前一分句在意义上更进一层。例如：

① 这种桥不但结构坚固，而且形式优美。
② 奇怪得很，发生了这样的事，非但没有挫败我的雄心，反而让我变得雄心万丈起来。
③ 他们看到的这个"家"，别说像样的家具，就连铺盖也是百孔千疮。
④ 立春那天，气温没有出现丝毫回升的迹象，反而比前几天还略有下降。
⑤ 一个生命的逝去总是让人惋惜，更何况是戴高乐这样一位伟人。

递进复句中的几个分句是按事情发展的程度或逻辑层级关系来安排的，不能颠倒顺序。

递进关系必须使用关联词语来显示递进关系。经常用于递进关系的关联词语有：成对使用的如"不但／不仅／不光／不只／非但……，而且／还／也／又／更／就连……""不但／不但不／非但不……，反而／相反还……""尚且……，何况／更不用说……""别说／不要说……，连／就是……"等；可以单独使用的如"甚至(于)、更、更何况、而且、并且、何况、况且、尚且、别说、反而"等。

(四) 选择复句

选择复句中几个分句分别述说几种可供选择的事项。从选择的事项是未定还是已定来看，选择关系有两种：未定选择和已定选择。选择复句都需要使用关联词语。

1. 未定选择指每个事项都是备选的。例如：

① 这部新片，或者到电影院看，或者待在家里上网看。
② 到底是先有鸡，还是先有蛋？
③ 容易犯错的人，不是认为什么都不懂，就是认为什么都懂。
④ 到了上海，我用普通话交流呢，还是用上海话来交流？

经常用于"选择未定"的关联词语，成对使用的有"或者／或／或是／或者是……，或者／或／或是／或者是……""是……，还是……""不是……，就是……""要么……，要么……"等；可以单独使用的有"或者、或、或是、还是"等。

注意，用"或者／或／或是／或者是"联系的分句，如果两个分句的意思不是对立的，则所选各项可以同时存在。例如：

⑤ 这样留作业，或者是毫无用处，或者是更加重了学生甚至家长的负担。

2. 已定选择指说话人已经选定了一种，舍弃了另一种。例如：

⑥ 与其靠幻想而生存，毋宁为真理而死灭。　　　　　（选定后者）

⑦ 与其说我创造音乐，不如说是音乐创造了我。　　　（选定后者）

⑧ 我们宁可挨批评，也决不昧着良心去造假。　　　　（选定前者）

⑨ 在摔跤场上，他宁肯自己受伤蒙辱，也不愿伤害对手。（选定前者）

⑩ 你有时间去批评人家，倒不如好好琢磨自己能建设什么。（选定后者）

经常用于"选择已定"的关联词语有：成对使用的如"与其／与其说……，不如／毋宁／不如说／毋宁说……""宁可／宁肯／宁愿……，也不／决不……"等；可以单独使用的如"还不如、倒不如"等。

（五）解说复句

解说复句中几个分句之间有解释说明或总分的关系，也叫**注解复句**。例如：

① 飞沙像山一样压下来，那在大戈壁滩是不稀罕的。　（解释说明）

② 中国文字的源始当在大约六千年以前，也就是说在夏朝以前一千来年。

　　　　　　　　　　　　　　　　　　　　　　　　（解释说明）

③ 调查有两种方法：一种是走马观花，一种是下马观花。

　　　　　　　　　　　　　　　　　　　　　　　　（先总说，后分说）

④ 植物是生产者，动物是消费者，微生物是分解者，三者都是自然生态平衡的有机组成部分，缺一不可。　　　　　　（先分说，后总说）

在解释说明的关系中，有的在后一分句使用"即、也就是说、换句话说"等关联词语；在总分关系中，常有数字提引下文或概举上文，如"两者、三种、几方面"这类。它们中有的并非关联词语，但能起到上下关联的作用。

有的教材将解说复句的这两种类型分别称做复指复句和总分复句。

二、偏正复句

偏正复句通常包括转折复句、让步复句、因果复句、目的复句、假设复句、条件复句。偏正复句都由偏句和正句构成，偏句起衬托作用，正句才是表达的中心。偏正复句的各种关系大多要使用关联词语来体现，关键词有配对使用或单个使用两种情况。配对使用时，正句和偏句各使用一个前置的关联词语。如果只用一个关联词语，一般都用于后一分句之前；"……的话"则用于前一分句之末。偶然也有只在前一分句使用关联词语的情况。

偏正复句通常是偏句在前正句在后，但有时顺序相反，起到突出正句的作用，偏句只是用来补充说明正句的。这时处于后面的偏句之前一定要用关联词语，而处于前面的正句不需要用关联词语。

（一）转折复句

转折复句中偏句说出一个意思，正句转向跟它意思相反、相对的方向。例如：

① 虽然他们没有多少财富，但是他们有丰富的内心世界。
② 勤俭节约的精神固然重要，然而事情的成败更离不开人们不懈的努力奋斗。
③ 你尽管满心想做好事，可是分不清是非，好心做了坏事！
④ 年轻人求知欲很旺，只是忍耐性不足。
⑤ 他的计算方法是对的，不过这种方法有些繁琐。
⑥ 他嘴上没说出来，心里特别高兴。

常用的关联词语，用于偏句的如"虽然、虽、虽说、尽管、固然"等，用于正句的如"但是、但、可是、可、却、而、然而、还"等；"只是、不过、倒"常单用于正句中。关联词语成对使用时往往转折意味重(重转)，单用时转折意味轻一些(轻转)。转折复句有时也可不使用关联词语(如例⑥)，此时转折的意味比较弱。

正句在前偏句在后的如：

⑦ 我不愿意再给她画像了，虽然有钱挣。
⑧ 伽利略毫不动摇，尽管朋友们和他的女儿都劝他改变观点。

（二）让步复句

让步复句中偏句承认某种情况，作出让步，但是正句并不产生相应的结果，而是从相反的方面说出正面的意思。例如：

① 看霍金的《时间简史》，即使看不懂，也会有收获。
② 就算你逃到天涯海角，我也能把你找到。
③ 哪怕是最简单的产品，他们都要精心设计、精心制作。
④ 困难再可怕，也不能丧失应有的斗志。
⑤ 他男扮女装了，我也还能认出来。

让步复句必须使用关联词语。常用的关联词语中，用于偏句的有"即使、就算、哪怕、纵使、就是、纵然、再"等，用于正句的有"也、都、还"等。

正句在前偏句在后的如：

⑥ 我们不能放过任何一个反攻的机会，哪怕只有一成把握。

⑦ 这些理论是非常深刻的，即使用现代科学的观点和方法来加以考察。

(三) 因果复句

因果复句中偏句陈述原因或理由，正句表示结果。有的是说明因果，结果是已实现的现实；有的是推论因果，根据一个事实推出结论。例如：

① 因为他有坚定的信念，所以遇到困难从不气馁。　　(说明因果)

② 他这几年变化太大了，以致我刚见面都没认出他来。　　(说明因果)

③ 她营养不良，孩子不足月就生了。　　(说明因果)

④ 既然知道错了，就一定要虚心改正。　　(推论因果)

⑤ 直至今日，东南亚等地的华裔商人仍奉关羽为财神及保护神，可见传统信仰影响之深远。　　(推论因果)

⑥ 他是一个文坛高手，一定能写出精彩的文章。　　(推论因果)

推论因果一般是据因推果("可见"句除外)，但也可以据果推因。例如：

⑦ 这几天温度下降得这么快，一定是北方的寒流吹过来了。

用于说明因果和推论因果的关联词语并不相同。说明因果的常用关联词语，用于偏句的如"因为、因、由于"，用于正句的如"所以、才、就、便、故、于是、因此、因而、以致"；推论因果的常用关联词语，用于偏句的如"既然、既"，用于正句的如"那么、就、又、便、则、可见"。注意，由于"因此"的含义是"因为这样，所以……"，所以"因为"和"因此"不能配合使用；"由于"可以跟"因此、因而"配合使用，也可以跟"所以"配合使用。因果复句有时也可不使用关联词语(如例③⑥)。

上面除例⑤⑦句外，其余都是前因后果。说明因果的句子还可以前果后因，此时可以只在偏句中使用关联词语，也可以用"之所以……，是因为……"。例如：

⑧ 人应当有社会关系和礼，因为只有它们才使人异于禽兽。

⑨ 时间之所以宝贵，是因为它一去不复返。

(四) 目的复句

目的复句中偏句表示目的，正句表示为达到某种目的而采取的动作行为。目的有两种，一是为了得到什么，一是为了避免什么。除了"为了、为"引导的偏句放在正句之前外，偏句大多在正句之后。例如：

① 为了让自己放松一下，我决定去看那场白天没舍得看的美国大片。（得到）
② 她把盘成发髻的头发解开披散着，以便尽快晾干。（得到）
③ 这些接受训练的人员没有一个人放弃，为的是完成中华民族的飞天梦想。
（得到）
④ 主持人不发表意见，以免影响会议的自由气氛。（避免）
⑤ 出去散散心也好，省得憋闷出病来！（避免）
⑥ 手术操作及所用的材料皆严格消毒，以防手术后感染。（避免）

有时这两种目的可以同时出现。例如：

⑦ 教练为了不使她伤势加重，以免影响冬训，才制定出今天比赛的战术是进入到决赛圈就行了。
⑧ 他们终于决定向对方作些让步，以便今天能够把合同签下来，免得将来又出什么岔子。

目的复句需要使用关联词语。目的复句的关联词语都单用，用于偏句之前。常用的关联词语中，用于表示得到的有"为了、为"和"为的是、目的是、以便、以求、以、用以、借以、好让、好使、好"，用于表示避免的有"以免、以防、免得、省得"。其中，只有"为了、为"引入的目的分句在正句之前，其他都是所引入目的分句在正句后。所有的目的复句，后一分句都是表意的重点。

(五) 假设复句

假设复句中偏句提出一个假设，正句表示这个假设成立后所得出的结论。例如：

① 假如一个民族留不住传统的文化艺术，就意味着将失去自身特色。
② 如果把巴黎圣母院作为古老巴黎的象征，那么，矗立在塞纳河左岸的埃菲尔铁塔便是现代巴黎的标志。
③ 如果说开始是为了完成任务而完成任务，到后来是他自己的责任感越来越强。
④ 如果火箭那样对待姚明的话，姚明还是去芝加哥比较好。
⑤ 愿意来的话，就来吧。
⑥ 你下午有空儿，到我办公室来一趟。

常用的关联词语中，用于偏句的有"如果、如果说、假如、假使、若、倘若、倘使、若是、要是、万一"，用于正句的有"那么、就、那、便、则"。"的话"是助词，用于偏句的结尾，一般跟"如果、要是"之类的关联词配合使用，构成一个框式结构"如果／要是……的话",但也可以单个使用。假设复句有时也可不使用关联词语(如例⑥)。

正句在前偏句在后的如:

⑦ 任何合作都是不能长久的,如果没有诚信的话。
⑧ 我将诉诸法律,要是商家不肯赔的话。

(六) 条件复句

条件复句中偏句提出一种条件,正句表示这个条件得到满足后所产生的结果。条件关系可分为两种:有条件和无条件。条件复句都需要使用关联词语。

1. 有条件的条件复句

所谓有条件,就是有某个条件,这个条件必然影响结果。这种特定的条件对结果而言,或者是充分的,或者是必要的。

充分条件指仅仅具有所提出的条件就够了(不管还有没有别的条件),在此条件下就能产生相应的结果。常用的关联词语是"只要……,就／便……"。例如:

① 只要明天太阳依然升起,我就不会放弃希望。
② 你只要把天上的星星看做心中的宝石,便会变得特别富有。

必要条件指必须具备所提出的条件才能产生相应的结果,缺少了这个条件就不行(即使还有别的条件)。常用的关联词语是"只有／唯有／除非……,才……""除非……,否则……""……,要不然……"。例如:

③ 只有具备了"明知山有虎,偏向虎山行"的胆识,才能昂首阔步于成功的大道之上。
④ 唯有加深了解,才能相互信任与合作。
⑤ 除非亲身体验,否则你不会真正理解。
⑥ 赶紧出发吧,要不然就赶不到山顶看日出了。

2. 无条件的条件复句

所谓无条件,就是不管偏句中的条件如何,都不影响产生正句表示的结果。常用的关联词语是"无论／不论／不管……,都／总是／总／也／还……"。例如:

① 大家无论怎么苦口婆心地规劝,都无法让小吴从失败的情绪中解脱出来。
② 他不论做什么事,总是经过深思熟虑后才下定决心。
③ 不管你愿意不愿意,都要品尝人生的酸甜苦辣。

有条件和无条件句都可以正句在前偏句在后。例如：

④ 世上没有什么是绝对不可能的，只要你肯用心。
⑤ 作为作家应当忘乎所以地写下去，除非没有了写的冲动与欲望。
⑥ 你们的支持对我很重要，不论是过去、现在还是将来。
⑦ 你务必做到全力以赴，不管对手多么强大。

第三节　复句中关联词语的使用

复句中的关联词语有连词，有副词；有的配对使用，有的单用。如果分句中有主语的话，关联词语有的用在主语之前，有的用在主语之后。这些复杂情况使关联词语的使用问题成为学习汉语的一个难题。其实，仔细辨析，就会发现复句中关联词语的使用仍然合乎某些大的原则，仍然有基本的规则可以遵循。前面有的地方已经作过一些介绍，这里再进一步归纳一下。

一、关联词语的配合使用和单独使用

复句中的关联词语，不管是配对使用的，还是单用的，用于前一分句的基本上是连词，用于后一分句的则既可能是连词也可能是副词。

关联词语凡是配对使用的，都是在每个分句中使用一个关联词语；两个分句都是按照分句之间的时间、空间顺序或事理关系来安排顺序，不能颠倒。只有关联词语单用时才可能出现两个分句顺序颠倒的情况。这里先说关联词语单独使用的情况。至于关联词语配合使用的情况，主要是要处理好关联词语跟各个分句的主语之间的关系问题，详见下文说明。

无论是联合复句还是偏正复句，都可以单用一个关联词语，只是如果可以单用的话，一般都用在后一分句中。即便是偏正复句中正句在前偏句在后也是如此，关联词语用于后置的偏句中。例如：

① 这儿成了梦开始的地方，也是梦破碎的地方。　　　　　（并列复句）
② 天一点一点地昏暗下去，然后又一点一点地明亮起来。　　（承接复句）
③ 我们的老师水平都很高，而且很敬业。　　　　　　　　　（递进复句）
④ A. 现在我的画还不是太值钱，但是我开始可以靠卖画生活了。

（转折复句：正句在后）

B. 我开始可以靠卖画生活了，虽然现在我的画还不是太值钱。

（转折复句：偏句在后）

⑤ A. 我感到有责任竭尽全力做到最好，所以我一直很努力地打球。

（因果复句：正句在后）

B. 我一直很努力地打球，因为我感到有责任竭尽全力做到最好。

（因果复句：偏句在后）

⑥ A. 人没有被自己吓倒，就不会被困难吓倒。 （假设复句：正句在后）

B. 人不会被困难吓倒的，如果没有被自己吓倒。 （假设复句：偏句在后）

偏正复句的偏句在正句之后时，必须而且也只能在后一分句中使用一个关联词语。

从这里可以看出，关联词语的作用正在于前后系联，而表达关联的词语居于两个分句的中间，则是最合乎一般连联道理的，如同榫(sǔn)头连着物件、媒人在男女之间牵着红线。

还有一个特殊的词，即助词"的话"，可以单用于前一分句之末。例如：

⑦ 天气允许的话，我们明天去爬长城。 （假设复句）

上面这些情况都可以归纳为一点：联系项居中，即起关联作用的成分往往居于被关联项的中间。也就是：被关联项1+关联词语+被关联项2。这是各个语言中使用关联词语（不仅是复句中）的最基本的原则。

因此，在关联词语可以配对使用又可省略其一的场合，如果要省略一个的话，往往可以省略前面的那个，而保留后面的。上面的例①②③和例④⑤⑥中的句A就是如此。这就能够说明，凡是能跟连词配合使用的关联副词，哪怕连词不出现，它也往往必须出现，如例⑥中的句A，又如"（只要）有信心就有成功的希望""（无论）什么时候都不要放弃"。这一点，往往没有受到汉语学习者应有的重视。

当然，偏正复句中偏句在前正句在后时偶而也有只在第一个分句用上关联词语的情况。例如：

⑧ 为了报答她，我把她从乡下接到了城里。 （目的复句）

⑨ 如果时间允许，两个景点我们都想去。 （假设复句）

⑩ 由于路太远、天太黑，我们没能及时赶到。 （因果复句）

除了"为了"常单独使用外，其他可以只在前一分句使用关联词语的复句，更多的时候则是配对使用。

二、关联词语与分句主语的位置关系

关联词语与分句主语的位置关系，比较复杂的是关联词语用于前一分句之时，而用于后一分句相对简单。

（一）用于后一分句的关联词语

此时，不管分句的主语是否相同，是连词的都放在主语之前，是副词的都放在主语之后。例如：

① 他这么做并不是想故意损害球队，而是他相信这样对我们都有好处。

（连词，联合复句）

② 他在英国文坛上还不是个尽人皆知的作家，即使他写的小说《沉默的谎言》曾经获得一九九〇年的书籍大奖。　（连词，偏正复句）

③ 他们人人心中都有个家，他们也企盼着享受天伦之乐。（副词，联合复句）

④ 一旦失去这种感情上的依托，他们就很容易出现各种各样的问题。

（副词，偏正复句）

这实际上就是说明，这些关联词语在句中是只起关联作用（连词），还是在关联之外同时还有修饰作用（副词）。由于副词是谓语中的修饰语，因此放在紧靠述语的状语位置比较合适。

（二）用于前一分句的关联词语

在复句中前一分句的连词和主语的位置关系比较复杂，但也有一定的规则。可分为两种情况来说明。

1. 两个分句主语相同时关联词语的位置

所有联合复句以及偏正复句中的目的复句，前一分句的连词都要放在主语之后。例如：

① 他们不但不鼓励我唱歌，反而压制我。　　　　（联合复句，表递进）

② 你们与其教人向他奉献虚荣，倒不如让人实践他的意愿。

（联合复句，表选择）

③ 他们为了在奥运会上取得好成绩，做了四年的长期规划。

（偏正复句，表目的）

其余的复句类型（都属于偏正复句），前一分句的连词放在主语前后一般都可以。例如：

④ A. 尽管你有这样那样的困难，但必须要做到万无一失。（转折复句）

B. 你尽管有这样那样的困难，但必须要做到万无一失。（转折复句）

⑤ A. 无论我们怎么劝说，都无法阻止他。　　　　（条件复句）

B. 我们无论怎么劝说，都无法阻止他。　　　　（条件复句）

2. 两个分句主语不同时关联词语的位置

此时，前一分句的连词一般要放在主语之前。这实际上就是说明主语所管的范围有多大。例如：

① 不但他们不了解情况，我们也被蒙在鼓里。　　　　（联合复句，表递进）
② 不是我们战胜对手，就是对手击垮我们。　　　　　（联合复句，表选择）
③ 要是我们承认生活中趣味存在的必要性，那幽默就是一种高雅的趣味。
　　　　　　　　　　　　　　　　　　　　　　　　（偏正复句，表假设）
④ 只要大家坚持不懈地努力，日子一定会越过越好。（偏正复句，表条件）

当然，上面对关联词语与分句主语位置关系的介绍，主要是就大的复句类型而言的，如果具体到个别关联词语，还是有些特殊情况(如"尚且"在任何情况下都只能位于主语之后)，这里不再一一说明了。

第四节　多重复句和紧缩句

一、多重复句

上面对复句类型的分析都是只着眼于两个分句之间的关系。其实，在实际的语言交际当中，一个句子内往往包含几个分句。我们前面曾说过，层次性是语言结构的根本属性之一(实际也是任何结构体的根本属性之一)，因此，如果一个句子内包含几个分句，这些分句就有可能处于不同的层级之中。如果将只包含一个结构层次的复句叫一重复句的话，包含两个或两个以上结构层次的复句就叫**多重复句**。对多重复句的分析实际上是对层次分析法的使用。

在分析复句时，为了方便和醒目起见，我们常常在构成同一层次的分句之间画上竖线，如用单竖线"|"表示第一层次，双竖线"‖"表示第二层次，依次类推；同时标明每个层次的关系。

一重复句一般由两个分句组成。但是，当分句之间只有并列或承接关系时，一重复句也可以由多个分句组成。例如：

① 三流企业卖产品，｜二流企业卖服务，｜一流企业卖标准。
　　　　　　　　　　并列　　　　　　　　并列
② 他操起长矛，｜跨上战马，｜冲出城门，｜杀入敌军阵营。
　　　　　　　承接　　　　承接　　　　承接

多重复句至少由三个分句组成，而且不止一个层次。在分析多重复句时，首先要全面把握句子的意思，确定句中各个分句的界限；然后仔细辨析各个分句之间的意义关系；最后判定各分句之间的组合层次。先确定第一层次，这个层次体现全句的基本关系；再看第一层次的两个分句内部是否还有层次，如果有的话，再确定第二层次；就这样依次划分下去，直到最低层次。例如：

③ 犯错是人之常情，｜但真要把事情搞糟，‖则需要一台计算机。
　　　　　　　　　　　转折　　　　　　　　　　假设

④ 虽然是满月，‖‖天上却有一层淡淡的云，‖所以不能朗照，｜但我以为
　　　　　　　　　转折　　　　　　　　　　　因果　　　　　　　　转折
这恰是到了好处。

⑤ 我再也不想找工作了，｜除非有工作主动找我，‖否则就是饿死，‖‖我
　　　　　　　　　因果　　　　　　　　　条件　　　　　　　让步
也不去一次一次地让自己带着希望去折腾，‖‖‖很快就把希望变成失望，
　　　　　　　　　　　　　　　　　　　　　　承接
‖‖‖然后又演变成绝望了。
承接

⑥ 现在科学家已采取了主动，‖不仅有了广泛的预防措施，‖‖就算一旦发现病
　　　　　　　　　　　　解说　　　　　　　　　　　递进
毒新变种，‖‖‖也能很快地制成药物治疗，｜所以流感病毒也不是那么
　　　　　　让步　　　　　　　　　　　　因果
容易作威作福了。

当然，并列关系也有可能处在不同的层次之中。例如：

⑦ 苍天之下，没有干涸了的海洋，‖没有削平了的雪山，｜也没有枯萎了的心灵。
　　　　　　　　　　　　　　并列　　　　　　　并列

可见，分句数量的多少并不决定层次的多少，关键是不同分句之间的关系远近和关系类型。我们分析多重复句，就这样层层分析，直到都是单个分句为止。分析多重复句的层次是前面所讲的句法结构层次分析思路的拓展，其步骤跟层次分析法中"从大到小"层次分析(切分法)实质相同。这就更深化了我们对语言结构层次性的认识。

二、紧缩句

前面介绍复句时，分句之间都有明显的停顿，书面上用标点符号隔开。但在实际交际中，有些分句之间的语音停顿或词语被压缩了，几个分句便被压缩成一个类似单句的

形式。也就是用单句的形式表达复句的内容。这就是**紧缩句**，也叫**连锁句**。例如：

① 葡萄如果不熟，就不甜。→葡萄不熟不甜。　　　　（假设）
② 只要天一亮，就出去锻炼。→天一亮就出去锻炼。　（条件）
③ 虽然面和，但是心不和。→面和心不和。　　　　　（转折）
④ 就是被打死了，我也不说。→打死我也不说。　　　（让步）

这类句子多被看做紧缩复句。它往往有前后照应的成分或关联词语，形成比较固定的格式，如"不……不……""不……就……""非……不／才……""不……也……""再……也……""一……就……""越……越……"等；也可单用一个关联词语，甚至不用任何关联成分。

⑤ 不达目的不罢休。　　　　　　（假设）
⑥ 不听话就走人。　　　　　　　（假设）
⑦ 非找到凶手不罢休。　　　　　（假设）
⑧ 这个道理不说也懂。　　　　　（让步）
⑨ 路再远天再黑我也要去。　　　（让步）
⑩ 一接触就带来了麻烦。　　　　（条件）
⑪ 一下车就不见人影。　　　　　（承接）
⑫ 越说越兴奋。　　　　　　　　（条件）
⑬ 无私才能无畏。　　　　　　　（条件或因果）
⑭ 说了又怎么样？　　　　　　　（假设）
⑮ 走又不敢走，留又不愿留。　　（转折）
⑯ 凡事都要认真。　　　　　　　（条件）
⑰ 没有天就没有地，没有地就没有家。（条件或假设）
⑱ 没留学也成了才。　　　　　　（转折）
⑲ 你要我也不给。　　　　　　　（让步）
⑳ 人在阵地在。　　　　　　　　（并列或条件）
㉑ 你有本事另寻高明吧。　　　　（假设）
㉒ 人逢喜事精神爽。　　　　　　（因果）

对不用关联词语或只用一个关联词语的紧缩句，可以通过添加关联词语来帮助理解分句之间的关系。例如：

㉓ 买不起别买。——（如果）买不起就别买。　　（假设）
㉔ 山高皇帝远。——（因为）山高所以皇帝远。　（因果）
㉕ 人勤地不懒。——（只有）人勤地才不懒。　　（条件）
　　　　　　　——（只要）人勤地就不懒。　　（条件）

㉖ 人多力量大。—— （由于）人多因此力量大。　　　　（因果）
　　　　　　　—— （如果）人多力量就大。　　　　　（假设）
㉗ 无知人胆大。—— （只要）无知胆就大。　　　　　（条件）
　　　　　　　—— （由于）无知所以胆才大。　　　　（因果）

紧缩句如果去掉语调，整个短语常被称做连锁短语。

除此之外还有一些并非复句压缩而形成的格式，也可看做紧缩句，如"我们管他叫大哥""大家以三个人为一组"。

有些紧缩句已经成了固定用语了，如"人多力量大、无知人胆大、面和心不和、刀非磨不快、不打不相识、众人拾柴火焰高、没有调查就没有发言权"等。

紧缩句的表达方式是汉语表达凝练性的一种表现。在第二语言教学中，这种格式往往被当做一个结构块(或称组块、语块)来处理，使学习者整体上把握它们的结构、语义和用法。

思考与练习八

一、下列句子，哪些是复句，哪些是单句？请说明区分的理由。

1. 为了考一个满意的分数，他夜以继日地看书学习。
2. 无论老师还是学生，都反对取消学分制。
3. 即使是没有参加过工作，而且所学专业也不对口的人，也可以参加明天的面试。
4. 不管谁劝他，他都听不进去。
5. 如果没有你的参与，这项计划可能就无法实现了。
6. 只要你捐一分钱，你就献出了一份爱心。
7. 这套培养方案的实施，大大提高了研究队伍的整体水平。
8. 只有在遇到不可抗力的情况下，你们才可以终止合同。
9. 所谓学风，不但是学生的学风，而且也是教师的学风。
10. 为了孩子的学习，中国的父母可谓付出得太多太多。

二、指出下列复句的关系类型。

1. 即使实实在在地活上一天，也胜过行尸走肉地过上一百年。
2. 风停了，雨也住了。
3. 一到周末，我不是去逛街，就是到郊区旅游。
4. 有的家长，只要孩子学习好，其他什么都不管。
5. 由于没有经验，我犯了一个致命的错误。
6. 昨天我没有去书市，而是去美术馆看法国艺术展了。

7. 不论流浪到哪里,我都深爱我的祖国。
8. 我一口气走了四十里地,为的是看看自己到底有多大的耐力。
9. 与其说她有过人的才能,倒不如说她以美貌胜人。
10. 接着就走出来两个人,一个不认识,一个是卫老婆子。
11. 他来了,但是什么都没说。
12. 我每天都要忏悔一次,为的是减轻自己的罪恶感。
13. 所有的人都下了车,绕到车后,帮着推车。
14. 禽兽尚且有怜悯之心,何况我们人呢?
15. 除非他已经通过了资格考试,才能当教师。
16. 虽然科技进步提高了工作效率,但每个人都感到比以前更加紧张。
17. 没有经验,难免会犯错误。
18. 有时你必须做你认为正确的事情,即使有悖父母的意愿。
19. 他拿起了一本杂志,然后又放在书架上。
20. 人不会被困难吓倒的,只要没有被自己吓倒。

三、分析下列多重复句的层次,并标明分句之间的关系。

1. 虽然耕地减少了,但是因为我们引进了技术,因为兴修水利,加上发展化肥农药,所以改革开放以后粮食产量还是大大增加了。
2. 今后,我们队伍里,不管死了谁,不管是炊事员,是战士,只要他是做过一些有益的工作的,我们都要给他送葬,开追悼会。
3. 成绩能够鼓励人,同时会使人骄傲;错误使人倒霉,使人着急,是个敌人,同时也是我们很好的教员。
4. 如果我们既放下了包袱,又开动了机器,既是轻装,又会思索,那我们就会胜利。
5. 掌柜是一副凶脸孔,主顾也没有好生气;只有孔乙己到店,才可以笑几声,所以至今还记得。
6. 他后来还托他父亲带给我一包贝壳和几支很好看的鸡毛,我也曾送他一两次东西,但从此没有再见面。
7. 恋爱中,男性会变得更温柔多情,女性则会变得更热情奔放;换句话说,男人更像女人,女人更像男人。
8. 无论是哪一个农民遇到困难,哪怕是一些细小的事情,只要能办得到,我们总是认真对待。

第九章
常见语法偏误

我们在说话、写文章的时候，应当合乎事理，遵循汉语的表达规律。如果说出来的话、写出来的句子违背了这种事理和规律，就出现了偏误。偏误的范围很广，其中问题比较集中、规律性比较强的就是表达中出现的语法偏误。

到目前为止，我们基本上是从正面阐述语法知识，只是在思考与练习中有意识地安排了一些辨误练习，以引起大家对这方面的注意。为了进一步培养语感、提高运用汉语的能力，我们还需要较为系统地了解一些常见的语法偏误现象，分析其中的原因，探索其中的一些规律。

前面曾经说过，分析任何系统，都需要从成分及其关系入手。分析语法偏误也要将着眼点落在成分及其关系上。如果一个句子由两个或两个以上的成分构成，就要关心这些成分之间的关系如何，是不是能够配合，成分的位置放得对不对，成分是否多余或残缺。另外，句子一旦复杂了，就要看它们内部的关系对不对、顺不顺，表示这些关系的关联词语用得对不对。这样说来，语法偏误就会多种多样。当然，一切偏误分析的前提都是对汉语语法结构的基本规律有比较清楚的了解。

中介语分析对偏误的类型和原因作了比较深入的探讨。分析偏误有两种途径。一是从偏误的形式入手，一般的偏误类型包括：遗漏(该有的没有)、误加(不该有的却有了)、误代(该用甲的却用了乙)、错序(位置不当)、混搭(不同结构、格式拼合在一起)。一是从偏误的内容入手，主要从成分及成分之间的关系(包括搭配关系、层次关系、位置关系、关联关系等)来看待中介语中的偏误问题，一般包括：搭配不当、成分残缺、成分多余、语序不当、结构杂糅、关联不当等。前者以教学中的处理策略为纲，后者以语言知识的相互关联为纲。两者有相通之处，如"遗漏"跟"成分残缺"、"误加"跟"成分多余"、"误代"跟"搭配不当"、"错序"跟"语序不当"、"混搭"跟"结构杂糅"基本范围相同。但两者考察的角度并不一致，如"关联不当"，仅就关联词语的使用而言，遗漏、误加、误代、错序、混搭五种类型都可能存在。又如"误代"，既有可能是搭配不当造成的，也有可能是关联不当等造成的。由于本书重在说明现代汉语语法系统的相关知识，因此我们在说明偏误现象时，从内容入手就更容易将相关偏误现象放到一起说明。如"搭配不当"，表面上看是句子成分之间(如主语和谓语、述语和宾语、定语和中心语等)不能搭配，但从根本上看还是跟词语之间的语义能否相容有关，因此，将各种类型的搭配不当放在一起，有利于强化对句法和词语之间的关系的认识。

至于对偏误原因的分析，学界认识比较一致，常见的有：汉语知识的不充分，母语的负迁移，目的语规则的过度泛化，教学知识错误或方法不当而出现的误导，文化因素的干扰，学习策略和交际策略的偏失，等等。我们这里的偏误分析主要是从汉语语法结构本身的特点来谈的，即主要指出偏误所在及如何修改，而对使用者之所以产生如此偏误的原因原则上不作一一分析。

一、搭配不当

搭配不当就是指句子中相关的成分不能搭配。我们在前面介绍句子的构造时，分析出句子的六大基本成分(主语、谓语／述语、宾语、定语、状语、补语)，这些成分之间是两两配对的，如主语和谓语、述语和宾语、修饰语(定语、状语、补语)和中心语都是密切相关的成分。而且每个成分都有某些语义上的要求，两个成分之间在语义上要相容。不注意它们的配合，就容易犯搭配不当的错误。因此，分析句子合格不合格时，首先要看这些成分之间的配合是否得当。下面分别举例说明。

① *这里的公路不广。

② *半夜里，狂风和暴雨突然从天空中一齐倾泻下来。

这里主语和谓语搭配不当。例①"广"用于面积、范围，不用于距离（如宽窄、长短）；而"公路"则论距离的宽窄、长短。因此两者语义上不相配，所以句法上不能搭配。应将"广"改为"宽"或"长"。例②"突然从天空中一齐倾泻下来"的只能是"暴雨"，而不是"狂风"。全句可改为"半夜里，狂风大作，暴雨突然从天空中倾泻下来"。这种由于使用联合短语而出现的搭配问题在其他类型中也经常出现。

③ *昨天我们见过面，我知道他。

④ *在中国的食堂吃了半年的米饭，我已经非常熟练筷子了。

这里述语和宾语搭配不当。例③动词"知道"强调对事物、道理或某方面的情况有认识，而不是一般地能够分辨、识别，如"我知道这件事、我知道你喜欢旅游、我知道他这个人的品行"。而"认识"可以指一般地分辨、识别,因此宜将"知道"改为"认识"。这是述语和宾语在语义上不能相配。例④"熟练"是形容词,不能带宾语;如果换成动词"熟悉"也不妥,因为原文的意思指的是对筷子的使用很熟练。宜改为"我已经能非常熟练地使用筷子了"。这是述语和宾语在词性上不能相配。

⑤ *平时老师教得很严厉,我们进步很大。

⑥ *一到周末,我就把房间打扫得干干净净、整整齐齐。

这里述语和补语搭配不当。例⑤"严厉"着重指严肃而厉害的神态、语气、方式等,常跟"批评、谴责、惩罚、追问"等搭配,用在这里跟句义不合,与"教"不相搭配。这里句子的意思是老师"教"的时候要求严,执行制度认真,一点儿不马虎,因此应该将"严厉"改为"严格"或"严"。例⑥"打扫"的结果是"干干净净",不能是"整整齐齐"。宜改为"打扫得干干净净,收拾得整整齐齐"。

⑦ *他们俩有一致的年纪。

⑧ *刚进来的那几位人,我都认识。

这里定语和中心语搭配不当。例⑦"一致"指意见、行动、逻辑关系等没有分歧,不能用于指年龄。可以将"一致"改为"相同",更好的改法是"他们俩年纪相同"。这是语义上不能搭配。例⑧量词"位"用于人,表示敬意,常用于表示称谓的名词之前,不能直接修饰"人"。可将"人"改为具体的称谓词,如"老师、同志、先生、女士、客人",也可把量词"位"换成"个"。这是量词跟名词不能搭配。

⑨ *他渐渐爬起来,吃力地走着。

⑩ *他上课非常认认真真,每次考试都第一。

这里状语和中心语搭配不当。例⑨"渐渐"表示程度或数量逐步增减,如"渐渐有了起色、天色渐渐暗了下来、渐渐地熟悉了环境"等,但不能用于修饰人的各种动作。而"慢慢"可用于指行为动作迟缓。因此可将"渐渐"改为"慢慢"。例⑩"认认真真"是形容词"认真"的重叠形式,本身已经表示程度很高了,不能再用程度副词来修饰。或者将"非常"删去,或者将"认认真真"改为"认真"。

⑪ *大学生是积累知识、训练思维的重要阶段。

⑫ *秋天的香山是一年中最美丽的季节。

这里主语和宾语搭配不当。例⑪"大学生"和"阶段"不是同一属性的事物,宜将"大学生"改为"大学阶段"。⑫"香山"不能是"季节",宜将主语改为"香山的秋天"。

二、成分残缺

成分残缺就是指句子中缺少了必不可少的成分。句子成分之间是配合使用的，如果缺少了某个必要成分，句子的结构就不完整了。例如：

① *从这一件平凡的小事中，却说明了一个大问题。

② *俄罗斯留学生的演出受到热烈欢迎，对演出评价很高。

这里缺主语。例①的句首是介宾结构，这样后半句就没有了主语。宜将"从……中"删去，让"这一件平凡的小事"做全句主语。例②谁"对演出评价很高"没有说明，应该加上合适的主语，如"观众""来宾"等。

③ *这些角色不同类型，距离相当大，如果没有善于塑造人物性格的技巧，那是演不好的。

④ *留学生们经过一个下午的整理，所有的书报杂志都摆到合适的位置上了。

这里缺述语。例③"这些角色不同类型"没有述语。可以在"这些角色"和"不同类型"之间加上"属于"；也可以将"不同类型"改成"类型不同"，让主谓短语做谓语，形成主谓谓语句。例④前一分句中的"留学生"是主语，"经过一个下午的整理"是状语，后一分句又另有主语和谓语，可见，前一分句的状语没有可修饰的中心语，即缺述语。可以将前一分句改成介词结构"经过留学生们一个下午的整理"，也可以将后半句变成"把"字结构"把所有的书报杂志都摆到了合适的位置上了"。

⑤ *刚开始学汉语写汉字的时候，大家都产生了"汉语难学，汉字难写"。

⑥ *为了适应旅游爱好者，旅游业成立了一个公司，称快乐家庭公司。

这里缺宾语中心。例⑤"产生"的后面应是一个定中短语做它的宾语。可以在句末加上"的心理"；或将"产生了"改为"认为"，因为"认为"可以带动词性宾语。例⑥"适应"的对象是客观条件或需要，一般不是人；而且所带的宾语基本上都是带"的"的定中结构，如"适应已经变化了的情况、适应环境的变化、适应居民的需要"等。因此，这里的"适应旅游爱好者"可以看做是缺少了宾语中心。宜在"旅游爱好者"之后加上"的需要"，补上中心语。

⑦ *今年的新春联欢会，相当的外国留学生上台表演了节目。

⑧ *每个见过熊猫的人都说，熊猫可爱。

⑨ *他在路上把烟头随便扔。

这些句子都是修饰语残缺或不完整。例⑦"相当"做定语不完整，应加上"多"

后让"相当多"做定语。例⑧形容词"可爱"单独做谓语时不是特别自由，有时需要补上一些成分，这也是汉语形容词在使用中的特点。或者在"可爱"前加上"很""特别"之类的成分做状语；或者在"可爱"后加上"极了"等成分做补语。例⑨是"把"字句，"把"字句的一个特点就是述语动词的后面或前面一定要有表示结果的成分。可以在"扔"的后面加上补语，将句子改为"他在路上把烟头随便扔到地上"；或者在"扔"的前面加上能够蕴涵结果的状语，将句子改为"他在路上把烟头随便乱扔"。

三、成分多余

跟成分残缺相反，**成分多余**指句子中的相关成分已经完备了，却重复添加了一些成分，在结构和语义上显得累赘。例如：

①＊我们从世界各地来到了中国，我们学习汉语，我们认识中国文化。

②＊玛丽的勤奋和努力，是我们任何人都没法比的。

这里的主语有多余成分。例①中的几个分句属于同一个话题，此时后面分句的主语一般应该省略，所以后两个分句的"我们"显得多余，应该删去。当然，如果需要特别强调各个主语，各个分句即使主句相同，也需要保留；但这句话中没有强调的意味。另外，句中的"认识"应改为"了解"，这属于上面讲到的述语和宾语搭配不当。例②"勤奋"和"努力"在这里意思相近，只需要保留一个。

③＊现在渔民自己选出了行政组长，负责掌握渔民的生活及生产管理。

④＊我的爱尔兰女朋友回国已经半年多过去了。

这里的谓语有多余成分。例③"负责渔民的生活及生产管理"是述宾结构，构成了一个完整的谓语，宾语前面又加上了语义包含在"负责"里面的"掌握"来做述语，没有必要，宜删除。例④"回国已经半年多了"的结构和意思都是完整的，不必再加上"过去"。

⑤＊每个老师都说，她是我们学习的榜样和模范。

⑥＊我不能回答，因为我对这件事没有仔细想过，可是我想说几句话我的看法。

这里的宾语有多余成分。例⑤宾语中心中的"榜样"和"模范"意思重复，删去"模范"。例⑥"说"的宾语"几句话我的看法"中，"几句话"和"我的看法"语义上有重复，句法上也不构成并列，因此可以改为"我想说几句话""我想说说我的看法"或"我想说几句我的看法"。

⑦ *这篇小说是他的第一篇处女作。

⑧ *男的找朋友,要找长得好的漂亮的女朋友。

这里的定语有多余成分。例⑦"处女作"的意思就是"作者的第一个作品",再用"第一篇"修饰,显得重复累赘,故应删去,或将"处女作"改为"作品"。例⑧中"长得好"和"漂亮"意思相同,只需用其中一个。

⑨ *一谈起那次西藏之行,他就非常激动起来。

⑩ *一匹匹赛马飞快地从眼前疾驰而去。

⑪ *请你把这段台词说完熟练。

这里的状语和补语有多余成分。例⑨状语或者补语多余。状语"非常"表示程度,而补语"起来"表示变化,两者不能同现,应该删去一个。例⑩状语"飞快"跟"疾驰"语义重复,删去"飞快地"。例⑪述语"说"带了两个结果补语,一个是动词"完",一个是形容词"熟练",只能保留一个。

四、语序不当

语序不当指句子中词语的位置放得不合适,影响了句子意思的表达。语序不当大多跟修饰语的摆放位置有关。例如:

① *我们都坚持锻炼身体,去打篮球每天下午。

② *一阵尖利的叫声打破了宁静的夜晚。

这是修饰语跟中心语的位置关系不当。例①是状语跟中心语的语序错位。时间词语"每天下午"后置是英语等语言中的表达法,汉语里这种时间词语做状语,应该放在谓语"去打篮球"之前。例②定语和中心语错位了。"打破"的应该是"宁静"(这是比喻的说法),而不能是"夜晚"。宜将"宁静的夜晚"改为"夜晚的宁静"。

③ *这个问题在同学中广泛引起了议论。

④ *九寨沟真是太美了,我想来多几趟。

这是修饰语之间位置关系不当。例③是定语和状语的语序错位。"广泛"应该是修饰"议论"的定语,而不能是修饰"引起了议论"的状语。宜将"广泛引起了议论"改为"引起了广泛的议论"。例④是状语和补语的语序错位。述语动词"来"后有数量词组"几趟"做补语,表示宽泛数量的"多"就不能再出现在补语位置上了,应该放在述语动词之前做状语。原句宜改"九寨沟真是太美了,我想多来几趟"。

⑤ *刚才我听中文广播懂了。

这是补语与宾语位置关系不当。汉语动词后既带宾语又带结果补语时，补语要紧跟动词，宾语在补语之后或提到动词之前。而例⑤中的结果补语"懂"放在了宾语之后，因此这句宜改为"刚才我听懂了中文广播"。

有时一个句子可以带多个定语或多个状语。多项定语和多项状语连用时内部有一定的层次关系，认识不清就容易出错。例如：

⑥ *买了新一本关于中国的书。

⑦ *新来的我们班的印度的留学生特别会跳舞。

这是多项定语顺序不当。在有多个定语的结构中，一般的顺序是：表示领属关系的词语＋数量短语或指示代词＋动词(短语)／介词短语＋形容词(短语)＋表示性质的名词(短语)，"动词(短语)"或"介词短语"后要带结构助词"的"。如"我们请来的演讲者是(北京大学的)(一位)(擅长做实验的)(优秀)(生物)教师"。例⑥的宾语前面有三个定语"新""一本"和"关于中国的"，第一个定语位置不当，应该改为最后一个，变成"一本关于中国的新书"。例⑦主语前面也有三个定语"新来的""我们班的"和"印度的"，前两个定语位置不对，应该换位。另外，汉语定语中连用几个"的"有时使句子显得很臃肿，如果其中有可用可不用的，一般就不用。这句的主语可改为"我们班新来的印度留学生"。

⑧ *我被小说中的人物命运一次次地打动了。

⑨ *所有的学生认真地都在会议室里张贴着标语。

这是多项状语顺序不当。在有多个状语的结构中，大致的顺序是：表示时间的词语＋副词＋表示处所的词语＋表示情态的词语＋表示对象的词语，如"我［昨天］［已经］［在图书馆里］［仔细地］［把这些材料］核查过了"。例⑧中"被小说中的人物命运"和"一次次地"应该换位。例⑨中"张贴"前有三个状语"认真地""都"和"在会议室里"，它们的顺序应该是"都在会议室里认真地"。

与多项状语语序有关的是，"把"字句、"被"字句中状语的语序问题经常出现偏误。例如：

⑩ *那时他把到山底下挑水喝的事情没有看成很麻烦的事情。

⑪ *如果你想课后复习，我把所有的笔记可以借给你看。

⑫ *他一直都很勇敢，从来被困难没有吓倒过。

⑬ *这个难题让我终于解决了。

在"把"字句、"被"字句中，否定词、能愿动词、时间词语应该放在"把""被"之前。例⑩中的否定词"没有"应该放在"把"的前边，例⑪中的能愿动词

"可以"应该放在"把"的前边，例⑫中的否定词"没有"应该放在"被"的前边，例⑬中的时间副词"终于"应该放在"让"之前。

⑭ *这首民谣对我耳熟能详。

⑮ *去年的学习成绩和今年比较起来大不相同。

这里是主客颠倒。例⑭中"耳熟能详"的主动者应该是"我"，"耳熟能详"的对象应该是"这首民谣"。这句话显然是把主客关系弄反了，宜改为"我对这首民谣耳熟能详"或"对这首民谣，我耳熟能详"。汉语学习者在使用"对"字句时经常出现这方面的失误。又如"这首韩国歌曲对我很熟悉"，正确的表达应该是"我对这首韩国歌曲很熟悉"或"对这首韩国歌曲，我很熟悉"。例⑮比较句的两个比较对象中，"去年的学习成绩"应该是比较的基准，"今年的学习成绩"才是比较主体，因此合适的表达应该是"今年的学习成绩和去年比较起来大不相同"。

五、结构杂糅

结构杂糅是指把两种不同的造句形式或格式糅合在一起，造成结构混乱，层次关系混杂不清。由于结构杂糅常常体现为将不同句式混搭在一起，因此常被称做**句式杂糅**。

产生结构上的杂糅与纠缠的原因，主要是对汉语各种句型、句类尤其是句式及特殊格式的结构特点还没有掌握。例如：

① *北京语言大学的地址在海淀区学院路15号。

② *一个人自学能否成功，关键在于内因起决定作用。

这是不同结构套叠。例①将判断句"北京语言大学的地址是海淀区学院路15号"和存在句"北京语言大学在海淀区学院路15号"这两种结构混杂在一起了，可以选择其中的一种表达形式。例②将"关键在于……"和"……起决定作用"这两个结构格式套叠在一起了。或者说"关键在于内因"，或者说"内因起决定作用"。

③ *他今天来得很早了一个多小时。

这是同功能的不同结构形式的套叠。例③含有两个述补结构"来得很早"和"来早了一个多小时"，补语都是表示时间的，只能保留一个。

④ *世界杯的开幕多么令人激动人心啊！

⑤ *不了解中国文化，怎么能学好汉语是肯定的。

这是前后纠缠。例④中"令人激动"和"激动人心"相纠缠，只需要保留一个。例⑤实际是由疑问句和陈述句杂合而成，可以改为"不了解中国文化怎么能学好汉语？"，或者改为"不了解中国文化，学不好汉语是肯定的"。

六、关联不当

复句的分句之间在意义上要有联系,在结构上往往需要使用关联词语。分句之间不同的关系往往使用不同的关联词语,不同的关联词语往往表示不同的关系。在复句的构造中常见的偏误除了分句之间意义上缺少联系,最主要的就是关联词语使用不当。例如:

① *他喜欢看中国电视剧,作文很好。

② *我来到中国才真正发现,中国虽然很大,但是人很多。

这两句中分句之间缺少密切的关联。例①中两个分句之间的语义关联不紧密。如果认为他由于喜欢看中国电视剧而对写作文有促进作用,则可以改为"他由于喜欢看中国电视剧,所以作文写得很好",从而将其中的语义关系表达得更清楚。例②分句间用"虽然……但是……"连接,但是从分句的意思来看,转折关系没有明确地表达出来,因此可以拿掉所使用的关联词语。如果要保留原句的转折关系,就需要将转折的意思表达清楚,这样原句可改为"我来到中国才真正发现,中国虽然很大,但是人很多,人均面积很少"。

③ *要是你遇到挫折,你如果勇敢地面对它,你的能力才会越来越强。

④ *不管气候条件和地理环境都不利,登山队员仍然克服了困难,胜利攀登到了顶峰。

⑤ *他不仅要把口语和听力课成绩搞好,而是要把写作课学好。

这是关联词语配合不当,这种情况出现得比较多。例③"如果……,才……"不能配合使用。"如果……,就……"表示假设关系,"只有……,才……"表示条件关系,两者不能糅合在一起。这个句子从意思来看,应该选用表示假设关系的关联词语。例④"不管……,仍然……"不能配合使用,"不管……"用于表达条件关系(属于无条件的条件复句),然而这个句子不是表达一种条件,而是表达一种转折,因此需要将"不管"换做"尽管"。例⑤"不仅……,而是……"不能配合使用。"不仅"是表示递进关系的关联词语,而"而是"则是表示并列关系的关联词语。根据句意,两个分句间表示的是递进关系,因此句子应该改为"他不仅要把口语和听力课成绩搞好,而且要把写作课学好"。

⑥ *即使刺猬浑身都是刺,我们也不能用手抓。

⑦ *虽然他很用功,但是他的成绩总是好。

⑧ *既然经过苦心的锻炼,就能把文章写好。

这是关联词语的误用。不同的复句类型，要求使用不同的关联词语。例⑥的两个分句之间具有推论的因果关系，从"刺猬的浑身都是刺"推出"不能用手抓"，而"即使……，也……"表示让步关系。可以用"既然……，就……"或"因为……，所以……""由于……，因此……"来替换这对关联词语，同时"所以／因此"放在"我们"之前。由于这里的因果关系不需要特别强调，这样"因为／由于"可以不出现。例⑦的两个分句之间表示的是因果关系，而"虽然……，但是……"表示转折关系，所以句子中所用的关联词语应该是"因为……，所以……"或"由于……，因此……"，"因为／由于"也可不出现。例⑧的两个分句之间表示的是必要条件关系，而"既然……，就……"表示因果关系，所以句子中所用的关联词语应该是"只有……，才……"。

这些都是不同大类之间关联词语的混用情况。还有这样的情况：有些形式不同的关联词语，虽然都属于同一类型的复句，但在表达的语义类型或功能类型上有差别，如果了解不够，也可能混用。例如：

⑨＊今年夏天，你或者去旅游，或者回国？

⑩＊他喜欢一方面听音乐，一方面看小说。

这也是关联词语的误用。表达选择关系的关联词语"或者……或者……"和"是……还是……"适用于不同的句类，前者用于陈述句中的选择关系，后者用于疑问句中的选择关系。这样，例⑨疑问句中的"或者……或者……"就用错了，应该选用"是……还是……"。表示并列关系的关联词语"一方面……一方面……"和"一边……一边……"适用的对象有所不同，前者往往只连接表示抽象意义的并列分句，后者可用于同时进行的两个具体动作。例⑩"听音乐"和"看小说"是同时进行的两个具体动作，因此应该选用"一边……一边……"来关联，而不能用"一方面……一方面……"。

⑪＊不仅她在经济上给予我巨大援助，每月寄钱来，而且给我更多的是慈母的关爱。

⑫＊那位游客如果不自告奋勇送我回家，我就会迷失在香山植物园里。

这是关联词语的位置不对。关联词语在复句中的位置有一定的要求，我们在前面"关联词语与分句主语的位置关系"中对使用的规则作了比较具体的说明。例⑪是递进复句，两个分句主语相同，根据规则，"不仅"应放在"她"之后。例⑫两个分句的主语不同，前面分句中的连词"如果"应该放在"那位游客"之前。

⑬＊外面下着大雨，我去上班。

⑭＊尽管考前准备得不够充分，我心里没有把握，在考场上非常紧张，我考的结果让人觉得差强人意。

⑮ *圆柱形的容器既使用方便，比较美观。

这是关联词语的漏用。例⑬漏用了必要的关联词语，以致不能明确地将分句之间的转折关系表示出来。可改为"虽然外面下着大雨，可是我还得去上班"。当然，这句也可表达让步关系，说成"即使外面下着大雨，我也要去上班"。例⑭是漏用了配对的关联词语。"尽管"是用于表示转折关系的偏句中的连词，后边正句中要有相应的关联词跟它呼应，可是句子里没有与之呼应的关联词语。另外，"差强人意"是"还能让人稍稍满意"的意思，与前面的"让人觉得"语义重复。因此该复句应改为"尽管考前准备得不够充分，我心里没有把握，在考场上非常紧张，但是我考的结果却还差强人意"。例⑮的两个分句表示并列关系，"既"用于并列复句时常跟"又／也"配合使用。原句在"比较美观"前漏掉了关联副词"又／也"。在汉语中，如果只用一个关联词语的话，一般应该使用居于两个分句之间的关联词语，或者用在第二个分句之首，或者用在第一个分句之尾(仅限于"……的话")。如"外面下着大雨，可我还得去上班""我得去上班，虽然外面下着大雨"和"外面下着大雨的话，我就不去上班了"。

⑯ *我这里的荷花，由于红色浓，所以花瓣多。

⑰ *他对落后事物的斗争非常坚决，但是对新生事物非常敏感。

⑱ *由于他今天感冒了，所以不能来上课，因此让我帮他请个假。

这是关联词语的滥用，即不该用而用了。例⑯"红色浓"和"花瓣多"是并列关系，不能使用表示因果关系的"由于……所以……"，应当把它去掉。当然，将句子改成递进关系也可以，如"我这里的荷花，不但红色浓，而且花瓣多"。例⑰是滥用了转折关联词语，分句之间没有必然的转折关系，应该删去"但是"，变成并列关系。当然，将句子改成递进关系也可以，如"他不仅对落后事物的斗争非常坚决，而且对新生事物非常敏感"。例⑱各个分句之间的逻辑关系很明确，没有需要特别强调的地方，用了关联词反而显得啰唆，宜将"由于、所以、因此"一并删除。

思考与练习九

一、指出下列各句搭配不当的地方，并改正。
  1. 金色的阳光，拨开云层，露出笑脸。
  2. 她每天一早，就把屋子打扫得整整齐齐。
  3. 看书读报可以丰富文化知识和写作水平。
  4. 小说的故事性强是能否吸引读者的重要因素。
  5. 阅读在学习外语中起着重要地位。
  6. 一盆盆鲜花把北京语言大学打扮得美丽芬芳。
  7. 他的学问和品格都比我们高尚许多。
  8. 我们留学生应该刻苦地学习和生活。
  9. 很多国家为了下降吸烟人数，用了很多的办法。
  10. 我每天早上喝一个杯牛奶，晚上喝一个瓶啤酒。

二、下列各句都有成分残缺的现象，请指出来并改正。
  1. 星期天下午，我在去王府井的路上，突然有个人迎面走来。
  2. 对于这种事情，很难处理。
  3. 我花了一个下午把所有的习题练习。
  4. 运动会开幕式上，他代表运动员宣誓，表达了所有运动员为取得优异成绩而努力拼搏。
  5. 在四年的留学生活中使我爱上了中国的传统文化。
  6. 在写作老师的帮助下，增强了他写好汉语作文的信心。
  7. 在不增加人员下，他们组完成了所有的任务。
  8. 我今天一定要把这部长篇小说看。
  9. 他们为招生的事情忙了长的时间。
  10. 可到今天我也长大了，了解父母心情的年龄了。

三、指出下列各句中多余的成分，并改正。
  1. 这学期的终考还有三天就要开始考试了。
  2. 爷爷的这句话里，包含了多少无声的潜台词。
  3. 由于准备不充分，他们决定推迟延缓会议的日期。
  4. 小姑娘的聪明和智慧在他心中留下了深刻的印象。

5. 你能看见清楚他写的字吗?

6. 他一看到丽丽微笑的样子就十分高兴起来。

7. 罗娜来到中国已经三年过去了。

8. 这趟列车的硬卧车票全被卖完光了。

四、下列各句的语序都存在问题,请指出来并改正。

1. 留学经历在我心中留下了深深的永远的烙印。

2. 在久旱的北京,雨越下得大越好。

3. 第一食堂的饭菜好吃比第二食堂。

4. 玩儿电脑对这些中学生很感兴趣。

5. 孩子们你追我赶地玩儿着在院子里。

6. 你们到底共同在一起从前生活了多久?

7. 他老喜欢穿长筒尼龙没膝的一双袜子。

8. 看你累得满头大汗的,你应该不走得那么快。

五、改正下列结构杂糅的句子。

1. 我一定要做好一个受老师表扬、受同学喜欢的学生会主席工作。

2. 我们参观长城是非常雄伟壮观的。

3. 下午的音乐考试设在一间古色古香的大厅里举行。

4. 他来的原因是为了吃饭而来的。

5. 这次暑期学习研讨班的学员,除本研究所有关人员外,还有来自其他高校和研究机构的教师、研究生和科技工作者也参加了学习。

6. 接到清华大学的录取通知书时,他有一种既狂喜又担忧的感觉是没人能体会的。

7. 雷锋有善于挤和善于钻的"钉子"精神作为我们学习的榜样。

8. 如何才能使大家富裕起来呢?关键的问题是知识在起决定性作用。

9. 你可知道,要出版一本译作是经过多少人的努力以后才能与读者见面的。

六、下列各句都有关联不当的地方,请指出来并改正。

1. 只有多听,多说,多写,就能把中文学好。

2. 这本书虽然很有意思,但是很厚。

3. 如果这种陶瓷畅销国内外,我们的国家就会兴旺发达。

4. 这个小村庄虽然很穷,但迷信思想还很厉害。

5. 汤姆决定今年暑假是去旅游,还是回国。

6. 要是没有老师的帮助，否则他就变坏了。

7. 玛丽打太极拳打得不太好，动作差不多都对。

8. 听到这个好消息，年轻人不但乐得蹦起来，而且老大爷老大娘也乐得拍手跳脚。

七、指出下列各句的语法错误，并改正。

1. 离开中国之前，我处分了所有的旧书报。

2. 一次次经验告诉我们，有顽强毅力的人容易转化为成功。

3. 昨天我见面我朋友了。

4. 我们每个人都有聪明能干的大脑，还有什么问题不能解决？

5. 刚才我看中文电影明白了。

6. 他们在寺庙里感受到了旺盛的香火和虔诚的气氛。

7. 艺术团到达的城市，都毫无例外地受到当地人民的欢迎。

8. 外面雨下这么大，让他们进屋避雨一会儿吧。

9. 她的小脸冻得十分红扑扑的。

10. 内蒙古的夏天简直就是一个美丽的大花园。

11. 我们这个班的基础是整个年级中较好的一个班。

12. 他投篮投得正确，命中率很高。

13. 四年来，他刻苦钻研，已经成熟地掌握了这门技术。

14. 能否刻苦钻研，是提高学习成绩的关键。

15. 蜜蜂每酿造一斤蜜，大约要采集50万朵的花粉。

16. 他们之所以激动，是因为他们终于看到了他们经历过的、听说过的、想象过的感受和状态。

第十章
现代汉语语法的特点

　　前面各章我们从语法成分及其相互关系这个角度对汉语句法及词法的基本内容作了一个系统的介绍，虽然以介绍汉语语法系统的知识为主，但在拿汉语现象跟其他语言作比较时，也或多或少、或明或暗地指出了现代汉语语法的一些重要特点，这里再进一步做一些归纳。

　　所谓特点，就是相对于某种或某些语言所具有的特殊之处。也就是要进行语言比较，没有比较就没有鉴别，也就无所谓特点了。对母语为非汉语的学习者而言，就是拿汉语跟自己的母语进行比较，知同辨异。当前，人们在归纳汉语语法的特点时，一般拿汉语跟印欧语(如英语、法语、德语、俄语、西班牙语、意大利语等等）语法相比较。下面主要拿英语来比较，看汉语具有怎样的特点。毫无疑问，如果我们拿汉语跟其他语言来比较，会得出汉语的另一些特点来。特点有大有小，这里归纳的几点都是带有全局性的，影响着汉语的表达系统，汉语中很多其他具体特点或表现都是因这些特点而显现出来的。

一、汉语是话题特征显著的语言

　　前面说过，句子的基本结构是主谓结构。这是从结构类型来考虑的。其实，如果换个角度，从表达功能上看，主语常常作为谈话的起点，也就是话题，谓语是对主语所作的陈述。跟英语等印欧语言相比，汉语主语的话题特征更加显著，有很多常见的表达类型在英语中很难用相应的主谓结构来表达。例如：

　　　① 春天雨水多。
　　　② 这个女孩眼睛很大。

③ 那本书他撕掉了封面。

④ 这两个房间，他们早就堆着杂七杂八的东西了。

这些句子都是一般所谓的主谓结构做谓语的句子(主谓谓语句)，整个句子的主语作为谈话的起点，也就是话题，它们跟后面的动词或形容词语义上的联系比较弱，后面的主谓结构是整个用来说明这个话题怎么样的。所以"春天雨水多"不能分析成"春天雨水‖多"。如果这样分析了，句子就是在陈述春天雨水怎么样了。然而，原来句子的意思是春天怎么样了，"雨水多"是对"春天"的一个陈述。其他的三句都是如此，其中的"这个女孩、那本书、这两个房间"都是话题，"眼睛很大、他撕掉了封面、他们早就堆着杂七杂八的东西了"这些主谓结构都是对话题的陈述。也就是说，从结构上看，分析成主谓谓语句是可以的，即使句子的大主语和后面做大谓语的主谓短语在形式上和结构上联系都比较弱；但从表达功能上看，将这里的大主语看做话题也合理，当大主语和后面做大谓语的主谓短语在形式上和结构上联系都很弱时，话题的特征就更加明显了。这样的表达在汉语中很常见。其他类型可以再举出一些例子：

⑤ 家具旧的好。

⑥ 物价纽约最贵。

⑦ 吴先生，我给了他两本书。

⑧ 后到的学生，他们都坐到了第一排。

⑨ 他们你看看我，我看看你。

⑩ 这把刀，他们一直用来剁排骨。

⑪ 获奖电影，你们得多准备一些加座。

⑫ 这场大雨，幸亏当地政府防护措施到位。

⑬ 生活上的事你不必操心了。

⑭ 旅游胜地，我最喜欢西双版纳。

⑮ 主治医师，他几年前就是了。

⑯ 衬衫我买了三件。

⑰ 那种豆子一斤三十块钱。

⑱ 五个苹果，两个坏了。

可见，汉语的各种语义成分都有可能成为话题，只要它能够被陈述。

汉语常常将受事成分放到动词的前面，却不用被动的标记。这种表达方式也鲜明地体现出汉语话题特征显著的特点。例如：

⑲ 这个剧本我看过五遍。

⑳ 篮球我打得不太好。

㉑ 什么事情他都不想干。

这些表达中，有的甚至不能将受事成分放到动词后面去。如例㉑ 如果变成"他都不想干什么事情"，意思就发生了根本的变化。

由于处于句首的话题可以将语义范围扩展到一个句子以上，因此只要话题明确，汉语表达中常常可省略相关成分(尤其是后面句子的主语)；在意义上有关联的情况下，后续句转换话题也相对比较自由。这也是我们常说的汉语具有意合法特点的一个重要表现。例如：

㉒ 我地也扫了，窗户也擦了，连垃圾也倒了。

㉓ 程维藩从杭州坐船到南浔之时，反复推考，已思得良策，心想这部《明书辑略》流传已久，隐瞒是瞒不了的，唯有施一个釜(fǔ)底抽薪之计，一面派人前赴各地书铺，将这部书尽数收购回来销毁，一面赶开夜工，另镌(juān)新版，删除所有忌讳之处，重印新书，行销于外。

㉔ 他们坐小船来时，路上碰见两个溃兵，抢去方老先生的钱袋，临走还逼方氏父子将脚上羊毛袜和绒棉鞋脱下来，跟他们的臭布袜子、破帆布鞋交换。

而英语则是主语特征相对显著的语言，一般情况下每个句子都得有主语。即便是像"下雨了"这样的汉语无主句，英语表达时也要有一个形式上的主语(即"It is raining"中的"it")。而且在印欧语中，主语往往要跟谓语动词在数、人称、性等语法关系上一致，因此充当主语的成分受到很多限制。如果将上面这些话题句翻成英语，很多难以直接对译，如将例㉓ 翻译成英语，需要将很多省略或隐含的成分补出来。因此，在学习汉语的时候，学习者必须对汉语表达的这种结构方式有很到位的了解。

当然，日语、韩语的话题特征也很显著，如果拿这些语言来比，话题特征显著就谈不上是汉语的特点了。而相对于这些语言中宾语在动词之前而言，汉语基本句子的宾语在动词之后倒成了一个特点。另外，与此相关的是，汉语介词在所介引的对象之前，日语、韩语的介词在所介引的对象之后，也构成了一个重要特点。因此我们说特点因比较而呈现。

二、汉语没有严格意义的形态标志和形态变化

从世界语言的类型来看，汉语属于形态特征比较缺乏的分析型语言。这主要体现在两个方面，就词法而言，各个词类的词形没有严格意义上的形态标志；就句法而言，在造句时词语缺乏表示语法意义的形态变化。而形态标志和形态变化在印欧语中比较丰富。

从构词方式来看，汉语更多地采取复合式，词根跟词根组合是最常见的构词方式。虽然有一些后缀如"子、头、儿、者"和"化"等，但用这种附加方式构成的词数量很少，而且能够加上后缀的情况也比较少，不怎么能够类推。由此可见，汉语的词类一般没有形态标志。而印欧语的形态标志往往在构词上有比较明显的体现，我们常常可以通过对词缀形式的分析大体知道这个词属于哪个词类。如英语中下面的四个后缀分别是名词后缀、动词后缀、形容词后缀、副词后缀：

-*ion*：validation（确认）   action（行动）   correction（改正）
-*fy*：classify（分类）   glorify（颂扬）   modify（修改）
-*ful*：shameful（可耻的）   colorful（多彩的）   wonderful（极好的）
-*ly*：usually（经常）   shortly（不久）   strongly（强烈地）

可见，英语的词类有一定的形态标志；当然，相对于俄语、德语，其形态标志还是比较少的。

从造句方式来看，印欧语的词在组合成句子的时候，往往有形态变化。一般而言，名词、形容词有数(单数、复数)、格(主格、宾格等)、性(如俄语、德语区分阴性、阳性、中性)等的变化，动词有人称(第一人称、第二人称、第三人称)、时态(过去时、现在时、将来时)的变化。如英语中单数名词不加词尾，可数名词的复数一般在词尾加"-s"表示，如"flower（花）：one flower～two flowers"；而汉语"花：一朵花～两朵花"中的"花"并没有形态上的标志。又如英语动词的一般现在时，第三人称单数做主语的一般在动词词尾加"-s"表示，比较"She likes yoga"（她喜欢瑜伽）和"They like yoga"（他们喜欢瑜伽）就会发现，同一个动词"like"，主语是第三人称单数时加了"s"，主语是第三人称复数时则不加；而汉语中则始终都是一个词形"喜欢"，没有任何形态标记。

我们还可以拿一些特殊的表达方式来比较。汉语形容词用于比较句跟用于非比较句时，词的形态没有变化，如"张三比李四高""王五是我见过的人当中个子最高的"跟"赵六个子高"中的"高"在形式上是相同的。而英语中形容词的比较级和最

高级必须有词形变化，如"Tom is taller than John"（汤姆比约翰高）和"Henry is the tallest I have ever seen"（亨利是我见过的人当中最高的），"taller"表示比较级，"the tallest"表示最高级。

没有严格意义的形态标志和形态变化是汉语的一个重要特点，而且它对汉语其他一些特点的形成有很大的影响，可以说是造成汉语结构方面其他特点的根源。如汉语词类和句法成分之间不是一一对应的关系，就与此相关。在印欧语里，词类（这里指实词，因为虚词不充当句法成分）和句法成分之间有一种相对简单的一一对应关系。大多是一对一，少数是一对二。大致说来，名词跟主宾语对应，动词跟谓语对应，形容词跟定语对应，副词跟状语对应。然而汉语的词类和句法成分之间不存在这种相对简单的、一一对应的关系。首先，汉语中一种句法成分可以由多种词类来充当。比如做主语、宾语的固然常常是名词，但也可以是其他词类的词；做谓语的固然常常是动词、形容词，但也可以是其他词类的词；做状语的固然常常是副词，但也不都是副词，诸如此类。例如：

① 工人们在粉刷墙壁。　　　　（主语、宾语由名词充当）
② 散步有益于健康。　　　　　（主语由动词充当）
③ 漂亮不是罪过。　　　　　　（主语由形容词充当）
④ 我特别喜欢旅游。　　　　　（宾语由动词充当）
⑤ 女人爱潇洒，男人爱漂亮。　（宾语由形容词充当）
⑥ 他一直在睡觉，自在得很。　（谓语由动词、形容词充当）
⑦ 今天星期六。　　　　　　　（谓语由名词充当）
⑧ 桌子三张，椅子四把。　　　（谓语由数量词充当）
⑨ 我已经去问过他了。　　　　（状语由副词充当）
⑩ 他愉快地接受了任务。　　　（状语由形容词充当）
⑪ 两国联合开发海洋资源。　　（状语由动词充当）

其次，汉语中一种词类可以充当多种句法成分。比如汉语的名词除了经常做主语或宾语外，还常常做定语（如"木头桌子、历史文献"），在一定条件下还可以做谓语（如"今天晴天、鲁迅浙江人"）。汉语的动词除了经常做谓语外，还可以做主语、宾语、定语(分别如"散步有益健康、阅读能带来很多乐趣""喜欢散步、怕死""学习材料、射击冠军")。汉语的形容词除了经常做定语外，还可以做谓语、状语、补语（分别如"胡子长、神色慌张""快跑、一致反对""擦干净、打扮漂亮"），也可以做主语、宾语（分别如"美丽不是罪过、聪明反被聪明误""嫌脏、喜欢干净"）。

又如因为汉语缺少形态变化，以致语序和虚词对语法关系、语义表达就有很重要的作用。相同的词语，不需要借助形态标志而是变换不同的排列组合，就有可能形成不同的语法关系，表达不同的语法意义。例如"到河边运沙子"和"沙子运到河边"，前者是先到河边再运沙子，"到河边"表示动作发生的处所；后者是先运沙子并将它运到河边，"到河边"是动作发生后动作施加的对象到达的终点。又如"他什么都懂"和"他都懂什么"，前者的"什么"表任指而不表疑问，句子的意思是"他任何东西都懂"；后者"什么"则表疑问，句子的意思有歧义，一是问"他懂些什么事"（一般疑问），一是说"他什么都不懂"（反问，说明他无知）。虚词的用与不用、用这个与用那个，对结构和语义常有很大影响。如"北京大学"和"北京的大学"，前者是专名，后者是偏正短语，指在北京的大学或北京所属的大学；"紧张的劳动"和"紧张地劳动"，前者是定中式偏正短语，后者是状中式偏正短语。又如"他很老实，也很聪明"和"他很老实，但很聪明"，前者用了关联词"也"，表示并列关系；后者用了关联词"但"，表示转折关系。

由于汉语缺少严格意义上的形态变化，以致初学汉语的人往往认为汉语没有语法，或者不讲语法。其实，任何语言都有一套自己的语法系统，汉语像其他任何语言一样，有自己的语法个性（当然，不同语言之间也存在共性）。我们在学习汉语时，正是需要掌握这种特殊的语法表达形式和语法意义。

三、汉语词法和句法的构造规则基本一致

我们在第二章"词法系统"中说过，汉语的词语大多是由复合式构成的合成词。汉语中复合词的基本结构关系主要有五种：

主谓式：事变、沟通、心慌、自主、国有
述宾式：将军、雪耻、管家、动员、举重
补充式：改善、证明、充满、提升、说服
偏正式：地铁、视线、火红、串联、函授
联合式：功劳、眉目、买卖、拆迁、刚才

同样，汉语的词组成短语(词组)和短语组成句子，也都具有主谓、述宾、述补、偏正、联合这五种基本结构关系。例如：

	短语	句子
主谓	会议开始	会议开始了。
述宾	盖一座房子	盖了一座房子。
述补	搬出去	搬出去了。
偏正	热烈欢迎	热烈欢迎！
联合	聪明能干	(她)聪明能干。

由此可见，汉语的词法和句法、句法中的短语结构关系和句子结构关系具有高度的平行性和一致性。

我们在前面曾说过，在特定的语境中，汉语的一个短语加上语调以后就可以形成一个句子；一个句子，如果删去语调，也就成了一个短语。根本原因就是两者的构造规则基本一致。

而在英语里，句子的结构跟短语的结构有明显的区别。英语句子的谓语必须用限定形式，而在短语里，只能用不定式或分词形式，决不能用限定形式。例如：

She sings the song.　　　(她唱那首歌。)

The song is easy to sing.　　　(那首歌容易唱。)

To sing the song is easy.　　　(唱那首歌容易。)

Singing the song is easy.　　　(唱那首歌容易。)

第一句中的谓语动词"sings"是限定形式，第二三句中的"to sing"是不定式，最后一句的"singing"是现在分词。而在汉语中动词或动词短语无论出现在什么环境中，形式都完全一样。这就意味着汉语短语的构造规则和句子的构造规则基本一致。

四、汉语有复杂的补语系统

汉语的补语系统相当复杂。本书第六章"短语系统"中曾将补语的类型概括为结果补语、趋向补语、可能补语、状态补语、程度补语、数量补语等六种。例如：

结果补语：烧热、讲清楚、赶走、气疯了

趋向补语：走上、冲进、压下去、站起来

可能补语：听得懂、看不清楚、下得来、放不进去

状态补语：写得头昏眼花、激动得放声大哭

程度补语：好极了、烦死了、干净多了、伤心得很

数量补语：走一回、写几笔、住三天、等了三个月了

补语的复杂性还表现在有带"得"式和不带"得"式的差别。例如"看清楚"带的是结果补语（否定式是"没看清楚"），而"看得清楚"既可能带的是状态补语（否定式是"看得不清楚"），也可能带的是可能补语（否定式是"看不清楚"）。而且，如果补语比较复杂，就必须用带"得"式，如"看得很清楚、看得清清楚楚、看得清楚极了、看得眼都花了"。

补语的复杂性还表现在动词跟补语的结合很自由，只要意义上配得拢，就可以带上补语。仅以不带"得"的为例：

吃饱了　吃遍了　吃馋了　吃错了　吃倒了　吃多了　吃肥了
吃够了　吃光了　吃惯了　吃好了　吃坏了　吃急了　吃尽了
吃净了　吃渴了　吃快了　吃懒了　吃慢了　吃没了　吃腻了
吃胖了　吃穷了　吃傻了　吃伤了　吃少了　吃透了　吃晚了
吃咸了　吃噎了　吃早了　吃胀了　吃足了　吃干净了
吃上当了　吃上瘾了　吃剩下了　吃舒服了　吃习惯了

这是由于汉语的两个动词或动词跟形容词能够连在一起使用造成的一种语法现象。

五、音节数量对汉语词法和句法都有很大的影响

前面在介绍汉语词法时，根据每个词所包含的音节数量的多少把词分为单音节词、双音节词和多音节词。而且特别强调，在现代汉语的词汇系统中，双音节是主要的语音形式，新产生的词以双音节为主，三音节词也往往采取在双音节词前或后附上类词缀而构成。也就是说，在现代汉语词汇系统中，将双音节词单列出来说明是有重要意义的。前面也同时指出，单音词虽然数量较少，但是大多使用频率很高。对汉语词汇系统来说，这样根据音节数量的多少来给词分类是需要的，因为它不但影响汉语的词法结构，而且影响汉语的句法结构，可以说，这种单双音节的对比对整个汉语语法系统都有影响。它对正确使用汉语语法规则和语用规则具有特殊的制约作用，这主要体现在韵律、节奏对表达规则的制约作用上。

我们先看单双音节的区分对词法层面的影响。

汉语在称名时，一般都是用双音节词或多音节词来表达。例如"印度国"和"泰国"，其中的语素"国"是否出现，就是受到音节数量的制约。"印度国"说成"印度"，在交际中除了正式的外交场合，一般没有什么特定的限制；而"泰国"说成"泰"，大多用在并列、对举的场合或书面色彩比较浓的语体中，如"中泰两国""印

是印，泰是泰""泰王室成员"等。又如汉语的姓名中除姓之外的名大多是双音节的，也有不少是单音节的，人们在一般交际中如果直接呼名的话，一般双音节名可以直接称呼，而单音节名往往要带上姓，如"(施)春宏"和"施恩"。

汉语的多音节词和短语的节奏，往往并不完全按照语法规则和语义规则来切分，而是首先按照双音节的节奏来切分。如成语"一衣带水"（水面像一条衣带那样窄，形容一水之隔，往来方便）的内部语法和语义结构关系都是"一衣带／水"，但我们在念的时候读做"一衣／带水"，节奏跟"七上／八下、左右／开弓"等结构一样。其他如"狐假／虎威、乱七／八糟、哥斯／达黎加(中美洲国家 Costa Rica，节奏本为'哥斯达／黎加')、亚的／斯亚／贝巴 (非洲国家埃塞俄比亚首都 Addis Abeba，节奏本为'亚的斯／亚贝巴')"。

汉语中有的词的形成过程也受到双音节模式的制约。如"而立"来自于"三十而立"，其中的"而"本是连词，后来"而"和"立"合在一起构成名词"而立"，如"而立之年、年届而立"。又如"之上、之下、之前、之后"的"之"是助词，相当于"的"的意思，这些词的形成也是受到音节数量的制约。"的话、以防、于是"都受到类似规律的制约。

另外，像"提高、改正、站稳"和"放松、扩大、缩小"这种述补式能够成为合成词，而"提拔高、修改正、站立稳"和"放宽松、扩广大、缩微小"同样是述补式，但不能成为合成词，正是汉语双音节节奏的制约作用。

接着来看单双音节的区分对句法层面的影响。

双音节数量对短语结构的合格性有影响。例如下面各个短语都是动宾结构，但有的可以说，有的不能说(前加 * 的表示不能说)：

  阅读报纸 读报纸 *阅读报 读报／阅报

  选修课程 选课程 *选修课 选课／修课

  清理仓库 清仓库 *清理仓 清仓

这是因为，在现代汉语中，双音节动词所带的宾语往往受到音节数量的限制，一般不能是单音节的(代词等某些特殊情况除外)；单音节动词则既可以带双音节宾语，也可以带单音节宾语。如果宾语是单音节的，往往要求支配它的动词也是单音节的，两者合成一个双音节，形成类似于双音节合成词的单位。

双音节数量对某些句法结构也有影响。对比下面的表达：

  ① 他关严了窗户。——*他关严实了窗户。

  ② 老师铲平了草地。——*老师铲平整了草地。

③管理员放齐了所有的书。——*管理员放整齐了所有的书。

前后两句能否成立显然是受音节数量影响的结果。要想将"严实、平整、整齐"用在"关、铲、放"的后面，就必须将"窗户、草地、所有的书"移到它们的前面。例如：

④他把窗户关严实了。／窗户被他关严实了。

⑤老师把草地铲平整了。／草地被老师铲平整了。

⑥管理员把所有的书放整齐了。／所有的书被管理员放整齐了。

再如我们在回答"你多大啦？"这样的问题时，回答"(我)十六岁""(我)十六""(我)十岁"或"(我)六岁"都合乎规则，但说"(我)十"或"(我)六"都不行。这也是音节数量发挥作用的结果。类似的还有汉语数目字的表达，如每个月的头十天，一般用"初一、初二、……初十"(阴历，"初十"之后日期前不能再加"初"了)、"一号、二号、……十号"，"十一"之后的各个日期就可以直接用数字了，如"十一、二十二、三十一"。

当然，实际使用情况远比这里说的复杂，而且上面所说的并不完全是只有双音节词在起作用的问题。但即便如此，也可以看出，汉语语法系统中音节数量所起作用的特殊性了。这正是汉语语法的鲜明特点之一。印欧语言的句法系统一般不受音节数量的制约。

由此可见，学习者在学习汉语的语法系统时，有必要重视音节数量对正确表达所起的制约作用。以前在汉语作为第二语言教学中对此一直没有给予应有的重视，这是不甚妥当的，不利于我们习得标准、到位的汉语。而这方面的教学是个难点，也应当成为一个重点。

上面我们介绍了汉语语法系统的五个方面的基本特点，关乎语言表达的全局。除此而外，跟印欧语比较，汉语语法系统中还有其他一些比较特殊的地方，如有丰富的个体量词、有语气词系统、定语和状语总是前置等。这里就不一一介绍了。

思考与练习十

一、下列句子都选自本章第一部分，请用你的母语将它们翻译出来，看看你的母语是如何表达汉语的话题结构形式的，尤其要注意这些句子中的话题在你的母语表达中的句法位置。

1. 这个女孩眼睛很大。
2. 这两个房间，他们早就堆着杂七杂八的东西了。
3. 物价纽约最贵。
4. 吴先生，我给了他两本书。
5. 生活上的事你不必操心了。
6. 主治医师，他几年前就是了。
7. 那种豆子一斤三十块钱。
8. 这个剧本我看过五遍。
9. 篮球我打得不太好。
10. 什么事情他都不想干。

二、本章归纳的汉语语法系统的五个方面的特点主要是跟英语比较得来的，如果你的母语不是英语，请拿汉语跟你的母语相比较，试着归纳你的母语在语法方面所具有的某些特点。

主要参考文献

(说明：只列出书目，论文从略)

北京大学中文系现代汉语教研室编 (2003)《现代汉语》(重排本)，商务印书馆

北京大学中文系现代汉语教研室编 (2003)《现代汉语专题教程》，北京大学出版社

曹逢甫著，谢天蔚译 (1995)《主题在汉语中的功能研究——迈向语段分析的第一步》，语文出版社

陈阿宝主编 (2002)《现代汉语概论》，北京语言文化大学出版社

陈保亚 (1999)《20世纪中国语言学方法论(1898—1998)》，山东教育出版社

陈昌来 (2000)《现代汉语句子》，华东师范大学出版社

陈光磊 (1994)《汉语词法论》，学林出版社

程美珍主编 (1997)《汉语病句辨析九百例》，华语教学出版社

程 棠 (2008)《对外汉语教学目的、原则、方法》(第二版)，北京语言大学出版社

崔希亮 (2001)《语言理解与认知》，北京语言大学出版社

崔永华主编 (1997)《词汇、文字研究与对外汉语教学》(对外汉语教学研究丛书之一)，北京语言文化大学出版社

范 晓等 (1998)《汉语的句子类型》，书海出版社

方绪军 (2000)《现代汉语实词》，华东师范大学出版社

房玉清 (1992)《实用汉语语法》，北京语言学院出版社

冯胜利 (2000)《汉语韵律句法学》，上海教育出版社

冯胜利 (2009)《汉语的韵律、词法与句法》(修订本)，北京大学出版社

符淮青 (2004)《现代汉语词汇》(增订本)，北京大学出版社

高更生、王红旗等 (1996)《汉语教学语法研究》，语文出版社

郭 锐 (2002)《现代汉语词类研究》，商务印书馆

国家对外汉语教学领导小组办公室 (1996)《汉语水平等级标准与语法等级大纲》，高等教育出版社

国家对外汉语教学领导小组办公室 (2002a)《高等学校外国留学生汉语言专业教学大纲》，北京语言文化大学出版社

国家对外汉语教学领导小组办公室 (2002b)《高等学校外国留学生汉语教学大纲(长期进修)》，北京语言文化大学出版社

国家汉语国际推广领导小组办公室（2007）《国际汉语教师标准》，外语教学与研究出版社

国家汉语国际推广领导小组办公室（2008）《国际汉语教学通用课程大纲》，外语教学与研究出版社

胡裕树主编（1995）《现代汉语》（重订本），上海教育出版社

黄伯荣、廖序东主编（2007）《现代汉语》（增订四版），高等教育出版社

金立鑫主编（2005）《对外汉语教学虚词辨析》，北京大学出版社

李大忠（1996）《外国人学汉语语法偏误分析》，北京语言文化大学出版社

李德津、程美珍（1988）《外国人实用汉语语法》，华语教学出版社

李恩华（2008）《对外汉语教学中的偏误分析与统计应用》，上海大学出版社

李临定（1986）《现代汉语句型》，商务印书馆

李　泉（2005）《对外汉语教学理论思考》，教育科学出版社

李晓琪主编（2005）《现代汉语虚词讲义》，北京大学出版社

李晓琪主编（2006）《对外汉语文化教学研究》（对外汉语教学专题研究书系之一，赵金铭总主编），商务印书馆

李英哲、郑良伟、Larry Foster、贺上贤、侯炎尧、Moira Yip 编著，熊文华译（1990）《实用汉语参考语法》，北京语言学院出版社

刘丹青（2003）《语序类型学与介词理论》，商务印书馆

刘丹青主编（2005）《语言学前沿与汉语研究》，上海教育出版社

刘叔新（1990）《汉语描写词汇学》，商务印书馆

刘　珣（2000）《对外汉语教育学引论》，北京语言大学出版社

刘月华、潘文娱、故韡（2001）《实用现代汉语语法》（增订本），商务印书馆

卢福波（1996）《对外汉语教学实用语法》，北京语言学院出版社

鲁健骥（1999）《对外汉语教学思考集》，北京语言文化大学出版社

陆俭明（2005a）《现代汉语语法研究教程》（第三版），北京大学出版社

陆俭明（2005b）《作为第二语言的汉语本体研究》，外语教学与研究出版社

陆俭明主编（2005）《现代汉语基础》，辽宁教育出版社

陆庆和（2006）《实用对外汉语教学语法》，北京大学出版社

吕必松（2007）《汉语和汉语作为第二语言教学》，北京大学出版社

吕叔湘（1979）《汉语语法分析问题》，商务印书馆

吕叔湘主编（1999）《现代汉语八百词》（增订本），商务印书馆

吕文华（1999）《对外汉语教学语法体系研究》，北京语言文化大学出版社

吕文华（2008）《对外汉语教学语法探索》（增订本），北京语言大学出版社

罗杰瑞著，张惠英译（1995）《汉语概说》，语文出版社

马庆株（1999）《语法研究入门》，商务印书馆

马　真（1997）《简明实用汉语语法教程》，北京大学出版社

马　真（2004）《现代汉语虚词研究方法论》，商务印书馆

潘文国、叶步青、韩洋（2004）《汉语的构词法研究》，华东师范大学出版社

彭小川、李守纪、王红（2004）《对外汉语教学语法释疑201例》，商务印书馆

齐沪扬（2000）《现代汉语短语》，华东师范大学出版社

齐沪扬主编（2005）《对外汉语教学语法》，复旦大学出版社

钱乃荣主编（2001）《现代汉语》（修订本），江苏教育出版社

任长慧（2001）《汉语教学中的偏误分析》，武汉大学出版社

邵敬敏主编（2007）《现代汉语通论》（第二版），上海教育出版社

盛　炎（1990）《语言教学原理》，重庆出版社

施春宏（2005）《语言在交际中规范》，中国经济出版社

施春宏（2008）《汉语动结式的句法语义研究》，北京语言大学出版社

施春宏（2009）《作为第二语言的汉语概说》，北京大学出版社

宋玉柱（1991）《现代汉语特殊句式》，山西教育出版社

孙德金（2002）《汉语语法教程》，北京语言大学出版社

孙德金主编（2006）《对外汉语词汇及词汇教学研究》（对外汉语教学专题研究书系之一，赵金铭总主编），商务印书馆

孙德金主编（2006）《对外汉语语法及语法教学研究》（对外汉语教学专题研究书系之一，赵金铭总主编），商务印书馆

孙瑞珍主编（1995）《中高级对外汉语教学等级大纲(词汇·语法)》，北京大学出版社

佟慧君（1986）《外国人学汉语病句分析》，北京语言学院出版社

王　还主编（1992）《汉英虚词词典》，华语教学出版社

王　还主编（1995）《对外汉语教学语法大纲》，北京语言学院出版社

王建勤主编（1997）《汉语作为第二语言的习得研究》（对外汉语教学研究丛书之一），北京语言文化大学出版社

王建勤主编（2006）《汉语作为第二语言的学习者习得过程研究》（对外汉语教学专题研究书系之一，赵金铭总主编），商务印书馆

王建勤主编（2006）《汉语作为第二语言的学习者与汉语认知研究》（对外汉语教学专题研究书系之一，赵金铭总主编），商务印书馆

王建勤主编（2006）《汉语作为第二语言的学习者语言系统研究》（对外汉语教学专题研究书系之一，赵金铭总主编），商务印书馆

王建勤主编（2009）《第二语言习得研究》，商务印书馆

王魁京（1998）《第二语言学习理论研究》，北京师范大学出版社

王永德（2008）《留学生习得汉语句子发展研究》，复旦大学出版社

吴启主主编（1990）《现代汉语教程》，湖南师范大学出版社
肖奚强等（2008）《汉语中介语语法问题研究》，商务印书馆
邢福义（2001）《汉语复句研究》，商务印书馆
邢福义、汪国胜主编（2003）《现代汉语》，华中师范大学出版社
邢公畹主编（1994）《现代汉语教程》，南开大学出版社
徐　青主编（1997）《现代汉语》（修订版），华东师范大学出版社
杨德峰（2008）《日本人学汉语常见语法错误释疑》，商务印书馆
杨德峰（2009）《对外汉语教学核心语法》，北京大学出版社
叶盼云、吴中伟（1999）《外国人学汉语难点释疑》，北京语言大学出版社
于根元（2008）《应用语言学教程》，华语教学出版社
于根元主编（1999）《实用语文规范知识小词典》，语文出版社
袁毓林（2010）《汉语配价语法研究》，商务印书馆
约翰·辛克莱主编，任绍曾主译（1999）《Collins Cobuild 英语语法大全》，商务印书馆
张宝林（2006）《汉语教学参考语法》，北京大学出版社
张　斌主编（2001）《现代汉语虚词词典》，商务印书馆
张　斌主编（2002）《新编现代汉语》，复旦大学出版社
张　斌主编（2004）《简明现代汉语》，复旦大学出版社
张　敏（1998）《认知语言学与汉语名词短语》，中国社会科学出版社
张旺熹（1999）《汉语特殊句法的语义研究》，北京语言大学出版社
张先亮、范晓等（2008）《汉语句式在篇章中的适用性研究》，中国社会科学出版社
赵金铭等（2008）《基于中介语语料库的汉语句法研究》，北京大学出版社
赵金铭主编（1997）《新视角汉语语法研究》（对外汉语教学研究丛书之一），北京语言文化大学出版社
赵金铭主编（2004）《对外汉语教学概论》，商务印书馆
赵艳芳（2001）《认知语言学概论》，上海外语教育出版社
赵元任著，吕叔湘节译（1979）《汉语口语语法》，商务印书馆
郑懿德（1992）《汉语语法难点释疑》，华语教学出版社
周小兵、赵新等（2002）《对外汉语教学中的副词研究》，中国社会科学出版社
周小兵、朱其智、邓小宁等（2007）《外国人学汉语语法偏误研究》，北京语言大学出版社
朱德熙（1982）《语法讲义》，商务印书馆
朱德熙（1985）《语法答问》，商务印书馆
朱丽云主编（2009）《实用对外汉语重点难点词语教学词典》，北京大学出版社

附 录

附录1 术语和概念检索

说明：1. 术语和概念后的数字为所在页码。

2. 术语加粗者表示该术语作了解释，页码加粗者表示此页为对该术语作出解释的地方。

3. 有的术语或概念有几个名称，以本书使用者为正条。

B

"把"字句 **177**
半自由语素 **10**
备用单位 7
倍数 64
被动句 **182**
"被"字句 **182**
比较句 **187**
比况短语 143
比况助词 105
"比"字句 **189**
必要条件 205
变换分析法 **154**
标数法 26
表述单位 7
宾语 28，**30**，129，139，150
并列复句 **198**
并列式（即联合式） 19
补充式 **21**，233
补充式合成词 21

C

补语 29，**34**，133，139，145，150
补语系统 234
不成词语素 **11**
不定量形容词 58
不及物动词 **52**，62
不自由语素 **11**

层次分析法 **146**，209
层次构造 153
层次性 209
插入语 36
尝试态 109
陈述关系 30
陈述句 **163**
陈述式（即主谓式） 21
称说 131
成词语素（即自由语素） 10
成分残缺 214，**217**
成分多余 214，**218**
承接复句 **199**

程度补语 **138**, 234

程度副词 84

持续 50

持续态 108

充分条件 205

重叠词 23

重叠式 23

重叠式合成词（即重叠词） 23

重动句 191

重新分析 56

抽象名词 45

处所宾语 130

处所词 47

处所名词（即处所词） 47

处所主语 128

词 5

词的兼类 119

词的形态 40

词的意义 41

词法 1, 9, 233

词根 12

词化 26

词汇歧义 152

词汇意义 41

词类 38, 43, 232

词类活用 121

词素（即语素） 4

词形变化 1

词性 43

词语连词 98

词缀 11, 12

词组（即短语） 6, 126

存现动词 51

存现句 51, 169, 174, **175**

存在句 175

错序 214

D

搭配不当 214, **215**

大谓语 161, 229

大主语 161, 229

代词 74

代词的活用 76

单纯词 **16**, 19

单纯方位词 47

单纯趋向动词 135

单句 158

单说 5

单音词（即单音节词） 15

单音节词 15

单音节单纯词 16

单音节语素 9

单用 5

倒装 162

"的"字短语 60, 104, **142**

"的"字词组（即"的"字短语） 60, 104

"的"字结构（即"的"字短语） 60, 104

"得"字句 191

递进复句 200

递系短语（即兼语短语） 140

递系句（即兼语句） 141

叠音词 17, **24**

叠音词缀 23

叠韵 16, 17

定数词　63

定语　29，**32**，132，145，150

定中式偏正短语　132

动宾短语（即述宾短语）　129

动宾关系（即述宾关系）　31

动宾式（即述宾式）　21

动补式（即述补式）　21

动词　**49**，62，94

动词的重叠　54

动词短语（即动词性短语）　144

动词拷贝句（即重动句）　191

动词谓语句（即动词性谓语句）　158，168

动词性短语　144

动词性非主谓句　162

动词性谓语句　158

动量补语　138

动量词　71

动态存在句　176

动态助词　104，107

动语（即述语）　31

动作动词　50

动作行为动词（即动作动词）　50

独词句　28

独立成分（即独立语）　35

独立语　35

独立运用　5

度量衡量词　69

短语　4，6，57，**126**

短语结构关系　234

对比　186

对举关系　198

对象宾语　50

"对"字句　191

多层定语　148

多层状语　148

多重复句　209

多项定语　220

多项状语　220

多义短语　152

多音词（即多音节词）　15

多音节词　15

多音节单纯词　16

多音节语素　10

E

二分法（即层次分析法）　146

F

反复问句（即正反问句）　166

反问句　166

泛指（即任指）　77

范围副词　84

方式副词　85

方位词　47

方位词组（即方位短语）　48

方位短语　48，**141**

方位结构（即方位短语）　48

方位名词（即方位词）　47

非谓形容词　59

非主谓句　30，**162**

分句　7，195

分数　64

分析型语言　231

附加成分　150

附加式 **22**
附加式合成词（即派生词） 22
复合词 **19**, 233
复合量词 70
复合趋向动词 135
复合式 **19**, 231
复合式合成词（即复合词） 19
复句 158, **195**
复数人称代词 46
复音词（即复音节词） 15
复音节词 15
复杂短语 145
复指短语 141
复指复句 201
副词 **82**, 86
副词短语（即副词性短语） 145
副词句 162
副词性短语 145

G

概念意义 41
概数 64, 65
概数词 63
感叹句 167
感叹语 36
高下比较（即相差比较） 189
个例 11
个体量词 69
个体名词 45
"给"字句 191
工具宾语 130
工具主语 128

供用句 192
构词单位 7
构造规则 233
固定短语 5
固定用语 212
关联不当 214, **222**
关联词语 **196**, 206, 207
关联法 196
关联副词 99
关涉关系 30
关系词语（即关联词语） 196
关系动词 51
光杆动词 180, 184

H

合并法 26
合成词 **18**, 19
合成词的层次 24
合成方位词 47
后加式 22
后指 88
后缀 13
呼答语 36
话题 30, 161, 170, 228
话题特征 228
话题特征显著的语言 228
混搭 214

J

机构类名词 48
基数词 63
及物动词 **52**, 62

集合量词　69
集合名词　45
集体量词（即集合量词）　69
给予义　131
继续　50
假设复句　204
"将"字句　181
兼类词　58，119
兼语短语　51，140，149
兼语句　141，191
兼语隐含式　22
简称　25
简单方位词（即单纯方位词）　47
间接宾语　131
鉴别字　39，43
节奏　236
结构（即短语）　6，126
结构块　212
结构杂糅　214，221
结构助词　103，104
结果　179，182
结果比较突出的语言　179
结果宾语　130
结果补语　134，136，234
截取法　25
解说复句　201
介宾短语　93，135，**142**，145
介词　92，94，99
介词短语（即介宾短语）　142
借用动量词　71
借用名量词　70
紧缩复句　211

紧缩句　210
近宾语（即间接宾语）　131
近指　75
经历　50
经历态　109
经验态（即经历态）　109
静态存在句　175
句法　1，233
句法成分（即句子成分）　28，152，232
句法分析　152
句法关系的层次性　31
句法结构（即短语）　6，126
句法结构的层次性　146
句法歧义　153
句间连词　98
句类　6，112，**157，163**
句群　6
句式　157，168
句式杂糅（即结构杂糅）　221
句型　6，**157**
句子　4，**6**，157
句子成分　28，152
句子成分分析法　149
句子的功能　163
句子结构关系　234
句组（即句群）　6

K

开始　50
可能补语　136，137，234
肯定／否定副词　85
空间名词　48

跨类现象 119

L

类别量词 69
类词缀 13
类后缀 13
类前缀 13
类推 14
离合词 55
连词 97，99
连动短语（即连谓短语） 140
连动句（即连谓句） 140
连动式 22
连贯复句（即承接复句） 199
连锁短语 212
连锁句（即紧缩句） 211
连谓短语 140
连谓句 140，191，199
"连"字句 186
联合短语 131
联合复句 198
联合式 19，233
联合式合成词 19
联绵词 16
联系项居中 207
两用连词 98
量补式 21
量词 68
量词的重叠 73
量词短语 69，143
零句 162
略语（即简称） 25

M

名词 44，62
名词短语（即名词性短语） 143
名词谓语句（即名词性谓语句） 159
名词性短语 143
名词性非主谓句 162
名词性谓语句 159，191
名量词 69
目的复句 203

N

能愿动词 51，53
能愿短语 143
拟声词 17，79
拟声词句 162
拟声语 36

P

派生词 22
判断词（即判断动词） 51
判断动词 51，169
判断句（即"是"字句） 168
偏句 198，201
偏离义 134
偏误 214
偏义词（即偏义复词） 20
偏义复词 20
偏正短语 132
偏正复句 198，201
偏正式 20，233
偏正式合成词 20

篇章语法　7
频率副词　85
平列关系　198
普通名词　**45**，48

Q

歧义　**152**，233
祈使句　**167**
前加式　22
前指　88
前缀　**12**
强调　163，170，186
切分法　147
情态补语（即状态补语）　137
情态副词（即方式副词）　85
区别词（即非谓形容词）　**60**
趋向补语　53，**135**，136，234
趋向补语的引申用法　135
趋向动词　51，**52**，135
取得义　131
群体　46

R

让步复句　**202**
"让"字句　191
人称代词　74
任指　77

S

删除　154
省略　160
施事　**128**，130

施事宾语　130
施事主语　128
时间宾语　130
时间词　47
时间副词　84，87
时间量　74
时间名词（即时间词）　47，87
时间主语　128
时量补语　**138**
实词　**42**
使动词（即使令动词）　51
使令动词　51
使令句　192
使用单位　**7**
"是……的"句　**170**
是非问（即是非问句）　165
是非问句　**165**
是非疑问句（即是非问句）　165
"是"字句　**168**
受事　**128**，130，178，229
受事宾语　130
受事主语　128
受事主语句　117，**182**
述宾短语　55，**129**
述宾式　**21**，55
述宾式合成词　21，55
述补短语　**133**
述补式　**21**，55
述语　28，30，35，129，133
数词　**63**
数量补语　**138**，234
数量词（即数量短语）　63，68，71

数量词的重叠　73
数量短语　63，**68**
双宾结构　131
双宾句（即双宾结构）　131
双宾语　131
双宾语句（即双宾结构）　131，191
双声　16
双音词（即双音节词）　15
双音节词　**15**，235
双音节单纯词　16
双音节化　15
双音节语素　**9**
双重否定　164
顺承复句（即承接复句）　199
顺序义　160
缩略语（即简称）　25
"所"字短语　143

T

叹词　**116**，117
叹词句　162
特殊非主谓句　162
特殊句式　168
特殊疑问句（即特指问句）　165
特指问（即特指问句）　165
特指问句　**165**
特指疑问句（即特指问句）　165
提取法　25
提示成分（即外位语）　36
替换　2，154
添加　154
条件复句　**205**

通例　11
同位短语（即复指短语）　141
同异比较　**188**
同音词　87，**121**
同指短语（即复指短语）　141

W

外位语　**36**
完成　50
完成态　107
未定选择　200
谓词　63
谓语　28，**30**，127，150
无条件　205
无主句　230
物量词（即名量词）　69
物质名词　45
误代　214
误加　214

X

析句法　150
系动词（即判断动词）　169
限定形式　234
相差比较　189
象声词（即拟声词）　17，79
小数　64
小谓语　161
小主语　161
心理动词　50
心理活动动词（即心理动词）　50
行为动词（即动作动词）　50

形合法　196
形容词　**57**，**62**，**86**
形容词的重叠　**61**
形容词短语（即形容词性短语）　144
形容词谓语句（即形容词性谓语句）　159
形容词性短语　**144**
形容词性非主谓句　162
形容词性谓语句　**159**，**191**
形式动词　51
形态变化　1，40，231
形态标志　1，231
形态特征　40，231
性质形容词　**58**，62
修饰语　**32**，132
虚词　**42**，82，117，233
虚指　**76**
序数词　64
选择复句　**200**
选择问（即选择问句）　166
选择问句　**166**
选择疑问句（即选择问句）　166
询问句　166

Y

一般名词　44，45
一重复句　209
移位　154
遗漏　214
疑问代词　75
疑问点　165
疑问句　**164**
已定选择　201

义素　4
译音词（即音译词）　17
意合法　**197**，230
因果复句　**203**
音变现象　111
音节　235
音节语素化　18
音素　4
音义结合体　3
音译词　**17**
隐现句　**177**
有条件　205
"有"字句　**173**
语段（即句群）　6
语法　1
语法单位　3
语法功能　39
语法结构关系　153
语法偏误　214
语法意义　42
语感　42
语境　154
语块　212
语气　163
语气词　**110**，117
语气副词　85
语气助词（即语气词）　110
语素　**4**，9
语序　233
语序不当　214，**219**
语义关系　153
语义指向　134

251

远宾语（即直接宾语） 131
远指 75
韵律 180, 235

Z

"在"字句 191
造词法 1
造句单位 7
造句法（即句法） 1
造句能力 40
招呼语句 162
整句 162
整数 63
正补短语（即述补短语） 133
正反问（即正反问句） 166
正反问句 166
正反疑问句（即正反问句） 166
正句 198, 201
支配关系 30
支配式（即述宾式） 21
直接宾语 131
直接成分分析法（即层次分析法） 146
指量短语 69
指人名词 46
指示代词 74
致使 179, 182
中动句 184
中加式 22
中介语 214
中心成分 150
中心词分析法（即句子成分分析法） 150
中心语 32, 132
中性宾语 130

中性主语 129
中级 14
主动句 106
主谓短语 127
主谓结构 228
主谓句 30, **158**, 168
主谓式 21, 233
主谓式合成词 21
主谓谓语句 **160**, 191, 229
主语 28, 30, 127, 150
主语特征 230
助词 103
助动词（即能愿动词） 51, 53
注解复句（即解说复句） 201
专用动量词 71
专用名词（即专有名词） 45
专用名量词 69
专有名词 45
转折复句 202
状态补语 137, 234
状态形容词 59, 62
状语 29, 33, 132, 145, 150
状中式偏正短语 132
准后缀（即类后缀） 13
准前缀（即类前缀） 13
字母词 26
自由语素 10
总分复句 201
组合 2
组合法 147
组合能力 39
组块 212

附录2 分析或辨析过的词语和格式检索

说明：1. 词语和格式后的数字为所在页码。

2. 有的词语或格式在几处作了分析，此附录同时列出。

3. 本检索表只包含从语法角度作了分析或辨析的词语和格式，而不含行文中说明时仅仅提及的用例和分类时所举出的用例。

A

A 比 B…… 189

A 不比 B…… 190

A 不如 B…… 191

A 跟 B 不一样 188

A 跟 B 一样 188

A 没有 B…… 190

A 没有 B 那么／这么…… 189

A 有 B 那么／这么…… 189

啊 111，113

B

吧 113

把 67，177

罢了 113，118

白 86

半 64

被 105，117，182

被／让／叫……给…… 183

被／为……所…… 183

甭 92

比 94

比较 88

别 92，121

不 60，91

不（中缀） 14

~不得 136

~不了 137

不＋能愿动词＋不 164

C

才 86，89

曾经 90

拆散 56

豺狼 20

产生 217

朝 94

成 64

重 90

除 96

除了 96

D

打 121

代表 120

地（助词） 33，59，104，133

的（助词） 32，59，104，109，132，142

的(语气词) 113
得(中缀) 14
得(助词) 35, 104, 133, 137
~得 136
~得了 137
等 106
等等 106
的(的士) 18
第 64
动词+满 175
动词+一下 54
动词+着 176
都 88
对 95
对于 95
多 67, 138
多少 78, 119

E

而 100, 102
而且 102
二 66
二位 66

F

……+方位词 49
飞快 219
非 60
非常 88, 219
分 64

G

干净 20
赶紧 118
赶忙 118
个 56, 72, 137, 216
各 79
给 94, 106, 182
根 72
跟……差不多 188
跟……相似／近似／类似 188
跟……相同／不同 188
更 87
怪 86
关于 95
光 86
广 215
过 50, 109

H

还是 101
好歹 20
好了 117
何况 102
和 99, 100
很 83, 87, 88, 138
忽然 38
坏 138
慌 138
会 53
或者 101

J

及 100

极 83，87，138

几 65，78

既 119

既然 119

减少到／减少为 68

减少(了) 68

件套 70

渐渐 216

江山 20

降低到／降低为 68

降低(了) 68

叫 182

较 88

介词＋……＋方位词 49

金 41

仅 23

仅仅 23

净 86

就 89

鞠躬 56

K

看 109

科学 120

颗 72

况且 102

困难 120

L

来 67

(~)来 52

来着 110

老 86

老(前缀) 12

了(助词) 50，107，114，118

了(语气词) 113，114，118

理发 56

里(中缀) 14

利落 39，42

利息 39，42

利用 39，42

粒 72

俩 66

连……都／也…… 186

两 65，66

两位 66

了解 218

○ 63

M

妈 23

妈妈 23

吗 113，117

买卖 20

满 70

慢慢 216

么 113

没 91
没有 86, 91
每 79
们 46

N

呢 113, 118
你们 46

P

片 73

Q

妻子 20
其他 78
其它 78
起来 50, 184, 219
清楚 120
(~)去 53

R

让 182
认识 216, 218

S

仨 66
扇 72
上去 184
上升到／上升为 68
上升(了) 67
稍微 119
什么的 106

似的 105
是 168, 175
是……的 170
适应 217
熟练 216
熟悉 216
睡觉 56
死 138
所 105

T

他们(她们、它们) 46
提高到／提高为 68
提高(了) 67
条 72
铜 41
透 83, 138
突然 38
驼 18

W

为 96
为了 96
位 216
我们 46, 77

X

洗澡 56
下降到／下降为 68
下降(了) 68
下去 50
相当 217

小时 74
幸亏 86

Y

严厉 216
要 53
要么 101
要命 138
要死 138
一 68, 70
一般 105
一样 105
一致 216
已经 90
以及 100
因为 102
硬 86
用 94
由于 102
有 173, 175
有+名词 174
又 90
月 74

Z

再 90
在 94, 95
咱们 77
怎么 77
怎么样 77
怎样 77
增加到／增加为 68
增加(了) 67
增长到／增长为 68
增长(了) 67
张 73
着 50, 108, 118
知道 215
只 88
只要 102
只有 102
自 96
自从 96
子(后缀) 14
最 87

附录3 思考与练习参考答案

【思考与练习一】

一、[略]

二、语法单位有四种，可以分为三级：第一级是语素，第二级是词和短语，第三级是句子。（举例略）

三、语素、词和短语是备用单位，句子是使用单位。（举例略）

四、语素是构词单位，词和短语是造句单位，词同时又是构造短语的单位。（举例略）

五、[略]

【思考与练习二】

一、1. 阿姨（词缀）　　阿毛（词缀）　　阿Q（词缀）　　阿斗（词缀）

　　2. 初一（词缀）　　初等（词根）　　初级（词根）　　最初（词根）

　　3. 健儿（词根）　　盖儿（词缀）　　幼儿（词根）　　儿化（词根）

　　4. 老乡（词缀）　　老人（词根）　　老鹰（词缀）　　老式（词根）
　　　　老婆（词缀）　　老家（词根）

　　5. 苦头（词缀）　　笔头（词根）　　肩头（词根）　　枕头（词缀）
　　　　船头（词根）　　看头（词缀）

　　6. 子孙（词根）　　儿子（词缀）　　房子（词缀）　　瓜子（词根）
　　　　帽子（词缀）　　鱼子（词根）　　棍子（词缀）　　天子（词根）

二、骑士　骑兵　骑马　骑射　骑手　骑警（骑马）
　　好人　好处　好话　好心　好运　好笔（好笔）
　　晾干　提高　阐明　说服　减少　缩小（晾干）

三、剥削　玲珑　吩咐　伶俐　飞碟　纳闷　纳粹
　　毒气　瓦斯　卑鄙　爷爷　姥姥　偏偏　蝙蝠
　　（玲珑　吩咐　伶俐　纳粹　瓦斯　姥姥　蝙蝠）

四、头痛（主谓）　大衣（偏正）　出席（述宾）　干事（述宾）　放哨（述宾）
　　说明（补充）　扩大（补充）　海啸（主谓）　纸张（补充）　破除（联合）
　　雪崩（主谓）　小瞧（偏正）　电灯（偏正）　热爱（偏正）　领袖（联合）
　　大小（联合）

【思考与练习三】

一、说明：下列各题中"‖"前的内容都属于主语，"‖"后的内容都属于谓语。主语中下画"＿＿"的是主语内的中心语，谓语中下画"＿＿"的是谓语内的中心语（述语）、下画"～～"的是述语的宾语，"（ ）"内的内容是主语或宾语内中心语的定语，"［ ］"内的内容是述语的状语，"＜ ＞"内的内容是述语的补语。"着"和"了"没有划入句子成分中。

1.（姑娘们的）嗓子‖［都］唱＜哑＞了。

2. 我‖［深深地］热爱着（我）（遥远的）故乡。

3.（一只）（轻快的）（小）燕子‖［在屋梁下］［慢慢地］飞着。

4.（汉语的）方言‖［可以］分＜成＞（七个）大区。

5. 我‖［一定］［要］写＜好＞（这个）（笔画复杂的）字。

二、1. "考试"不能带宾语。"考试了我们汉语口语"可改为"考了我们汉语口语"。

2. "美丽"不能修饰"小伙子"。"美丽的小伙子"可改为"帅气的小伙子"或"美丽的姑娘"。

3. "天气"与"很美"不能搭配。"天气很美"可改为"天气很好"。

4. "完"与"所有的作业"不能搭配。"完了所有的作业"可改为"做完了所有的作业"。

5. "很"与"看几遍"不能搭配。或者去掉"很"；或者将"我想再很看几遍"改为"我很想再看几遍""我想再多看几遍"。

【思考与练习四】

一、[略]

二、名　词：衣服　粮食　心理　产业　愿望　思想　光明　意愿　战争
　　　　　　青年　决心

　　动　词：渴望　发生　讨厌　愿意　热爱　作战

　　形容词：高尚　光明　笔直　次等　绿油油　可爱　年轻　坚决

三、一口井　一块钱　一首诗　一头蒜　一场／出戏　一条／尾鱼　一朵白云　一张／份报纸　一座城市　一扇窗户　一员大将　一场／部电影　一块豆腐　一处风光　一架飞机　一架钢琴　一头骆驼　一颗葡萄　一道瀑布　一缕青烟　一泓／汪／眼清泉　一条／根绳子　一丝／线希望　一本／部小说　一弯新月　一滴眼泪　一把钥匙　一件衣服　一轮圆月　一艘战舰　一根竹子　一位／名作家

四、1. 一把伞／钥匙　一瓣蒜　一本书／杂志　一场比赛　一道彩虹　一顶帽子　一朵花／云　一封信／邮件　一根葱　一股暖流／劲儿　一驾马车　一间教室　一棵树　一颗珍珠／牙齿／子弹　一块蛋糕／手表／肥皂　一粒种子／米　一辆自行车　一列火车　一门课／外语　一匹马　一条狗　一听可乐／罐头　一挺机枪　一头牛／蒜　一项措施　一眼井　一尾鱼

2. 一对夫妇　一副手套／对联　一双筷子　一套餐具　一班人马　一帮兄弟　一打鸡蛋　一股土匪　一些人　一串葡萄　一丛杂草　一叠手帕　一堆石头　一队人马　一群绵羊　一束鲜花　一摞书　一批货物

五、1. "哪"，虚指。

2. "你"和"我"，虚指。

3. "谁"，泛指。

4. "这"和"那"，虚指。

5. "哪儿"，泛指。

6. "谁"，虚指。

六、"喜欢、热爱"等心理动词虽然能够受程度副词"很"修饰，但是这些词受"很"修饰时还能同时带宾语，如"很喜欢哲学、很热爱自己的专业"等，而形容词不能带宾语。因此，"喜欢、热爱"等不能看做形容词。

七、1. "歉意"是名词，不能受副词"十分"修饰。"十分"应该去掉。

2. 动词"合作"不能受副词"十分"修饰。"十分激动和合作"可改为"十分激动和配合"。

3. "简单"是形容词，不能带宾语。"简单"可改为"简化"。

4. "大型"属于非谓形容词（形容词中的一个小类），这类形容词不能受"很"修饰，不能做谓语。"很大型"可改为"很大"。

5. "十五"是定数，"来"用于约数，两者不能搭配。"有十五来个学生"可改为"有十五六个学生""大约有十五个学生""有十来／几个学生"。

6. "考试"是不及物动词，不能带宾语。"考试"可改为"考"。

7. "岁"是量词，前面不能再用量词"个"。"个"应删去。另外，这里的"年纪"若删去则更好。

8. "俩"就是"两个"的意思，所以不能再带量词。"他们俩个"可改为"他们俩"或"他们两个"。

9. "二"一般多用在中国传统的度量衡单位之前(另外还有"二位")。"二张飞机票"可改为"两张飞机票"。

10. 形容词重叠式做状语时表示程度加深,不能再受程度副词修饰。"很轻轻地走"可改为"轻轻地走"。

11. "咱们"既包括说话人又包括听话人,这里前后两个小句语义矛盾。"咱们"可改为"我们"。

12. "稍微"是副词,不能做定语。"稍微的故障"可改为"细微的故障"或"很小的故障"。

13. "减少"指由高到低的差额,因此不能说"减少了一倍"。根据原意,可改为"减少了一半"或"减少了二分之一"。

14. "友好"是形容词,不能带宾语。"友好我国人民"可改为"对我国人民很友好"。

【思考与练习五】

一、我|很|客气|但|更|坚决|地|送|走|了|他。站|在|阳台|上,看|着|
　　代　副　形　　连　副　形　　助　动　动　助　代　动　介　名　　名　动　助

他|在|街|的|拐角处|消失,一|种|　淡淡　|的|忧愁|袭|上|我|
代　介　名　助　　名　　　动　数　量　形容词重叠式　助　名　　动　动　代

的|心头。唉,他|还|会|回来|吗?也许|永远|也|不|会|再|来|了,
助　　名　　叹　代　副　动　动　语气　　副　　　副　副　副　动　副　动　助

我|想。
代　动

二、1. 在:①介词　②动词　③副词　④介词

2. 比:①动词　②介词

3. 把:①动词　②量词　③介词

4. 给:①介词　②动词　③助词　④介词

5. 要:①动词　②形容词　③动词　④动词　⑤连词　⑥动词

6. 拿:①动词　②介词

7. 好:①副词　②形容词

8. 丰富： ①动词　　②形容词　　③形容词

9. 一起： ①副词　　②名词

10. 光： ①形容词　　②动词　　③副词

三、1. 这里的"就"表示一种故意的语气，相当于"偏"，表示一种情况与另一种情况相反。

2. 这里的"就"表示承接上文，得出结论。

3. 这里的"就"表示说话人认为数量少，相当于"只"。

四、[略]

五、"除了"表示将某方面不计在内，具体有三种情况：(1) 排除式：排除特殊，强调一致，将"除了"引进的对象排除在外，如第 2 句；(2) 包容式：排除已知，补充其他，将"除了"引进的对象包含在内，如第 1、4 句；(3) 二选一式："除了"引进的内容跟后边的内容选择其一（此时与"就是"配合使用），如第 3 句。

六、[略]

七、1. "和"可以自由连接并列的两项或多项名词，但在连接动词或形容词时有一定的限制：动词和形容词不能单独出现，并列的几项动词一般有共同的修饰语或共管一个宾语，并列的几项形容词一般有共同的修饰语或共修饰一个中心语。

2. "并"连接并列的两项动词（这些动词都不是单音节的）。

3. "而"连接并列的两项形容词（这些作为并列项的形容词可以是双音节的，也可以是单音节的；还可以同时连接单音节和双音节的并列项）。

八、区别：(1) "万万"比"千万"语气更强烈，"千万"是指务必，表示嘱咐叮咛；而"万万"指绝对，无论如何。(2) "千万"一般只用于祈使句，不用于陈述句；而"万万"可用于这两类句子。(3) "千万"既可以用于肯定句，也可以用于否定句；而"万万"只用于否定句。

九、1. "关于……"与"熟悉"不搭配。将"关于"改为"对"或"对于"。

2. "和"不表示选择关系。将"和"改为"还是"。

3. 介词"除"只能用于"除……外／以外／之外／而外"格式中，不能单用。将"除那个李泽生"改为"除那个李泽生外／以外／之外／而外"或"除了那个李泽生"。

4. "况且"不用于反问句。将"况且"改为"何况"。

5. "的"是定语的标记，不是补语标记。将"收拾的干干净净"改为"收拾得干干净净"。

6. 数词与"们"不能共现。去掉"两个留学生们"中的"们"。

7. "对……"与"投降"不搭配。将"对"改为"向"。

8. 介词"为了"表示目的，不表原因。将"为了"改为"因为"或"由于"。

十、1. 的 得 地　　2. 的 得　　3. 的 地　　4. 得 得
　　5. 的 地　　6. 得　　7. 的 的　　8. 的 得

十一、1. 着　　2. 着 了　　3. 着　　4. 过 了
　　　5. 着 过　　6. 了 了　　7. 过 了　　8. 过

十二、1. 了／啦　　2. 吗 哪　　3. 吧　　4. 啊／呢
　　　5. 吧／呀　　6. 啦／的　　7. 吗　　8. 吗
　　　9. 啊 吧　　10. 了 了　　11. 吧 吧　　12. 呀
　　　13. 了／啦　　14. 吧　　15. 呢　　16. 啊

【思考与练习六】

一、1. 主谓短语，做宾语　　　　　2. 述宾短语，做谓语
　　3. 联合短语，做谓语　　　　　4. 主谓短语，做状语
　　5. (状中式)偏正短语，做主语　　6. 连谓短语，做谓语
　　7. (定中式)偏正短语，做主语　　8. 联合短语，做补语
　　9. 述补短语，做定语　　　　　10. 述补短语，做谓语

二、抄写清楚（述补短语）　　　　一个(人)（数量短语）
　　积极主动（联合短语）　　　　请他参加（兼语短语）
　　比你(高)（介宾短语）　　　　他们三位（复指短语）
　　向他看齐（偏正短语）　　　　明天星期天（主谓短语）
　　愿意去西藏工作（述宾短语）　　知道得不少（述补短语）
　　老师找他谈过话（主谓短语）　　听不大懂（述补短语）
　　诗词两首（主谓短语）　　　　北京交通发达（主谓短语）
　　平凡而伟大（联合短语）　　　　高兴极了（述补短语）
　　请人帮忙（兼语短语）　　　　给人帮忙（状中短语）
　　出来看（连谓短语）　　　　　看出来（述补短语）
　　语言学理论这门课（复指短语）　　看三本（述宾短语）
　　抄三遍（述补短语）　　　　　新买的裙子（定中短语）
　　买新的裙子（述宾短语）　　　　裙子新买的（主谓短语）
　　去了一趟北京（述宾短语）　　　去了北京一趟（述补短语）
　　北京去了一趟（主谓短语）

263

三、1. 今年的花生、油菜，受事—动作

2. 狂风，施事—动作

3. 卖火柴的小女孩，施事—动作

4. 那台录音机，受事—动作

5. 你的解释，其他—动作

6. 实践，其他—动作

7. 所有的货物，受事—动作

8. 赵先生，施事—动作

9. 这台录音机，其他—动作

四、结果补语　程度补语　数量补语　趋向补语　状态补语

趋向补语　可能补语　结果补语　结果补语　数量补语

可能补语　可能补语　程度补语　结果补语　状态补语

可能补语　状态补语　结果补语

五、说明：下画"＿＿＿"的成分为宾语，"＜　＞"内的成分为补语。

1. 老栓走<到家>，店面早已收拾<干净>。

2. 然而这一回，她的境遇却改变得<非常大>。

3. 我累得<骨头都散了架>，话都不想说了。

4. 这场大火烧<掉>了<u>许多珍贵的手稿</u>。

5. 阳光火一般地喷<下来>，我热得<气都喘不过来>。

6. 竟然从屋顶上掉<下><u>一个人</u><来>。

7. 我到达山脚时已经是<u>午夜</u>了。

8. 大门上贴着<u>一副对联</u>。

9. 国庆长假期间，我一连在家看了<七天><u>小说</u>。

六、1. 这些来自欧洲的中国历史的研究者非常了解中国。

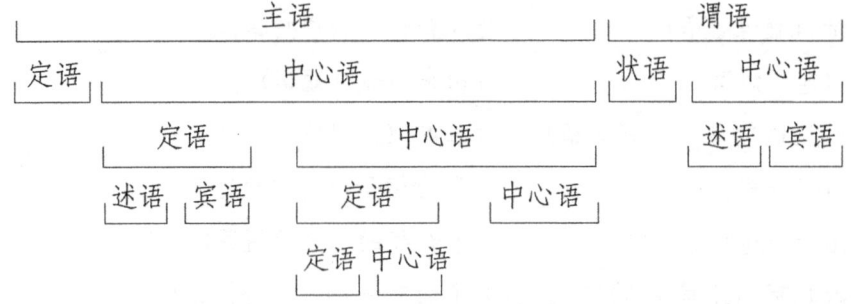

(这些)(来自欧洲的)(中国历史的)<u>研究者</u>‖[非常]<u>了解</u>中国。

2. 屋檐下挤满了躲雨的人们。

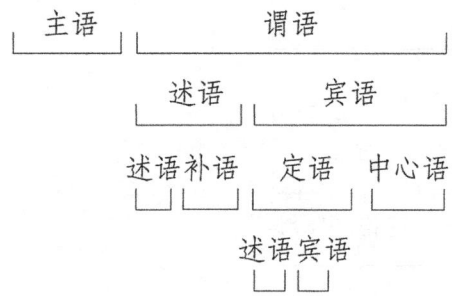

屋檐下‖挤<满>了(躲雨的)人们。

3. 泉水一路欢唱着跑下山去。

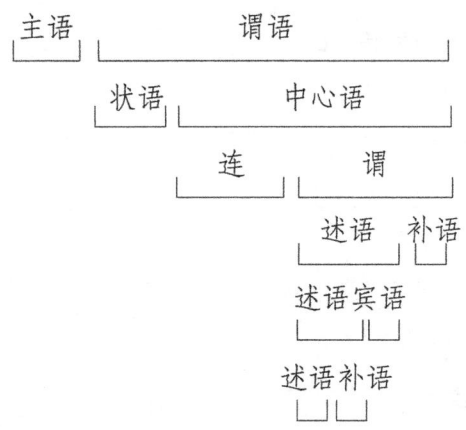

泉水‖[一路]欢唱着跑<下>山<去>。

4. 我为买奥运会开幕式门票的事忙碌一个星期了。

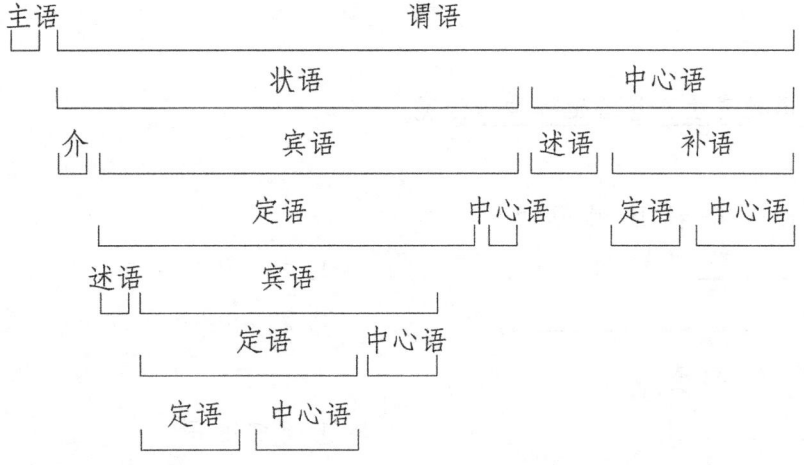

我‖[为买奥运会开幕式门票的事]忙碌<一个星期>了。

5. 想买新电脑的实在接受不了这个价格。

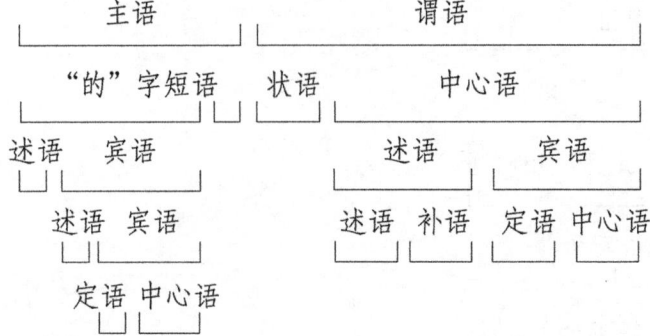

想买新电脑的‖[实在]接受<不了>(这个)价格。

6. 我知道她喜欢爸爸给她讲神话传说。

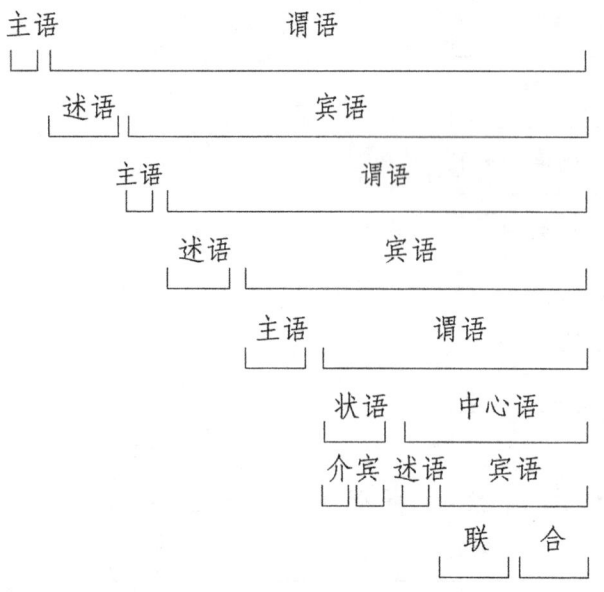

我‖知道她喜欢爸爸给她讲神话传说。

七、1. 成百上千个社区的居民

① ① 定—中
② ② 定—中

2. 对领导的指责

① ① 介宾短语
② ② 定—中

3. 看打乒乓球的中学生
① 述—宾
② 定—中

4.（孩子）看见妈妈笑了
① 述—宾
② 连谓短语

5. 你们两人一屋
① 主—谓
   主—谓
② 主—谓
   复指短语

6. 十五日前去开会
① 状—中
② 状—中

7.（我敢）打死老虎
① 述—宾
② 述—宾

8.（他）没有一次看完
① 状—中
② 状—中

9. 我想她已经成习惯了
① 主—谓
② 主—谓
   述—宾

10. 我做不好
① 主—谓
② 主—谓
   述—补

11. 他 离开 了 我 如释重负

① 紧缩句（因果关系）
② 主—谓
　　连谓短语

12. (步子) 迈 快 了 一点儿

① 述—补
　　述—补
② 述—补
　　述—补

八、1. A. 我正在考虑这个修订方案（"修订方案"是偏正短语）

　　　B. 我正在考虑修订这个方案（"修订方案"是述宾短语）

　2. A. 我连蔡校长也不认识（"蔡校长"是"认识"的对象）

　　　B. 连蔡校长也不认识我（"蔡校长"是"认识"的动作发出者）

　3. A. 山上正在架大炮（表示动态）

　　　B. 大炮架在了山上（表示静态）

　4. A. 被开刀的是他的爷爷（"他的爷爷"是"开刀"的对象）

　　　B. 给病人开刀的是他的爷爷（"他的爷爷"是"开刀"的动作发出者）

　5. A. 关于他的笑话说不完（"他"是"笑话"的对象）

　　　B. 他关于别人的笑话说不完（"他"是"笑话"的发出者）

【思考与练习七】

一、[略]

二、不一定。主谓句和非主谓句是对单句划分的结果，复句中即便具备了主语和谓语，也无所谓主谓句和非主谓句。除此而外，还要具有特定的语调。

三、1. 主谓句——形容词性谓语句

　2. 非主谓句——动词性非主谓句

　3. 主谓句——动词性谓语句

　4. 非主谓句——特殊非主谓句(叹词句)

　5. 非主谓句——名词性非主谓句

6. 主谓句——主谓谓语句

7. 非主谓句——动词性非主谓句

8. 主谓句——主谓谓语句

9. 主谓句——动词性谓语句

四、1. 疑问句　　2. 感叹句　　3. 祈使句　　4. 疑问句
　　5. 陈述句　　6. 感叹句　　7. 祈使句　　8. 疑问句

五、1. 正反问句　2. 特指问句　3. 是非问句　4. 正反问句
　　5. 选择问句　6. 是非问句　7. 特指问句　8. 选择问句

六、[略]

七、[略]

八、第1、2、4、5、6、7、8句是存现句。

九、1. "出去了"和"开门"在时间顺序上颠倒了。宜改为"玛丽刚刚开门出去了"。

2. 缺少谓语动词。宜改为"王鸣是我校跑得最快的运动员"或"王鸣，我校跑得最快的运动员"。

3. "有"字句中"有"的宾语不能是动词性成分。宜改为"明天上午9点开会"或"明天上午9点有会"。

4. 否定词"不"位置不当。宜改为"劳拉不让我在图书馆等她"。

5. "把"字句中的否定词不能放在"把"的后面。宜改为"她没把图书馆的书弄丢"。

6. "知道"是含有结果义的心理活动动词，不能用在"把"字句中做述语动词。宜改为"他终于知道那件不愉快的事了"。

7. 这里的受事"孩子的作业"没有特别强调被动的意味，因此"被"字冗余。宜改为"孩子的作业做完了"。

8. 副词"都"应在"被"的前面，统指"那些珍贵的字画"。宜改为"那些珍贵的字画都被她卖了"。

9. 存现句的主语不能是介词性短语。宜改为"桌子上放着很多香蕉"。

10. 在两相比较中，不能用副词"最"。宜改为"前两天太热了，今天更热"。

11. 语序错误。宜改为"他比那个外国运动员跑得快3秒钟"。

12. "是……的"句中"的"字位置不当。宜改为"他们是去年冬天爬的长城"或"他们是去年冬天爬长城的"。

13. 语序错误，"请"的对象要紧跟其后。宜改为"请你明天上午到我办公室去一下"或"明天上午请你到我办公室去一下。"

14. "不"字冗余。宜改为"对不起,我现在没时间"。

15. "把"字句中语序错误。宜改为"我们在图书馆里把您要的材料查到了"或"我们在图书馆里查到了您要的材料"。

16. 这里的受事"摩托车"没有特别强调被动的意味,因此"被"字冗余。宜改为"摩托车开得太快了,容易出事"。

【思考与练习八】

一、第2、3、7、8、10是单句,1、4、5、6、9是复句。区分的理由主要是前后两个部分是否独立,是否存在修饰关系。

二、1. 让步复句　　　2. 并列复句　　　3. 选择复句　　　4. 条件复句
5. 因果复句　　　6. 并列复句　　　7. 条件复句　　　8. 目的复句
9. 选择复句　　　10. 解说复句　　　11. 转折复句　　　12. 目的复句
13. 承接复句　　　14. 递进复句　　　15. 条件复句　　　16. 转折复句
17. 因果／假设复句　18. 让步复句　　　19. 承接复句　　　20. 条件复句

三、1. 虽然耕地减少了,|但是因为我们引进了技术,‖因为兴修水利,‖加上发展化
　　　　　　　转折　　　　　　　　　并列　　　　　　　并列
肥农药,‖所以改革开放以后粮食产量还是大大增加了。
　　　　　因果

2. 今后,我们队伍里,不管死了谁,‖不管是炊事员,‖是战士,|只要他是做过
　　　　　　　　　　　解说　　　　　并列　　　条件
一些有益的工作的,‖我们都要给他送葬,‖开追悼会。
　　　条件　　　　　　　并列

3. 成绩能够鼓励人,‖同时会使人骄傲;|错误使人倒霉,‖使人着急,‖是个敌
　　　　　　　并列　　　　　　　并列　　　　　　并列　　　因果
人,‖同时也是我们很好的教员。
　　并列

4. 如果我们既放下了包袱,‖又开动了机器,‖既是轻装,‖又会思索,|那我们
　　　　　　　并列　　　　　并列　　　　并列　　　　假设
就会胜利。

5. 掌柜是一副凶脸孔,‖主顾也没有好生气;‖只有孔乙己到店,‖才可以笑
　　　　　并列　　　　　　　并列　　　　　　　条件
几声,|所以至今还记得。
　　因果

6. 他后来还托他父亲带给我一包贝壳和几支很好看的鸡毛，‖我也曾送他一两次东西，｜但从此没有再见面。
　　　　　　　　　　　　　　　　　　　　　　　　　并列
　　　　　　　　　　　　　　　　　转折

7. 恋爱中，男性会变得更温柔多情，‖女性则会变得更热情奔放；｜换句话说，男人更像女人，‖女人更像男人。
　　　　　　　　　　　　　　并列　　　　　　　　　　　　　　解说
　　　　　　　　　　　　　　　　　并列

8. 无论是哪一个农民遇到困难，‖哪怕是一些细小的事情，｜只要能办得到，‖我们总是认真对待。
　　　　　　　　　　　　　　让步　　　　　　　　　条件　　　　　　　条件

【思考与练习九】

一、1."阳光……露出笑脸"主谓搭配不当。宜改为"金色的太阳，拨开云层，露出笑脸"。

2."打扫……整整齐齐"述补搭配不当。宜改为"她每天一早，就把屋子打扫得干干净净"。

3."丰富……写作水平"述宾搭配不当。宜改为"看书读报可以丰富文化知识和提高写作水平"。

4. 主谓搭配不当，主语"小说的故事性强"是一个方面，谓语中"能否"指两个方面。宜改为"小说的故事性强是吸引读者的重要因素"或"小说的故事性是吸引读者的重要因素"，也可改为"小说的故事性是否强是能否吸引读者的重要因素"。

5."起着……地位"述宾搭配不当。宜改为"阅读在学习外语中起着重要作用"。

6."打扮……芬芳"述补搭配不当。宜改为"一盆盆鲜花把北京语言大学打扮得分外美丽"。若想保留"芬芳"的意思，可以改为"一盆盆鲜花把北京语言大学打扮得分外美丽，校园里芬芳四溢"。

7."学问……高尚"主谓搭配不当。宜改为"他的学问比我们高深，品格也比我们高尚许多"。

8."刻苦地……生活"状中搭配不当。宜改为"我们留学生应该刻苦地学习，愉快地生活"。

9. "下降……人数"述宾搭配不当。宜改为"很多国家为了减少吸烟人数，用了很多的办法"。

10. "一个杯牛奶"和"一个瓶啤酒"都是数量名结构与名词不能搭配，"一个杯"和"一个瓶"本身就是数量名结构，不能再修饰名词。其实，这里"杯"和"瓶"都被借用作量词了，前面不能再有其他量词。宜改为"我每天早上喝一杯牛奶，晚上喝一瓶啤酒"。

二、1. 谓语残缺。宜改为"星期天下午，我在去王府井的路上，突然看见有个人迎面走来"。

2. 主语残缺。宜改为"对于这种事情，我很难处理"，或者去掉"对于"。

3. 补语残缺。宜改为"我花了一个下午把所有的习题练习了一遍"或"我花了一个下午把所有的习题做完了"。

4. 宾语中心语残缺。宜改为"运动会开幕式上，他代表运动员宣誓，表达了所有运动员为取得优异成绩而努力拼搏的决心"。

5. 主语残缺。宜改为"四年的留学生活使我爱上了中国的传统文化"或"在四年的留学生活中，我爱上了中国的传统文化"。

6. 主语残缺。宜改为"写作老师的帮助，增强了他写好汉语作文的信心"或"在写作老师的帮助下，他增强了写好汉语作文的信心"。

7. 介词宾语的中心语残缺。宜改为"在不增加人员的情况下，他们组完成了所有的任务"。

8. 补语残缺。宜改为"我今天一定要把这部长篇小说看完"。

9. 修饰语残缺。宜改为"他们为招生的事情忙了很长的时间"。

10. 谓语动词残缺。宜改为"可到今天我也长大了，到了了解父母心情的年龄了"。

三、1. "终考"和"考试"语义有重复。宜改为"这学期的终考还有三天就要开始了"或"这学期还有三天就要开始终考了"。

2. "潜台词"的语义中包含了"无声"。宜改为"爷爷的这句话里，包含了多少潜台词"。

3. "推迟"和"延缓"都有延迟的语义。宜改为"由于准备不充分，他们决定推迟会议的日期"。

4. "聪明"和"智慧"语义有重复。宜改为"小姑娘的聪明在他心中留下了深刻的印象"。

5. "见"和"清楚"都是"看"的补语，只能用一个。宜改为"你能看见他写的字吗"或"你能看清楚他写的字吗"。

6. "高兴"的状语"十分"和补语"起来"只能选用其一。宜改为"他一看到丽丽微笑的样子就十分高兴"或"他一看到丽丽微笑的样子就高兴起来"。

7. "已经三年"和"三年过去了"只能用其一。宜改为"罗娜来到中国已经三年了"或"罗娜来到中国三年过去了"。（前一句更好）

8. "卖"的补语"完"和"光"语义一样，只能用其一。宜改为"这趟列车的硬卧车票全被卖光了"或"这趟列车的硬卧车票全被卖完了"。

四、1. 定语和状语的语序错位，"永远"应是修饰"留下"的状语。宜改为"留学经历在我心中永远地留下了深深的烙印"。

2. 关联词语的位置用得不当。宜改为"在久旱的北京，雨下得越大越好"。

3. 在比较句中，谓语应该放在后一个比较对象的后面。宜改为"第一食堂的饭菜比第二食堂的好吃"。

4. 主客关系颠倒。宜改为"这些中学生对玩儿电脑很感兴趣"。

5. "在院子里"是动作发生的处所，应该位于动词之前做状语。宜改为"孩子们在院子里你追我赶地玩儿着"。

6. 多项状语语序不当。宜改为"从前你们到底在一起共同生活了多久"。

7. 多项定语语序不当。宜改为"他老喜欢穿一双没膝的长筒尼龙袜子"。

8. 这里"不"否定的是能愿动词"应该"，而不是"走"。宜改为"看你累得满头大汗的，你不应该走得那么快"。

五、1. 我一定要做好(学生会主席)工作，做一个受老师表扬、受同学喜欢的学生会主席。

2. 我们参观了长城。长城是非常雄伟壮观的。

3. 下午的音乐考试在一间古色古香的大厅里举行。或：下午的音乐考试设在一间古色古香的大厅里。（前一句更好）

4. 他是为了吃饭而来的。

5. 这次暑期学习研讨班的学员，除本研究所有关人员外，还有来自其他高校和研究机构的教师、研究生和科技工作者。

6. 接到清华大学的录取通知书时，他有一种既狂喜又担忧的感觉，这种感觉是没人能体会的。

7. 雷锋有善于挤和善于钻的"钉子精神"，他是我们学习的榜样。

8. 如何才能使大家富裕起来呢？知识在起决定性作用。或：如何才能使大家富裕起来呢？关键的问题是知识。

9. 你可知道，一本译作是经过多少人的努力以后才能与读者见面的。

六、1. 关联词语配合不当，将"只有……才……"和"只要……就……"混搭使用了。应选用其一。

2. 两个分句之间缺少密切的关联，不必用"虽然……但是……"这样表示强转折的关联词语。可改为"这本书很有意思，不过很厚"或"这本书虽然很厚，但是很有意思"。

3. 两个分句之间内在联系不紧密。一般而言，"这种陶瓷畅销国内外"并不必然导致国家"兴旺发达"这么大的结果。这句可以通过调整后一分句内容来修改，如可改为"如果这种陶瓷畅销国内外，我们国家的收入就会大大增加"之类。

4. 关联词语误用，这两个分句之间不是转折关系，而是递进关系或因果关系。可改为"这个小村庄不仅很穷，而且迷信思想还很厉害"或"这个小村庄由于很穷，所以迷信思想还很厉害"。另外，将"厉害"改为"严重"更合适。

5. 关联词语误用，表达选择关系的关联词语"是……还是……"用于疑问句中，而"或者……或者……""要么……要么……"用于陈述句中。应改为"汤姆决定今年暑假要么／或者去旅游，要么／或者回国"。

6. 关联词语配合不当。应删去"否则"。

7. 漏用必要的关联词语。可改为"玛丽打太极拳打得不太好，虽然动作差不多都对"或"玛丽打太极拳虽然打得不太好，但动作差不多都对"，这两种转折关系都可以。

8. 关联词语滥用。删去"不但"和"而且"。

七、1. 述宾搭配不当，"处分"的对象是人或组织机构。宜将"处分"改为"处理"。

2. 主谓搭配不当，"人"不能"转化为成功"。宜将为"一次次经验告诉我们，有顽强毅力的人容易(获得)成功"。

3. 述宾搭配不当，"见面"是不及物动词，不能带宾语。宜将"见面"改为"见到"或"见"。

4. 定中搭配不当，"聪明的大脑"可以说，"能干的大脑"则不行。应删去"能干"，或将"聪明能干的大脑"改为"聪明的大脑和能干的双手"。

5. 语序不当，补语"明白"应紧跟动词。宜改为"刚才我看明白中文电影了"或"刚才我看中文电影看明白了"。

6. 述宾搭配不当，"旺盛的香火"不是"感受"到的。宜改为"他们在寺庙里看到了旺盛的香火，感受到了虔诚的气氛"。

7. 主谓搭配不当。可改为"艺术团每到达一个城市，都毫无例外地受到当地人民的欢迎"。

8. 补语和宾语之间的语序不当。宜改为"外面雨下这么大，让他们进屋避一会儿雨吧"。

9. 成分多余，"红扑扑"已经含有比较高的程度，不能再受程度副词修饰。宜改为"她的小脸冻得红扑扑的"。

10. 主宾搭配不当，"夏天"不能跟"花园"搭配。宜改为"夏天的内蒙古简直就是一个美丽的大花园"。

11. 句式杂糅。宜改为"我们这个班是整个年级中(基础)较好的一个班"或"我们这个班的基础是整个年级中较好的"。

12. 述补搭配不当，"投(篮)"跟"正确"不能搭配。宜将"正确"改为"准确"。

13. 状中搭配不当，"成熟"跟"掌握"不能搭配。宜将"成熟"改为"熟练"或"成功"。

14. 主谓搭配不当，主语是两个方面，谓语只表示一个方面。宜改为"刻苦钻研，是提高学习成绩的关键"。

15. 定中搭配不当，"50万朵的花粉"不能搭配。宜在"50万朵"后加上"花"。

16. 述宾搭配不当。宜改为"他们之所以激动，是因为他们终于体会到了他们经历过的感受，看到了他们听说过的、想象过的状态"。

【思考与练习十】 [略]